Thomas Rückerl

Sinnliche Intelligenz

Ein motivierendes Trainingsprogramm
zur sinnlichen Optimierung
Ihrer ganzheitlichen Intelligenz

Ausführliche Informationen zu weiteren Titeln von Thomas Rückerl
sowie zu jedem unserer lieferbaren und geplanten Bücher
finden Sie im Internet unter **www.junfermann.de** –
mit ausführlichem Infotainment-Angebot
zum JUNFERMANN-Programm.

Thomas Rückerl

Sinnliche Intelligenz

Ein motivierendes Trainingsprogramm
zur sinnlichen Optimierung
Ihrer ganzheitlichen Intelligenz

Junfermann Verlag · Paderborn
1999

© Junfermannsche Verlagsbuchhandlung, Paderborn 1999
Covergestaltung: Anette Broll

Satz: adrupa Paderborn
Druck: Media-Print Paderborn

Die Deutsche Bibliothek – CIP-Einheitsaufnahme
Rückerl, Thomas:
Sinnliche Intelligenz: Ein motivierendes Trainingsprogramm zur sinnlichen Optimierung Ihrer ganzheitlichen Intelligenz / Thomas Rückerl. – Paderborn: Junfermann, 1999
  ISBN 3-87387-403-2

ISBN 3-87387-403-2

Inhalt

Warum Sinnliche Intelligenz?

Der menschliche Geist ist ein faszinierendes Werkzeug. Mit seiner Hilfe gelang es der Menschheit, den Lebensraum auf diesem Planeten so nachhaltig zu gestalten, wie noch keinem Lebewesen zuvor. Unsere Intelligenz weist uns den Weg, um unseren Glauben an „den Fortschritt" zu realisieren und uns die Erde „Untertan zu machen". Wir kultivieren Nutzpflanzen, wir züchten Tiere, wir bauen Städte, Fabriken, Autobahnen und Flughäfen, wir entwickeln Hochleistungstechnologien, schießen Satelliten ins All und verkabeln ganze Kontinente. Doch wozu? Wohin wird uns dieser Fortschritt führen? Mit dem Eintritt in das neue Jahrtausend, mit über sieben Milliarden Menschen an Bord, mit unvorstellbaren Potentialen von nuklearer Macht, mit sich verknappenden Trinkwasser-Ressourcen und einer Umwelt, deren natürliches Gleichgewicht inzwischen nicht nur in Ballungsgebieten empfindlich gestört ist, stellen sich einige brennende Fragen: Welche Rolle wird der zukünftige Mensch auf diesem Planeten spielen? Und welche Form von Intelligenz wird notwendig sein, um diese Rolle erfolgreich auszufüllen? Und wie kann der heutige Mensch lernen, in seine neue Rolle hineinzuwachsen?

Spätestens seit Albert Einstein wissen wir, daß das menschliche Gehirn über ein weitaus größeres Potential verfügt, als wir heutzutage nutzen. Der weise Einstein war sogar der Ansicht, daß wir lediglich 10 Prozent unserer Hirnkapazität einsetzen. Doch wie kann der Mensch die schlummernden 90 Prozent aktivieren? Immer mehr Menschen fragen sich, ob es denn Wege gibt, die persönliche Entwicklung so zu gestalten, daß unsere Intelligenz in dem gleichen Maß wächst, wie wir Lebenserfahrung sammeln? Die Antwort lautet: Ja, es gibt solche Wege; und ein wichtiger Schritt zur lernenden Intelligenz ist die kontinuierliche Verfeinerung der neuronalen Netzwerke zwischen den Sinnesorganen und dem Gehirn. Mit anderen Worten: Wer seine geistige Leistungsfähigkeit verbessern möchte, sollte damit beginnen, seine Sinnessysteme bewußt zu trainieren!

Ihre fünf Sinne sind die Pforten Ihrer Intelligenz. Ihre Sinne liefern der kognitiven Schaltzentrale in Ihrem Kopf die geistige Nahrung, die Sie täglich verarbeiten müssen, um Ihre persönliche Position in dieser Welt kontinuierlich zu behaupten. Ohne den informativen Input Ihrer Sinne könnte Ihr Gehirn keine Intelligenz entwickeln. Würden Sie den neuronalen Chips in Ihrem kognitiven Zentralorgan nicht ständig frische Eindrücke liefern, würde Ihre geistige Kapazität im eigenen Saft schmoren. Falls dieser Zustand andauert, würden Ihre Gedanken den Bezug zur Realität verlieren, Sie wären ein Opfer Ihrer eigenen Projektionen. Deshalb gilt: Nur wer seine sinnlichen Fähigkeiten regelmäßig aktualisiert, dessen Hirn wird auch in Zukunft weitgehend kompatibel mit den Anforderungen der ihn umgebenden Umwelt sein. Wohlgemerkt: Diese Metapher aus der Computerwelt bezieht sich nicht nur auf die Software, also nicht nur auf den Input von neuem Wissen – auch die Hardware möchte gepflegt werden! Ihr Gehirn, Ihr Körper und ganz besonders Ihre Sinnesorgane brauchen Zuwendung, Aufmerksamkeit und regelmäßiges Training.

Gezieltes Training Ihrer Sinnessysteme führt zur aktiven Gestaltung Ihrer subjektiven Realität!

Während meiner zahlreichen Seminarveranstaltungen begegnet mir ein stark wachsendes Interesse am Konzept der Sinnlichen Intelligenz. Viele Menschen spüren die Faszination, die von der Erkenntnis ausgeht, daß ein gezieltes Training der eigenen Sinnessysteme die Intelligenz zu schulen vermag – unabhängig von Alter, Geschlecht, Hautfarbe oder Beruf. Wir alle haben die Möglichkeit, das Erleben unserer persönlichen Position in dieser Welt, und damit gewissermaßen auch unser Schicksal, selbst in die Hand zu nehmen, indem wir beginnen, unsere subjektive Wirklichkeit kreativ zu gestalten.

Bei vielen Menschen erwacht das Bedürfnis, sich mit den geistigen Fähigkeiten kritisch auseinanderzusetzen. Zum einen möchte man im Beruf erfolgreicher werden und deshalb seine Leistungsfähigkeit steigern, zum anderen sucht man nach neuen Wegen, um auch die private Lebensqualität zu verbessern. Das Konzept der sinnlichen Intelligenz verbindet diese beiden Ansprüche auf sehr effektive Weise. Und spätestens seit dem großen Erfolg des Bestsellers „Emotionale Intelligenz" von Daniel Goleman, dem großen amerikanischen Hirnforscher, beginnt sich auch in Deutschland eine breite Öffentlichkeit mit kritischen Fragen auseinanderzusetzen: Was genau ist eigentlich Intelligenz? Und was verbirgt sich hinter den gängigen Intelligenz-Konzepten? Aus welchen Bausteinen setzen sie sich zusammen? Ist intelligentes Verhalten lernbar? Gibt es verschiedene Arten von Intelligenz? Welche Rolle spielen unsere Gefühle bei der Definition von Intelligenz?

Solche Fragen führen dazu, das herkömmliche Intelligenz-Verständnis kritisch zu überprüfen und neu zu definieren. Der gesellschaftliche Zeitgeist verlangt nach aktualisierten Konzepten. Das Interesse der Medien ist gewaltig. Nachrichtenmagazine wie „Der Spiegel", „Focus" oder „Der Stern" widmen solchen Themen ausführliche Artikel und plazieren entsprechende Schlagzeilen auf den Titelseiten. Der moderne Mensch beginnt zu verstehen, daß sein zukünftiger Erfolg, sowohl als Individuum als auch als Population, in erster Linie von der Entwicklung seiner Intelligenz abhängt. Nur wer die neuen, komplexen Anforderungen, die auf jeden von uns täglich zukommen werden, richtig einzuschätzen weiß, kann angemessen darauf reagieren und seine Intelligenz erfolgreich unter Beweis stellen.

Ebenso wie das Thema „Intelligenz" steht auch das Thema „Sinnlichkeit" im Mittelpunkt des öffentlichen Interesses. Medien, Meinungsmacher und Werbeleute scheinen zu ahnen, daß hier ein potentieller Zusammenhang besteht. Gelebte Sinnlichkeit weist uns den Weg zur Beantwortung der allgegenwärtigen Sinn-Frage, und diese ist nicht länger nur eine Domäne der Philosophen, sondern verwandelt sich mehr und mehr zum festen Bestandteil des normalen Alltags. Nicht von ungefähr bewirbt Mercedes-Benz die neue S-Klasse weniger mittels Betonen von technischen Vorzügen dieser eleganten Luxuskarossen, sondern mit dem tiefsinnigen Slogan von „Sinn und Sinnlichkeit". In dcm TV-Werbespot sieht man einen philosophierenden Dirigenten, der sich mit leidenschaftlichen Worten an sein Orchester wendet: „Genug – dies ist Rachmaninov – aber Sie spielen nur die Noten. Das Wesentliche fehlt hier – Sinnlichkeit! Ohne Sinnlichkeit macht es überhaupt keinen Sinn!"

Die Sinn-Frage entwickelt sich zum allgegenwärtigen Bestandteil des modernen Alltags.

Recht hat er, der gute Mann! Wer es nicht versteht, sich mit offenen Sinnen dem Augenblick hinzugeben, wird die Essenz des Lebens niemals in seiner ganzen Fülle erfahren können; ganz gleich in welchem Ambiente er sich befinden mag. Prestige, Status, Sicherheit – ohne Sinnlichkeit eine reine Farce! Technologischer Fortschritt ist eine Frucht menschlicher Intelligenz, doch damit die Nutzung der Technik einen echten Sinn bekommt, muß der moderne Mensch endlich lernen, lebendige Wertschätzung für die Errungen-

schaften unserer Zivilisation zu erfahren; und dies bedeutet, die eigene Sinnlichkeit auf eine neue Weise zu entdecken.

Ihre fünf Sinne sind ein unendlich kostbares Gut, das Sie Tag für Tag
unermüdlich einsetzen. Die Art und Weise, wie Sie Ihr Gehirn mit Informationen speisen, entscheidet darüber, was Sie aus Ihrem Leben machen. Sinnliche Intelligenz ist keine abstrakte Theorie, die an Universitäten oder in elitären
Kreisen gelehrt wird, sondern eine handfeste Wirklichkeit, zu der jeder inter-
essierte Mensch einen eigenen Zugang hat. Bewußt gelebte Sinnlichkeit ist ein
unmittelbarer Ausdruck der Individualität eines Menschen; sie ist ebenso ein
Spiegel Ihrer Identität wie auch ein Schlüssel zur Welt Ihrer Mitmenschen.

Wann ist ein Mensch intelligent?

Johannes Großkopf und Felix Sonnenberger sind gemeinsam zur Schule gegangen. Johannes war stets Klassenbester und machte sein Abitur mit einer glatten Eins. Er konnte sich gut auf die Schule konzentrieren und beschäftigte sich auch in seiner Freizeit mit naturwissenschaftlichen Themen. Felix erzielte meist nur durchschnittliche Noten. Er war jedoch als Klassensprecher allgemein beliebt, und auch bei den Mädchen kam er gut an. Seine einzige Eins im Abi-Zeugnis war die im Sport. Johannes Großkopf und Felix Sonnenberger sind heute 45 Jahre alt. Sie sind sich seit über zwanzig Jahren nicht mehr begegnet, doch neben ihrer gemeinsamen Schulzeit haben sie noch zwei Dinge gemeinsam: Beide sind erfolgreich in ihrem Beruf und beide würden die Frage, ob sie sich für intelligente Menschen halten, wohl mit einem klaren „Ja" beantworten.

Johannes Großkopf leitet seit vier Jahren ein physikalisches Institut für einen internationalen Technologie-Konzern. Ihm unterstellt sind 120 Mitarbeiter. Er verdient weit über zweihunderttausend Mark im Jahr und fährt einen neuen Porsche. Auf seiner Visitenkarte steht: Prof. Dr. J. Großkopf. Die Kontakte zur akademischen Welt hat er nie ganz aufgegeben, nach seiner Dissertation erhielt er eine Professur an der Technischen Hochschule, wo er auch heute noch regelmäßige Vorlesungen hält. Außerdem arbeitet er an einer zweiten Dissertation – falls er dieses ehrgeizige Projekt erfolgreich zu Ende führen kann, stünde auf seiner Visitenkarte Prof. Dr. Dr. J. Großkopf. Natürlich kostet ihn die wissenschaftliche Arbeit eine Menge Zeit. Deshalb hat sich seine Frau vor einigen Jahren von ihm getrennt. Seit der Scheidung lebt sie mit den drei Kindern in einer anderen Stadt. Manchmal bemerkt er, daß er seine Familie vermißt, doch meistens hat er keine Zeit für solch sentimentale Gefühle.

Wenn er abends nach Hause kommt, schiebt er schnell ein Fertiggericht in die Mikrowelle, öffnet eine Flasche Wein und entspannt sich vor dem Fernseher. Meistens setzt er sich dann noch an den Computer und berechnet komplizierte Sachverhalte für das Institut oder er schreibt an seiner wissenschaftlichen Arbeit. Er war schon immer etwas übergewichtig, aber in den letzten Jahren hat er besonders stark zugenommen, sein Arzt ist mit seinen gesundheitlichen Daten überhaupt nicht zufrieden – hoher Blutdruck, überhöhter Insulinspiegel, schlechte Leberwerte; wenn er wenigstens das Rauchen lassen würde, doch der tägliche Streß nötigt ihn dazu, mindestens eine Schachtel Zigaretten zu konsumieren; wenn er nachts lange am Computer sitzt, werden es auch mal zwei. Er weiß, daß er mehr auf seine Gesundheit achten müßte, doch dafür hat er keine Zeit; und Sport fand er schon immer irgendwie albern.

Die meisten Mitarbeiter am Institut mögen Dr. Großkopf nicht besonders, zwar gilt er als fachlich kompetent, doch nur allzu oft hat er schlechte Laune und wenig Zeit. Außerdem verströmt er einen schrecklichen Mundgeruch.

Woran kann man die ganzheitliche Lebensführung eines intelligenten Menschen erkennen?

Wenn es darum geht, notwendige Einsparungen durchzusetzen, kann er knallhart sein. Maßnahmen zur Rationalisierung von Arbeitsabläufen gelten bei ihm als Chefsache. Er empfindet es als seine Pflicht, die Mitarbeiter immer wieder daran zu erinnern, daß nur ein hervorragendes Leistungspensum ihre Arbeitsplätze sichern kann. Ansonsten kümmert er sich nicht viel um die täglichen Angelegenheiten – außer wenn jemand einen Fehler macht. Dann zitiert er denjenigen in sein Büro und hält ihm eine Standpauke. Am liebsten kritisiert er Mitarbeiter, die schon mehrmals Fehler gemacht haben, auf den monatlichen Besprechungen vor versammelter Mannschaft. Er glaubt, die Belegschaft besser motivieren zu können, im Arbeitsalltag weniger Fehler zu machen, wenn er regelmäßige Exempel statuiert; schließlich ist Abschreckung die beste Verteidigung.

Im Kollegenkreis gilt Dr. Großkopf als arrogant und penibel. Er prahlt gern mit seinem akademischen Wissen und nutzt jede Chance, um seinen Gesprächspartnern Denkfehler nachzuweisen. Echte Freunde hat er eigentlich keine; zu den Kollegen aus der Studienzeit, mit denen er sich früher manchmal auf ein Bier getroffen hat, ist der Kontakt eingeschlafen. Menschliche Nähe macht ihm angst, lieber diskutiert er als Institutsleiter über fachliche Themen, da kann ihm so schnell keiner was vormachen.

Felix Sonnenberger führt ein kleines Handwerksunternehmen mit 12 Mitarbeitern. Er hat sich darauf spezialisiert, Solarzellen auf Hausdächern zu installieren. Seine Auftragsbücher sind gut gefüllt, und die Mitarbeiter haben alle Hände voll zu tun. In der Firma herrscht ein angenehmes Betriebsklima. Felix Sonnenberger macht es Spaß, seine Leute durch positive Anreize zu motivieren. Er verbreitet gute Laune, geizt nicht mit Anerkennung für erbrachte Leistungen und pflegt den persönlichen Kontakt. Neuerdings zahlt er den Mitarbeitern eine monatliche Gewinnbeteiligung – das minimiert sein unternehmerisches Risiko, fördert das Verantwortungsbewußtsein und stärkt den Teamgeist.

Felix Sonnenberger lebt in einer glücklichen Ehe. Wenn die Kinder in der Schule sind, arbeitet seine Frau im Büro der Firma. Abends essen alle gemeinsam, manchmal kommen Freunde zu Besuch. Felix genießt das fröhliche Zusammensein, man diskutiert über Gott und die Welt, Anekdoten und Witze werden erzählt, und man hat viel Spaß zusammen. Natürlich wird dabei auch das eine oder andere Bier getrunken, doch seitdem Felix sich vor einigen Jahren das Rauchen abgewöhnt hat, ist auch sein Bedürfnis nach Alkohol spürbar zurückgegangen. Außerdem macht er jetzt wieder viel mehr Sport. Zu Beginn der Unternehmensgründung hatte er für Sport kaum Zeit, doch allmählich hat er gelernt, viele Arbeiten an seine Mitarbeiter zu delegieren. Die Firma läuft gut, auch wenn er mal nicht da ist – diese Gewißheit bedeutet ihm viel, denn sie erlaubt ihm, mehrmals im Jahr mit einem guten Gefühl in den Urlaub zu fahren. Gleichzeitig gewinnt er Zeit für andere Dinge, die ihm ebenfalls wichtig sind: seine Gesundheit, seine Familie und seine Freunde. Außerdem kann er hin und wieder ein Seminar besuchen, sowohl zu den neuesten Entwicklungen der Solartechnik als auch zum Thema Mitarbeiterführung.

Was meinen Sie, Johannes Großkopf oder Felix Sonnenberger – wer von den beiden verfügt über die höhere Intelligenz? Oder anders gefragt: Wessen Geist halten Sie für das nützlichere Instrument, um ein intelligentes Leben zu führen? Falls Sie diese Frage mit herkömmlichen Intelligenz-Testverfahren beantworten würden, erhielten Sie eine eindeutige Antwort: Prof. Dr. Großkopf erzielte einen Intelligenz-Quotienten

Welche Relevanz haben IQ-Werte für die praktische Lebensführung?

von 127, während bei Handwerksmeister Sonnenberger lediglich ein IQ von 109 gemessen wurde. Doch was sagt uns dieses Ergebnis? Welche Relevanz verbirgt sich hinter solchen Tests? Können wir einen Menschen, der seine

Mitarbeiter durch ungeschickte Sanktionen demotiviert, der als Familienvater versagt hat, der seine Gesundheit wider besseren Wissens ruiniert, der keine Freunde hat und außerdem noch üblen Mundgeruch verströmt, tatsächlich als „außergewöhnlich intelligent" bezeichnen? Ist solch ein Mensch, der lediglich über akademisches Wissen verfügt, wirklich intelligenter einzuschätzen als der innovative Solartechniker, der seine Mitarbeiter durch das Delegieren von Verantwortung motiviert und dadurch seinen Zeit-Etat optimiert, der ein glückliches Familienleben führt, echte Freunde hat und aktiv für seine Gesundheit sorgt?

Ich meine, daß die herkömmlichen Kriterien, anhand derer Intelligenz in der Vergangenheit gemessen wurde, einer gründlichen Reform bedürfen. Natürlich sind kognitive Fähigkeiten eine wichtige Schlüsselkomponente bei der Definition von Intelligenz, doch sie sind mit Sicherheit nicht die einzige Komponente. Um seine Zeit auf diesem Planeten auf intelligente Weise verbringen zu können, braucht der moderne Mensch noch eine ganze Reihe weiterer Fähigkeiten – wie zum Beispiel guten Kontakt zu den eigenen Gefühlen, soziale Kompetenzen und eine intrinsische Motivation zur schnellen Umsetzung von geistigen Erkenntnissen. Doch vor allem brauchen wir wieder lebendigen Kontakt zu den Sensoren unserer digitalisierten Intelligenz – wir müssen unsere Sinnesorgane stärker mit dem Gehirn vernetzen!

Ein ganzheitlich intelligenter Mensch braucht neben seiner Kognition eine ganze Reihe weiterer Fähigkeiten.

Der menschliche Verstand ist ein ganz hervorragendes Werkzeug, doch bei aller Begeisterung für die stringente Verfeinerung dieses Werkzeugs und das Hervorbringen von geistigen Früchten (wie zum Beispiel Dissertationen) – wir dürfen nicht vergessen, warum wir dieses Werkzeug im Kopf haben und wofür es sich lohnt, es einzusetzen.

Ein wahrhaft intelligenter Mensch braucht lebendigen Kontakt zu seinen Bedürfnissen. Er muß spüren, was der Lebensstrom, der in seinem Körper und in seiner Seele pulsiert, von ihm verlangt. Wenn der Mensch den Kontakt zu seinen Bedürfnissen verliert, verkommt auch sein Geist zu einem stumpfen Instrument. Was nützen kognitive Kapriolen, wenn der denkende Mensch nicht weiß, wonach er streben soll? Wem nützen intellektuelle Konzepte, wenn sie uns nicht helfen, echte Befriedigung zu erlangen?

Ohne inneren Kontakt zu den wahren Bedürfnissen wird zunächst die seelische, dann die körperliche und über kurz oder lang auch die geistige Kraft eines Menschen dahinschwinden. Wer seine inneren Werte aus den Augen verliert, verwandelt sich in einen trostlosen Kämpfer auf verlorenem Posten, zu einem Ritter von trauriger Gestalt.

Erst der lebendige Kontakt zu den eigenen Sinnen läßt Sie wissen, ob Ihr tägliches Streben in die richtige Richtung führt, ob Sie sich zum Glück und zur Erfüllung Ihrer Bedürfnisse hin bewegen, oder ob Sie Ihre Seele dem Teufel verkaufen, indem Sie falsche Ziele verfolgen und sich selber betrügen. Das Streben nach Geld, Macht und Status kann nur denjenigen glücklich machen, der es versteht, die Früchte seiner Arbeit wirklich zu genießen, und der bereit ist, seinen persönlichen Erfolg mit anderen zu teilen.

Die Menschheit hat ein enormes Potential an materiellem Wohlstand geschaffen, doch nun ist es an der Zeit, diesen Wohlstand auch wirklich zu genießen, ihn wertzuschätzen, und sich zu fragen: Was von alledem brauchen wir wirklich? Welche Werte verbergen sich dahinter? Oder anders ausgedrückt: Was schmeckt mir persönlich am besten, und wieviel brauche ich davon, um satt zu werden?

Einige Menschen erwecken den Eindruck, als müßten sie ständig kochen, kochen, kochen und weiter kochen – doch niemand findet Zeit, um genußvoll zu essen. Viele Menschen arbeiten und arbeiten und arbeiten, ihr ganzes Leben lang, vierzig, fünfzig, sechzig und mehr Stunden in der Woche, der Streß ruiniert ihre Gesundheit, und wenn man sie fragt, wofür sie eigentlich so sehr schuften, fallen sie für einen kurzen Moment in eine traurige Trance, dann zucken sie etwas hilflos mit den Achseln, entgegnen tapfer „Muß ja", und ein halbes Jahr später kaufen sie sich ein neues Auto für DM 70.000,-. Finden Sie das intelligent? Entspricht solch ein unreflektiertes Verhalten dem intelligenten Einsatz von menschlicher Lebenszeit?

Das derzeitige Wertesystem der westlichen Kultur verlangt eine grundlegende Neu-Orientierung, und die Jahrtausendwende ist ein guter Anlaß, um diese Notwendigkeit konsequent anzugehen. Ein wesentlicher Schritt besteht in der kritischen Neu-Bewertung unserer geistigen Fähigkeiten, denn menschliche Intelligenz ist einer unserer wichtigsten Trümpfe beim großen Spiel um das Überleben der Menschheit in einer bereits arg aus dem Gleichgewicht geratenen Umwelt.

Wir müssen lernen, unseren Wohlstand wirklich zu genießen und die darin verborgenen Werte neu zu entdecken!

Wenn der Homo sapiens dauerhaft auf diesem Planeten bestehen will, muß er seine Lebensweise entscheidend verändern. Wir brauchen eine neue Form von Vernunft, die nicht nur an den Kriterien der Theoretiker im akademischen Elfenbeinturm gemessen wird, sondern im praktischen Leben des einzelnen Menschen intelligente Ergebnisse hervorbringt.

Der intelligente Mensch zeichnet sich nicht nur dadurch aus, daß er in psychologischen Tests die Kreuze an die richtigen Stellen setzt und komplizierte Rechenaufgaben lösen kann. Der aktuelle Zeitgeist erfordert eine neue Form von ganzheitlicher Intelligenz, und die zeigt sich in der praktischen Lebensführung. Der intelligente Mensch muß in der Lage sein, echte Bedürfnisse zu erkennen und zu befriedigen, sowohl bei sich selbst als auch im Kontakt mit seinen Mitmenschen.

Was verstehen Sie unter Intelligenz?

Da uns die akademischen Konzepte nur ein sehr begrenztes Verständnis unserer tatsächlichen Intelligenz vermitteln können, stellt sich die Frage, wie man diese theoretischen Grenzen sinnvoll erweitern kann. Ein wichtiger Schritt besteht sicherlich darin, von der rein kognitiven Ausrichtung zu einer ganzheitlichen Auffassung zu gelangen. Welch entscheidende Rolle unsere Sinnesorgane dabei spielen, habe ich bereits angedeutet, und ich werde später noch genauer darauf eingehen. Doch zunächst möchte ich Ihnen die Möglichkeit bieten, selbst für sich zu überprüfen, was Sie persönlich mit dem Begriff „Intelligenz" assoziieren. In den psychologischen Wissenschaften gibt es eine Vielzahl unterschiedlicher Modelle zum Thema Intelligenz, über diesen Begriff streiten sich die Gelehrten seit Jahrhunderten. Doch ebenso wie die Gelehrten haben auch die meisten „ganz normalen Menschen" ein implizites Intelligenz-Modell im Kopf, und bevor ich Ihnen meine Definition vorstelle, möchte ich Sie anregen, sich zunächst Ihre eigene Auffassung von Intelligenz ins Bewußtsein zu rufen. Also – atmen Sie tief durch, lehnen Sie sich für einige Minuten bequem zurück und meditieren Sie ganz bewußt über Ihre persönliche Meinung zum Thema „Intelligenz" – jetzt!

„Was ist Intelligenz?"
?!

Na – zu welchem Ergebnis sind Sie gekommen? Was bedeutet Intelligenz für Sie persönlich? Konnten Sie Ihre Gedanken in eine treffende Formulierung verpacken? Oder kreisen in Ihrem Kopf eine Vielzahl interessanter Assoziationen, die noch in eine semantische Form gebracht werden möchten? Dann sollten Sie sich ganz einfach noch etwas Zeit gönnen, um die richtigen Worte zu finden. Vielleicht nehmen Sie Papier und Stift, um Ihre Gedanken zu ordnen und Ihre Ideen schriftlich festzuhalten. Anschließend möchte ich Sie bitten, Ihr persönliches Ergebnis mit der folgenden Definition auf der nächsten Seite abzugleichen – vielleicht entdecken Sie einige Gemeinsamkeiten.

Was ist Intelligenz?

Menschliche Intelligenz ist keine statische Eigenschaft, sondern ein dynamischer Prozeß, der sich im Laufe eines Menschenlebens kontinuierlich entwickelt. Intelligenz kann unterschiedliche Formen annehmen und sich in vielen Lebensbereichen zeigen. Das Denkvermögen, die klassische Domäne der kognitiven Intelligenzforschung, bildet einen wichtigen Teilbereich, doch darüber hinaus gibt es eine ganzheitliche Intelligenz, die sich im praktischen Leben beweisen muß. Die Ausprägung von ganzheitlicher Intelligenz kann daran gemessen werden, inwieweit es einem Menschen gelingt, den wahren Kern seiner Bedürfnisse dauerhaft zu befriedigen und dabei positive Beziehungen zu anderen Menschen aufzubauen. Eine intelligente Lebensweise resultiert aus dem gelungenen Zusammenspiel verschiedener Schlüssel-Fähigkeiten.

Fünf Schlüssel-Fähigkeiten der menschlichen Intelligenz:

▶ **Gute Orientierung**

▶ **Konsequentes Handeln**

▶ **Kreatives Denken**

▶ **Schnelle Lernfähigkeit**

▶ **Soziale Kompetenz**

Nachdem Sie Ihr eigenes Intelligenzverständnis mit der diesem Buch zugrundeliegenden Definition abgeglichen haben, fragen Sie sich vielleicht, warum gerade diese fünf Schlüssel-Fähigkeiten für die Realisierung einer intelligenten Lebensweise entscheidend sind. Auf den folgenden Seiten möchte ich Ihnen aufzeigen, welche Bedeutungen sich hinter den einzelnen Fähigkeiten verbergen, und warum der intelligente Einsatz unserer Sinnessysteme die notwendige Basis für alle fünf Punkte darstellt.

Woran erkennt man einen intelligenten Menschen?

1. Gute Orientierung

„Wo befinde ich mich? Wo will ich hin? Wie gelange ich dorthin?"

Ein intelligenter Mensch braucht zunächst eine funktionierende Orientierung. Er muß seine Umwelt wahrnehmen, analysieren und verstehen, um zu wissen, wo er sich gerade befindet. Er muß erkennen, welche Kräfte zur Zeit auf ihn einwirken und wie sich diese Faktoren in Zukunft entwickeln könnten. Darüber informiert ihn sein Verstand. Je besser seine analytischen Fähigkeiten, desto schneller, präziser und umfassender kann er die relevanten Ursache-Wirkungs-Zusammenhänge einschätzen.

Außerdem braucht der intelligente Mensch eine innere Orientierung. Er muß seine eigenen Bedürfnisse, seine Wünsche und auch seine langfristigen Ziele kennen. So entsteht eine Verbindung von Herz und Verstand. Um all diese Voraussetzungen erfüllen zu können, ist er auf seine Sinnessysteme angewiesen – je besser seine Sinne funktionieren, desto besser ist seine Orientierung. Ein besonderes Qualitätsmerkmal entsteht durch den Grad der Bewußtheit, mit der die sinnlichen Informationen verarbeitet werden. Je mehr bewußte Energie einem Menschen zur Verfügung steht, desto intelligenter wird er die gesammelten Daten verarbeiten können. Um sich nicht in sinnlichen Details zu verlieren, muß der Mensch wichtige Informationen von unwichtigen unterscheiden können. Deshalb ist das Wachstum der personalen Intelligenz untrennbar mit dem Prozeß der ganzheitlichen Bewußtwerdung verknüpft.

2. Konsequentes Handeln

„Was muß ich tun? Wann fange ich womit an? Wie motiviere ich mich?"

Nachdem sich der intelligente Mensch sowohl in der Außen- als auch in seiner Innenwelt orientieren kann, muß er in der Lage sein, seine Erkenntnisse über die momentane Situation in aktives Handeln umzusetzen. Er muß sich konsequent so verhalten, wie die Chancen am größten sind, daß seine Bedürfnisse befriedigt werden. Die konsequente Umsetzung von erworbenem Wissen ist ein entscheidender Faktor bei der Realisierung von ganzheitlicher Intelligenz.

Was nützt alles Wissen dieser Welt, wenn es nicht in intelligentes Verhalten mündet? Nicht viel, es kann sich sogar ins Gegenteil verkehren – denn wer wider besseres Wissen handelt, wird vom sogenannten „schlechten Gewissen" heimgesucht. Inkonsequentes Verhalten erzeugt ein unterschwelliges Gefühl von Frustration. Wenn dieser Zustand andauert, können schwere Schäden für die Gesundheit von Körper, Geist und Seele entstehen. Außerdem wirkt der betroffene Mensch in der Kommunikation inkongruent und verliert dadurch an sozialer Kompetenz. So gesehen zeugt die Anhäufung von Wissen ohne daraus resultierende Taten sogar von einem Mangel an Intelligenz. Dieser Aspekt der praktischen Umsetzung wird in vielen traditionellen Intelligenz-Konzepten oftmals vernachlässigt. Akademisches Wissen und analytisches Denken machen noch keinen wahrhaft intelligenten Menschen – erst die Fähigkeit, geistige Erkenntnisse in konsequente Taten umzusetzen, bringt den Menschen wirklich weiter.

3. Kreatives Denken

„Wie kann ich meine Probleme lösen? Wie erzeuge ich gute Ideen?"

Das Zusammenspiel von Reiz und Reaktion, von sensorischem Input und aktivem Output, bewirkt eine dynamische Verbindung von Wahrnehmen, Denken, Fühlen und Handeln. Die Art unserer Gedanken prägt unsere Gefühle, und die Gefühle vermitteln uns Handlungsimpulse. Dieser lebendige Austausch zwischen Mensch und Umwelt ist eine wichtige Grundlage von echter Intelligenz. Damit sich daraus jedoch nicht nur stereotype Verhaltensweisen und statische Patentrezepte entwickeln, muß das vorhandene Wissen immer wieder auf kreative Weise in Frage gestellt werde. Die bloße Reproduktion von Verhaltensweisen, die in der Vergangenheit funktioniert haben, erzeugt lediglich eine sehr mechanische Form von Intelligenz. Echte menschliche Intelligenz sollte auch fähig sein, für unerwartete Probleme kreative Lösungen zu entwickeln.

Oftmals ist die Umwelt dynamisch und komplex beschaffen, es gibt eine unüberschaubare Zahl unsichtbarer Zusammenhänge, vieles ist auf scheinbar magische Weise miteinander vernetzt – was auf den ersten Blick linear und logisch erscheint, muß nicht immer die erwünschten Ergebnisse erzielen. Darum braucht der wirklich intelligente Mensch – und das unterscheidet ihn von einem handlungsfähigen Roboter mit einem sensorischen Chip im zentralen Computer – ein geschmeidiges Gehirn, das kreativ denken kann und fähig ist, auch für neue Situationen funktionierende Lösungen zu entwickeln. Dafür muß der Mensch in der Lage sein, die in seinem Gedächtnis gespeicherten Sinnesreize in Bewegung zu bringen und sie auf neue Weise zu kombinieren.

4. Schnelle Lernfähigkeit

„Was muß ich verändern, um auch in Zukunft erfolgreich zu sein?"

Ein wahrhaft intelligenter Mensch sollte prinzipiell bereit sein, über seinen eigenen Schatten zu springen und sich von seinen bereits konditionierten Verhaltensprogrammen zu lösen – auch wenn diese in der Vergangenheit erfolgreich waren. Nur so kann es ihm gelingen, sich immer wieder auf neue, bisher unbekannte Situationen in einer sich wandelnden Umwelt einzustellen. Er muß also nicht nur kreativ denken können, seine kreativen Ideen müssen sich auch als neue Verhaltensweisen manifestieren – mit anderen Worten: Er muß lernfähig sein, und zwar je schneller, desto besser!

Ein Mensch, der einen begangenen Fehler sofort erkennt und daraufhin sein Verhalten ändert, ist sicherlich intelligenter als ein anderer Mensch, der denselben Fehler zunächst siebzehnmal begehen muß, ehe er sein Verhalten ändern kann. Auch diese Fähigkeit des schnellen Lernens basiert auf sinnlichen Leistungen, denn um einen Fehler und die daraus resultierende Lernaufgabe als solche zu erkennen, bedarf es natürlich einer funktionierenden Wahrnehmung. Der lernende Mensch braucht sowohl kritische Wahrnehmungsfilter, um sein bisheriges Verhalten in Frage zu stellen, als auch eine motivierende Phantasie, um die nötige Lernbereitschaft aufzubringen und neue Alternativen konsequent in die Tat umzusetzen – auch wenn dies zunächst unbequem erscheint. Neues Lernen erfordert immer eine Investition von Zeit und Energie; und sicherlich zeugt es von Intelligenz, wenn der Mensch seine Investitionen gezielt und strategisch sinnvoll auszurichten versteht.

5. Soziale Kompetenz

„Wie gewinne ich meine Mitmenschen?"

Da wir als Menschen in einem sozialen Gefüge leben, und unser Erfolg – sowohl materiell als auch emotional – auf der gelungenen Kooperation mit anderen basiert, darf die soziale Intelligenz im Zusammenspiel der verschiedenen Faktoren keinesfalls vergessen werden. Nur wer es versteht, die Sympathien und Ambitionen seiner Mitmenschen für sich zu gewinnen, kann das volle Potential der menschlichen Leistungsfähigkeit entfalten. Dies gilt sowohl beruflich als auch im privaten Bereich. Wer mit einem gut funktionierenden Team harmonieren kann oder das Glück einer liebevollen Familie teilt, wird einem sozial verarmten Einzelkämpfer in vielerlei Hinsicht überlegen sein.

Jede gute Führungskraft muß über ein gewisses Maß von sozialer Intelligenz verfügen. Wer sein persönliches Potential in der modernen, global-vernetzten Welt voll entfalten will, muß lernen, mit seinen Mitmenschen erfolgreich zu kooperieren. Deshalb braucht der intelligente Mensch sowohl einen Zugang zur Welt der Emotionen als auch kommunikative Fähigkeiten. Die Kunst der Kommunikation ist ein kaum zu unterschätzender Faktor bei der Entwicklung von ganzheitlicher Intelligenz.

Wie intelligent sind Ihre Mitmenschen?

Damit Ihre Auseinandersetzung mit dem Wesen der Intelligenz kein abgehobenes Gedankenspiel wird, sondern auf der Basis Ihres konkreten Erfahrungshintergrundes wohlschmeckende Früchte tragen kann, sollten Sie Ihre Erkenntnisse nun auf Ihr persönliches Umfeld anwenden. Investieren Sie einige Minuten Ihrer bewußten Aufmerksamkeit in den neurologischen Fortschritt Ihrer kognitiven Schaltzentrale und füttern Sie Ihr Gehirn mit analytischen Sinneseindrücken. Nutzen Sie den erhellenden Effekt einer gezielten Fragestellung und überprüfen Sie das Ausmaß von praktischer Intelligenz, mit der Sie es tagtäglich zu tun haben – zunächst in Gestalt Ihrer Mitmenschen und dann in Form Ihres eigenen Wirkens. Entscheidend dabei ist, daß Sie Ihre eigene Intelligenz kritisch überprüfen, um sich Ihrer Stärken bewußt zu werden und um dann gezielt an Ihren Schwachpunkten arbeiten zu können. Doch oftmals ist es sehr viel einfacher, psychologische Strukturen zunächst bei den Mitmenschen zu erkennen, um sie anschließend auf die eigene Person zu übertragen. Die bewußte Beobachtung Ihrer Mitmenschen dient einerseits der Optimierung Ihrer „Sozialen Intelligenz", und darüber hinaus bietet Sie Ihnen eine Vielzahl von Anregungen zur Überprüfung Ihrer ganzheitlichen Lebensführung, um die sogenannten „Blinden Flecken" Ihrer eigenen Persönlichkeit wachen Auges zu betrachten.

Durch diese Art der reflektierenden Beobachtung kommen Sie sehr schnell zu interessanten Einschätzungen hinsichtlich der praktischen Intelligenz Ihrer Zeitgenossen. Gleichzeitig sammeln Sie eine Menge neuer Ideen zur Einschätzung Ihrer eigenen Handlungen bezüglich der darin verborgenen Intelligenz. Entscheidend für Ihren Erkenntnisprozeß ist, daß Sie der Versuchung widerstehen, lediglich Ihre eigenen Vorurteile bestätigen zu wollen. Statt dessen müssen Sie sich immer wieder daran erinnern, daß Ihre Aufgabe darin besteht, daß Sie mit offenen Sinnen wahrnehmen und mit objektivem Forschergeist schlußfolgern. Finden Sie heraus, was wirklich passiert! Werden Sie zum kosmischen Detektiv! Lassen Sie sich von Ihren Beobachtungen überraschen!

Wichtig für das Gelingen dieser Übung ist auch die emotionale Einstellung, mit der Sie die anderen Menschen betrachten. Begehen Sie bitte nicht den Fehler, sich auf eine überhebliche „Position der Arroganz" zu begeben. Dabei verlieren alle Beteiligten an Würde. Achten Sie statt dessen darauf, Ihren Mitmenschen Wertschätzung und Wohlwollen entgegenzubringen. Haben Sie echtes Verständnis für die Schwächen der anderen, so wie Sie sich das Verständnis Ihrer Mitmenschen für Ihre eigenen Schwächen wünschen. Versuchen Sie nicht, die anderen zu „belehren" oder gar „den Finger in die Wunde zu legen" – Sie sollen lediglich beobachten und sich dabei für die Optimierung Ihrer eigenen Intelligenz inspirieren lassen!

Die Intelligenz Ihrer Mitmenschen

Zur Durchführung dieses einfachen, praxis-orientierten Intelligenz-Checks müssen Sie das alltägliche Verhalten Ihrer Mitmenschen bewußt beobachten. Wählen Sie zunächst einen Menschen, für den Sie sich besonders interessieren und analysieren Sie seine pragmatische Intelligenz, indem Sie sich dabei die folgenden Fragen stellen:

▶ Was möchte dieser Mensch durch seine Verhaltensweisen erreichen? Was sind seine Ziele? Was wünscht er sich vom Leben und von seinen Mitmenschen?

▶ Inwieweit ist er sich seiner Ziele bewußt? Gibt es vielleicht noch weitere, unbewußte Ziele, Bedürfnisse oder Absichten, die von seinem Unbewußten gesteuert werden?

▶ Inwieweit führt sein Verhalten zur Ziel-Erreichung?

▶ Hat das Verhalten vielleicht irgendwelche Nebenwirkungen? Erzielt er gleichzeitig andere Ergebnisse, die er eigentlich nicht bewirken möchte?

▶ Mögen ihn seine Mitmenschen, während er sich so verhält? Gewinnt er Freunde, Sympathisanten und Verbündete? Motiviert er die anderen, ihn bei seinen Zielen zu unterstützen?

▶ Oder frustriert er die anderen und zieht deswegen unnötige Aggressionen auf sich? Ist er sich dieser Frustrationen bewußt? Beabsichtigt er sie, oder sind es unerwünschte Nebenwirkungen?

Diese Fragen dienen zunächst der Analyse des Ist-Zustandes. Um Ihre Gedanken nun auf die Idee der intelligenten Optimierung zu lenken, können Sie Ihre kreativen Kräfte aktivieren und sich die folgenden Fragen stellen:

▶ Sind die von ihm gewählten Verhaltensweisen der optimale Weg, um sein Ziel zu erreichen?

▶ Oder gibt es vielleicht bessere, elegantere oder schnellere Wege zu diesem Ziel?

▶ Falls ja, wie könnten diese aussehen? Worauf müßte er dabei achten?

▶ Falls andere Menschen frustriert werden – wie könnte er seine Ziele verwirklichen und seine Bedürfnisse befriedigen, ohne die anderen zu frustrieren? Wie könnte ein Gewinner-Gewinner-Modell aussehen?

▶ Falls Sie in der Haut dieses Menschen stecken würden – was würden Sie an seiner Stelle verändern? Welche Empfehlungen würden Sie ihm mit auf den Weg geben?

Sobald Sie Ihren ersten Probanden zur Genüge analysiert haben, wählen Sie weitere Menschen, an denen Sie Ihre Fähigkeiten als „Intelligenz-Beobachter" schulen möchten. Am besten wählen Sie zunächst Personen, die Sie mögen und respektieren und von denen Sie gern etwas lernen würden.

Mein Übungserfolg:　○○○○○○○○○○○○○○○○○○○○○

Eigener Intelligenz-Check

Indem Sie sich während der vorausgegangenen Übung mit der Intelligenz Ihrer Zeitgenossen beschäftigten, haben Sie Ihr Gehirn mit einer Vielzahl von Anregungen aufgeladen. Nun geht es um die ehrliche Diagnose der Intelligenz, die in dem Muster Ihrer eigenen Gewohnheiten innewohnt. Dafür ist es wichtig, daß Sie beginnen, sich selber ganz bewußt zu beobachten. Damit Ihre objektive Selbstbeobachtung gelingen kann, ist es hilfreich, eine gewisse Distanz zur gewohnten Wahrnehmung zu gewinnen. Um diesen mentalen Abstand herzustellen, können Sie zum Beispiel so tun, als ob Ihr Geist ein Außerirdisches Wesen wäre, das Ihren Körper dabei beobachtet, wie er sich auf diesem Planeten bewegt. Sie verfolgen aufmerksam, wie Ihr Körper mit anderen Menschen kommuniziert, wie er sich Nahrung organisiert und all die anderen Bedürfnisse befriedigt, die ihm seine Handlungs-Impulse vermitteln.

Entscheidend ist, daß Sie die bewußte Beobachtung Ihres Selbst mit praktischen und ganz normalen Dingen verbinden. Ertappen Sie sich in jenen Momenten, wo Sie Ihren alltäglichen Gewohnheiten nachgehen! Schmunzeln Sie, falls Sie bemerken sollten, daß gewisse Verhaltensweisen durch Ihr Unbewußtes gesteuert werden. Erzeugen Sie eine neue Bewußtheit, indem Sie einzelne Tätigkeiten ganz systematisch hinsichtlich der darin verborgenen Intelligenz analysieren.

Ihre wesentliche Aufgabe nun besteht darin, vor Beginn einer Tätigkeit kurz innezuhalten, einmal tief Luft zu holen und sich die folgenden Fragen zu beantworten:

▶ Warum tue ich das jetzt?
▶ Welches Ziel will ich durch diese Tätigkeit erreichen?
▶ Was motiviert mich bei dieser Handlung?

Nachdem Sie sich Ihr Ziel einmal kurz ins Bewußtsein gerufen haben, installieren Sie mehrere kurze Feedback-Schleifen. Dafür halten Sie, besonders während der Routinetätigkeiten, von denen Sie im Laufe jedes Tages eine Vielzahl erledigen, hin und wieder für einen kurzen Moment inne und fragen sich:

▶ Befinde ich mich noch auf dem optimalen Weg zur Ziel-Erreichung?
▶ Oder gibt es bessere Möglichkeiten, um mein aktuelles Ziel zu erreichen? Und falls ja
  – welche könnten das sein?

Immer wenn Sie feststellen, daß Sie sich auf dem optimalen Weg befinden, gönnen Sie sich ein positives Gefühl! Genießen Sie Ihre erfolgreiche Selbstbestätigung und folgen Sie einfach Ihrem bereits aktivierten Verhaltensprogramm. Handeln Sie zielstrebig weiter, um sich dann am Ende der Aktivität noch einmal kritisch zu fragen:

▶ Wie intelligent war die von mir gewählte Strategie zur Ziel-Erreichung?
▶ Könnte ich diese Strategie für die Zukunft noch weiter optimieren?
▶ Falls ja – dann wie?

Und außerdem sollten Sie sich fragen:

▶ Habe ich den Weg zum Ziel tatsächlich genossen?
▶ Wie könnte ich mein Verhalten ändern, daß ich nicht nur effizienter werde, sondern auch noch mehr Spaß dabei habe?
▶ Was würde mich dabei noch stärker motivieren? Durch welche Belohnung könnte ich mein Erfolgserlebnis verstärken? Welches Gefühl könnte mich noch leichter in Bewegung versetzen?

Die Beantwortung dieser Fragen erhöht nicht nur das subjektive Empfinden Ihrer Lebensqualität, sondern auch Ihre zukünftige Arbeitsmotivation. Nachdem Sie diese kleine Übung der kritischen Selbstbeobachtung mehrmals durchgeführt haben, sollten Sie für sich ein motivierendes Fazit Ihrer Erkenntnisse ziehen:

▶ Was habe ich über mich gelernt?
▶ Wie könnte ich meine Verhaltensmuster verändern, um den Prozeß der persönlichen Ziel-Erreichung und die daraus resultierende Intelligenz noch zu optimieren?

Nachdem Sie einzelne Sequenzen Ihres täglichen Verhaltens kritisch überprüft und vielleicht bereits verändert haben, können Sie das Spektrum Ihrer Aufmerksamkeit noch weiter ausdehnen und Ihre Fragen auf einer höheren Ebene beantworten:

▶ Welche Ziele verfolge ich in meinem Leben? Was ist mir dabei besonders wichtig?
▶ Welche Teilziele auf dem Weg dorthin habe ich bereits erreicht?
▶ Wie konnte ich diese Ziele erreichen? Inwiefern habe ich mich dabei intelligent verhalten?
▶ Wo hätte ich noch intelligenter handeln können? Was wäre dafür nötig gewesen?
▶ Welche Etappenziele möchte ich als nächstes erreichen? Wie muß ich mich verhalten, um meine Intelligenz optimal einzusetzen?

Solch eine gewissenhafte Überprüfung stimuliert die Entwicklung Ihrer persönlichen Intelligenz. Je intensiver Sie sich die Fragen beantworten, desto souveräner optimieren Sie die Strategien Ihres täglichen Handelns.

Mein Übungserfolg: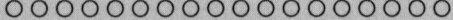

Die Begegnung von Intelligenz und Sinnlichkeit

Albert Einstein gilt als einer der intelligentesten Menschen, die je auf diesem Planeten gelebt haben. Er sah viele seiner genialen Ideen vor seinem geistigen Auge, bevor er sie in Worten ausdrücken konnte. Angeblich hatte er die ersten Ideen für seine berühmte Relativitäts-Theorie, als er sich in der Schule im Mathematikunterricht langweilte. Er schaute aus dem Fenster und fragte sich:

„Wie wäre es wohl, auf einem Lichtstrahl zu reiten? Wie sähe die Welt aus, wenn man auf dem Ende eines Lichtstrahls sitzen würde und sich dabei mit Lichtgeschwindigkeit fortbewegt?

Und wenn man dann einen Spiegel vor sich halten würde, könnte man darin sein eigenes Spiegelbild erblicken? Könnte man das Licht sehen, das soeben das eigene Gesicht verlassen hat, obwohl man es ständig einholt, da man sich ja mit Lichtgeschwindigkeit fortbewegt?"

Dieses kombinatorische Spiel von Bildern und Gefühlen inspirierte Albert Einstein dazu, die genialen Gedanken zu denken, aus denen er dann später die Relativitäts-Theorie entwickelte. Die geistige Grundlage für die legendäre Theorie waren nicht abstrakte Zahlen oder trockene Fakten, sondern sinnliche Phantasien!

Die modernen Universitäten sind die Hochburgen der menschlichen Intelligenz. Die dort tätigen Professoren, Doktoren und Wissenschaftler gelten oftmals als personifizierte Form von Intelligenz. Viele Menschen glauben, die heutige Wissenschaft sei eine ernsthafte, nüchterne, völlig unsinnliche und somit furztrockene Angelegenheit. Der moderne Wissenschaftler gilt nicht nur als intelligent, sondern auch als seriös, diszipliniert, bebrillt und vor allem als leidenschaftslos langweilig. Dieses gängige Vorurteil symbolisiert nur allzuoft die Auffassung vom allgemeinen Verständnis der Intelligenz. Sinnlichkeit und Intelligenz erscheinen als Gegensätze: Auf der einen Seite gibt es sinnliche Menschen, die es zwar verstehen, ihr Leben in vollen Zügen zu genießen,

Albert Einstein nutzte sinnliche Phantasien für die Entwicklung der Relativitäts-Theorie.

ansonsten jedoch nicht viel zustande bringen. Auf der anderen Seite gibt es intelligente Menschen, die sich jedoch durch einen Mangel an Leidenschaft auszeichnen und dazu verdammt scheinen, daß die schönen Seiten des Lebens unerkannt an ihnen vorbeiziehen.

Mit diesem Buch möchte ich aufzeigen, daß diese beiden Pole des menschlichen Seins sehr wohl zusammengehören. Erst durch das harmonische Zusammenspiel von Sinnesorganen und Gehirnfunktionen kann echte Intelligenz möglich werden. Im Grunde basiert jede Form von Intelligenz auf der Verarbeitung von sinnlichen Informationen, doch in unserer Gesellschaft gilt oftmals nur derjenige als intelligent, der es versteht, sich mit seinen Gedanken von der sinnlichen Basis zu entfernen. Komplizierte Kognitionen gelten als Beweis, daß jemand fähig ist, auf einem höheren Abstraktionsniveau zu denken. Intellekt und Intelligenz werden in einen Topf geworfen. Doch damit die abstrakten Gedanken einen praktischen Nutzen bewirken können, muß der Denker ebenso fähig sein, das Ergebnis seines Abstraktionsprozesses auf die konkreten Begebenheiten zu beziehen und seine Erkenntnisse in die Tat umzusetzen. Mit anderen Worten: Um die Früchte der Erkenntnis ernten zu können, muß man mit beiden Beinen auf der Erde stehen.

Wer die Früchte der Erkenntnis ernten möchte, muß mit beiden Beinen fest auf der Erde stehen!

Viele Menschen betrachten den Begriff „Sinnliche Intelligenz" als verblüffende Wortschöpfung, ja fast als ein Paradoxon. Zunächst ist man erstaunt und blickt etwas irritiert, dann ist man angenehm verwundert – für das Unbewußte der meisten Menschen hat diese Wortschöpfung eine positive Konnotation –, doch schließlich schaltet man seinen analytischen Verstand wieder ein und fragt sich, was Intelligenz und Sinnlichkeit denn nun eigentlich miteinander zu tun haben?! Befinden sich diese beiden Begriffe nicht im Widerspruch?

Einige Menschen denken bei „Sinnlichkeit" zunächst an spielende Kinder, und dann an üppige Blondinen, drogensüchtige Rockstars und übergeschnappte Künstler; und bei „Intelligenz" kommen dann verklemmte Mathematikgenies, langatmige Literaturkritiker und vertrocknete Hochschulprofessoren in ihren Sinn. Diese Gedanken sind jedoch nur sehr oberflächliche Assoziationen – mit „Sinnlichkeit" ist weder gemeint, irgendwelchen Gelüsten hilflos ausgeliefert zu sein, noch bedeutet es, in der Flut der sinnlichen Eindrücke willenlos umherzutreiben – vielmehr geht es darum, auf einem vielfältigen Spektrum sinnlicher Informationen differenziert wahrnehmen zu können. Das Differenzieren, Ordnen, Benennen, Bewerten und Interpretieren sinnlicher Eindrücke bildet die Grundlage jeder Erkenntnis. Tatsächlich ist es so, daß die Leistung unserer Sinnessysteme selbst in der Wissenschaft eine wichtige Rolle spielt. Schließlich gründen sich die empirischen Wissenschaften auf das Prinzip der „meßbaren Beobachtung"; das heißt: „Wahr ist, was unsere Sinne erfassen können!", oder in der modernen Form: „Wahr ist, was unsere Meßgeräte anzeigen" – doch im Grunde sind die von den Forschern entwickelten Meßgeräte nichts anderes als eine technische Verlängerung unserer menschlichen Sinnesorgane.

Die moderne Wissenschaft wurzelt in der Beobachtung der Natur – sie dient der Erkenntnis der uns umgebenden Welt, und eben diese Erkenntnis wäre ohne den Einsatz unserer Sinnessysteme nicht möglich! Dies gilt auch für die sogenannten „Geisteswissenschaften" – das dort benötigte „Abstraktionsvermögen" ist im Grunde ein außerordentlich sinnlicher Vorgang, der jedoch mit Hilfe einer gezielten Dissoziation systematisch kategorisiert wird. Zunächst werden bestimmte Sinnesreize eingegrenzt und definiert, diese linguistisch-markierten Reize werden dann zu Gruppen, Mustern oder Ebenen zusammengefaßt und anschließend zueinander in Beziehung gesetzt. Dabei darf jedoch nicht vergessen werden, daß jeder abstrakte Erkenntnisprozeß auf Informationen beruht, die zunächst in Form von sinnlichen Reizen wahrgenommen wurden.

Sowohl Philosophie als auch Religion und Naturwissenschaft wurzeln in der Wahrnehmung von sinnlichen Reizen!

   Die alten Griechen entwickelten gedankliche Modelle, die unsere Wissenschaft noch heute prägen. Dafür nutzten sie die Kraft von sinnlichen Metaphern. Plato wurde durch Schatten an der Wand inspiriert, seine Philosophie zu erschaffen. Selbst das „Buch der Bücher" nutzt die Kraft der sinnlichen Stimulanz! Die Bibel vermittelt moralische Weisheiten, indem sie den Menschen sinnliche Geschichten erzählt. Nicht von ungefähr gibt es in den heiligen Schriften Könige und Königinnen, Brüder und Schwestern, Hirten und Tiere, Feuer und Wasser, Kreuze und Dornen, Schwerter und Kelche. Wir Menschen brauchen Bilder, die bei uns Gefühle auslösen, um uns geistig zu öffnen, Interesse zu zeigen und etwas zu lernen. Das war damals so, und es ist heute nicht anders. Wenn Sie zum Beispiel an Albert Einstein denken – was kommt Ihnen dann zuerst in den Sinn? Die wissenschaftliche Formel der Relativitäts-Theorie oder das bekannte Bild, wo der weise alte Mann seine Zunge herausstreckt?!

„Woran denken Sie, wenn Sie an Einstein denken?"

Na – sind Sie ehrlich? Wenn Sie nicht gerade als Atomphysiker tätig sind und die Berechnung der Lichtgeschwindigkeit Ihr täglich Brot sein sollte, dann werden Sie vermutlich, wie fast alle unsere Zeitgenossen, spontan an die herausgestreckte Zunge gedacht haben, stimmt's?

Dieses prägnante Foto zeigt – vom Plattenlabel der Rolling Stones einmal abgesehen – wohl die berühmteste Zunge der Welt, und sie symbolisiert auf eindrucksvolle Weise, wie der menschliche Geist Informationen verarbeitet. Natürlich wäre dieses ungewöhnliche Foto von Albert Einstein bei weitem nicht so bedeutungsvoll, wenn er nicht gleichzeitig der Schöpfer der Relativitäts-Theorie wäre, doch sein Mythos manifestiert sich in Form eines prägnanten Bildes. Die abstrakte Information verdichtet sich zu einem sinnlichen Symbol, das jeder Mensch auf intuitive Weise verstehen kann. Dabei wird gleichzeitig die gängige Vorstellung von einem seriösen Wissenschaftler auf geradezu rebellische Weise relativiert.

Die allgemeine Verbreitung der genialen Lebensleistung von Albert Einstein, die das Weltbild unserer westlichen Kultur entscheidend beeinflußt hat, geschah also weniger über die inhaltliche Kenntnis einer abstrakten Theorie, sondern vielmehr über den natürlichen Respekt vor der sinnlichen Symbolik.

Welche Bedeutung haben sinnliche Qualitäten?

Ein wesentliches Charakteristikum der Intelligenz ist sicherlich, daß sie unterschiedliche Formen annehmen kann. So spricht man beispielsweise von „praktischer Intelligenz", „sprachlicher Intelligenz", „mathematischer Intelligenz", „musischer Intelligenz", „sozialer Intelligenz" oder von „emotionaler Intelligenz". Mit diesem Buch möchte ich Ihnen aufzeigen, daß der intelligente Einsatz von sinnlichen Fähigkeiten als notwendige Grundlage vieler, vielleicht sogar aller Formen der Intelligenz zu verstehen ist. Wer seine sinnlichen

Fähigkeiten trainiert, schafft eine wichtige Voraussetzung, um seine Geistes-
kräfte in all ihren unterschiedlichen Ausprägungen zu stärken.

In der jüngeren Vergangenheit wurde Intelligenz lediglich mit mathemati-
schen und verbalen Fähigkeiten gleichgesetzt. Die menschliche Intelligenz
kann jedoch viel mehr als Zahlen berechnen und Worte gebrauchen! Alle
unsere Sinnessysteme sind in der Lage, Informationen auf intelligente Weise
zu verarbeiten. Die tatsächliche Intelligenz eines Menschen ergibt sich aus dem
komplexen Zusammenspiel aller zur Verfügung stehen-
den Sinnessysteme. Zum Beispiel hat Ihre körperliche
Intelligenz einen entscheidenden Einfluß auf Ihre individuelle Lebensqualität. Dies zeigt sich im Falle von Krankheit, Erschöpfung oder bei einer Verletzung. Ein Mensch,
der guten Kontakt zu seinem Körper und seinen Empfindungen hat, verhält sich im Regelfall so, daß er schnell
wieder gesund wird; während ein anderer Mensch, der

Menschliche
**Intelligenz kann
viel mehr als
Zahlen berechnen
und Worte
gebrauchen!**

über wenig Kontakt zur Intelligenz seines Körpers verfügt, sich oftmals entgegen seiner natürlichen Impulse verhält und sehr viel länger braucht, um gesund
zu werden.

Ihr Körper besitzt eine erstaunliche Intelligenz, und es liegt an Ihnen, sich
diese Intelligenz bewußt zu machen und sie ganz gezielt in Ihren Dienst zu
stellen. In vielen Fällen kann Ihr Organismus sich selbst regulieren, balancieren
und heilen, ohne daß Sie bewußt darüber nachdenken müssen. Die Stärkung
Ihrer körperlichen Intelligenz ist hinsichtlich Gesundheit, Leistungsfähigkeit
und Lebensqualität ein kaum zu unterschätzendes Thema, auf das ich im
hinteren Teil dieses Buches ausführlich eingehen werde. Dort bekommen Sie
viele wertvolle Anregungen, wie Sie die Kommunikation mit Ihrem Körper
kontinuierlich verbessern, wie Sie physische Ressourcen auf mentalen Wegen
aktivieren, wie Sie Ihre Gesundheit pflegen und wie Sie sich in Topform
bringen können.

Intelligenz ist ein ganzheitliches Phänomen und eine Frage der wohlorganisierten Sinnlichkeit. Selbst der Geschmacksinn spielt keine unwichtige Rolle bei
der Definition Ihrer ganzheitlichen Intelligenz. Er steuert nicht nur die Qualität Ihrer Nahrungsaufnahme. Wir Menschen mögen gutes Essen, nicht nur,
weil es schmeckt und unseren Gaumen erfreut, sondern auch, weil es unser
Wohlbefinden nährt und unsere Gesundheit stärkt; während wir minderwer-

tige oder verdorbene Nahrung instinktiv ablehnen, denn sie beeinträchtigt unsere Leistungsfähigkeit und kann sogar unsere Gesundheit ruinieren. Doch nicht nur beim Essen, auch in anderen Lebensbereichen orientieren wir uns gustatorisch. Wie erkennen sympathische Menschen an ihrem guten Geschmack – während der Konversation, bei der Einrichtung ihrer Wohnung oder bei der Wahl ihrer Freunde.

In jedem Moment unseres Lebens orientieren wir uns mit Hilfe unserer Sinnlichen Intelligenz. Auch das sogenannte „Unbewußte" setzt dieses wertvolle Potential unermüdlich ein, um unser tägliches Leben zu organisieren. Wenn Sie zum Beispiel Autofahren, vertrauen Sie darauf, daß Ihr Unbewußtes alle relevanten Sinneswahrnehmungen intelligent aussteuert – und Sie vertrauen darauf, daß das Unbewußte der anderen Verkehrsteilnehmer diese verantwortungsvolle Arbeit ebenfalls gewissenhaft verrichtet.

Die Sinnessysteme versorgen Sie täglich mit weit mehr Informationen, als Ihr Bewußtsein verarbeiten kann. Der Löwenanteil aller aufgenommenen Informationen fließt direkt in Ihr Unbewußtes. Dort werden die meisten Entscheidungen getroffen, dort entstehen fast alle Ihre Handlungsimpulse.

Ihr Unbewußtes ernährt sich von den sinnlichen Eindrücken, denen Sie im Laufe Ihres Alltags begegnen.

Lüste, Gefühle, Intuitionen und Sympathien werden ebenso wie Ängste, Ärger und Abneigungen im unbewußten Teil der menschlichen Psyche erzeugt. Ob Sie es wollen oder nicht – Ihr Unbewußtes denkt mit, und es trägt einen großen Teil der Verantwortung bei der Gestaltung Ihrer Existenz. Nun stellt sich die weitreichende Frage, mit welcher Art von Informationen Sie Ihr Unbewußtes speisen?! Ihre Psyche ernährt sich von den sinnlichen Eindrücken, mit denen Sie im Laufe Ihres Alltags konfrontiert werden. Positive Eindrücke bewirken ein angenehmes Lebensgefühl, während negative Eindrücke Frust, Angst und schlechte Gefühle erzeugen. Natürlich können Sie hin und wieder steuernd in Ihre unbewußten Prozesse eingreifen, insbesondere wenn Sie über einen starken Willen verfügen, doch prinzipiell ist Ihr Unbewußtes darauf angewiesen, daß Sie alle verfügbaren Sinnessysteme geschickt einsetzen und es auf intelligente Weise mit nützlichen und motivierenden Informationen versorgen.

Das Privileg einer lebendigen und zugleich wohlorganisierten Sinnlichkeit dient einerseits der Optimierung Ihrer geistigen Fähigkeiten, und andererseits übt es einen direkten Einfluß auf Ihre Lebensqualität aus. Schließlich können Sie Ihr Leben nur deshalb genießen, weil Sie in der Lage sind, all das sinnlich wahrzunehmen, was Ihnen Freude bereitet. Falls Sie erblinden, hätten Sie kaum Spaß daran, ins Kino zu gehen; wären Sie taub, würden Sie sich keine CDs kaufen und keine Konzerte besuchen. Würden Sie Ihr Körpergefühl verlieren, hätten Sie kaum Freude daran, sich nach Feierabend bequem auf Ihr Sofa zu lümmeln. Ohne Geruchssinn würde selbst das teuerste, aufregendste und edelste Parfum Sie völlig kaltlassen; und falls die feinen Geschmacksknospen auf Ihrer Zunge Ihnen das gustatorische Feedback versagen sollten, wären das leckerste Essen und der beste Wein kein echter Genuß für Sie. Kurzum: Ohne Sinnlichkeit wäre das ganze Leben eine bedeutungslose Farce.

Sie brauchen alle Ihre Sinne, um das Leben wirklich genießen zu können; und je besser Ihre Wahrnehmung funktioniert, desto ausgeprägter wird Ihre Genußfähigkeit. Je feiner die kleinen Unterschiede, die von Ihrem Gehirn als solche erkannt und wertgeschätzt werden, desto größer wird die Zahl Ihrer täglichen Freuden. Die Sensibilisierung Ihrer Sinnessysteme ist eine echte Alternative zum allgegenwärtigen Konsumstreben – wer guten Kontakt zu seiner Sinnlichkeit pflegt, braucht nicht ständig neue und noch teurere Produkte zu kaufen. Offene Sinnessysteme erzeugen persönliche Autonomie. Der sinnliche Mensch kann hochwertige Konsumgüter bewußt genießen, doch er ist nicht darauf angewiesen – wer seinen inneren Reichtum entdeckt, kann auch mit einfachen Dingen glücklich sein. Viele Menschen kennen diesen Effekt vom Fasten – wer acht Tage nicht gegessen hat, der hat seinen Geschmackssinn gereinigt und ihn so stark sensibilisiert, daß der anschließende Genuß von Knäckebrot mit Quark wie eine Offenbarung wirkt.

Die Sensibilisierung Ihrer Sinne schafft eine Alternative zum allgegenwärtigen Konsumstreben.

Ein weiterer großer Vorteil der Sensibilisierung Ihrer Sinnessysteme besteht übrigens auch darin, daß Sie sich nachhaltig von dem Gefühl der Langeweile befreien. Die Vielfalt Ihrer Impulse auf dem Weg der intelligenten Sinnlichkeit kann dazu führen, daß Ihnen niemals langweilig wird! Sie können Ihre Sinnessysteme trainieren, indem Sie damit spielen, wie ein abenteuerlustiges Kind, jederzeit und an jedem Ort, auch gern heimlich, ohne daß andere Menschen etwas davon bemerken. Sie können in jeder Situation Kontakt zum Reichtum Ihrer Wahrnehmung aufnehmen!

Das spontane Erlebnis, sich bewußt zu entspannen und dabei einen überraschend tiefen Moment der inneren Ruhe zu erleben, kann geradezu erotische Qualitäten aufweisen. Der bewußte Kontakt zum eigenen Atem kann Sie vollends erfüllen. Generationen buddhistischer Mönche beschäftigten sich ein Leben lang mit der Bewußtwerdung des eigenen Atems und haben dadurch enorme psychische Kräfte erlangt. Natürlich werden Sie nicht ernsthaft erwägen, ins Kloster zu gehen, doch bereits ein kleiner Funken sinnlicher Meditation kann in der gehetzten Psyche des westlichen Menschen wahre Wunder bewirken – oder zumindest die bewußte Empfindung der eigenen Lebensqualität so sehr verstärken, daß Sie sich nie wieder langweilen müssen.

Haben Sie sich jemals gefragt, warum all das gesammelte Wissen, über das die Menschheit heutzutage verfügt, den Durchschnittsbürger nicht davon abhalten kann, der allabendlichen Verführung durch das Fernsehgerät zu erliegen? Weshalb lassen sich so viele Zeitgenossen immer wieder dazu hinreißen, ihre kostbare Zeit in den Konsum von bunten Werbeblöcken, albernen Soap-Operas, überflüssigen Gameshows und banalen Action-Filmen zu investieren? Weil sich die TV-Macher darauf spezialisiert haben, die Sinne der Konsumenten auf hypnotische Weise zu stimulieren. Sinnliche Reize finden unser Interesse, während abstrakte Informationen unsere Emotionen einschläfern. Wer andere Menschen motivieren will, muß ihnen Signale senden, die auch von den unbewußten Sensoren als attraktiv empfunden werden. Was glauben Sie, warum die großen Unternehmen jedes Jahr Millionen von Mark in ihre Werbe-

Charismatische Manager müssen den Reiz ihrer unternehmerischen Vision mit allen Sinnen empfinden!

Etats pumpen? Überall muß gespart werden, aber selbst die strengsten, kühlkalkulierenden Controlling-Abteilungen können nicht verhindern, daß weiterhin gigantische Summen in die sinnlichen Werbespots investiert werden. Obwohl der Einfluß sinnlicher Qualitäten bei näherer Betrachtung kaum zu übersehen ist, wird seine Bedeutung im Alltag oftmals enorm unterschätzt. Sinnlichkeit wird als purer Luxus oder als infantile Spielerei abgetan; sinnliche Attraktivität gilt als angenehmer Nebeneffekt, der jedoch nur für Kinder, Künstler und schöne Frauen eine Bedeutung hat.

In Wirklichkeit korrespondiert die Art des Gebrauchs unserer Sinnesorgane mit dem persönlichen Erfolg in vielen Lebensbereichen. Zum Beispiel erwartet man von Top-Managern, daß sie für ihr Unternehmen eine „Vision" entwickeln und diese durch die tägliche Führungsarbeit an ihre Mitarbeiter kommunizieren. Wie kann dies bewerkstelligt werden? Nun, zunächst muß der verantwortliche Manager vor seinem inneren Auge attraktive Ziele sehen. Dann muß er den motivierenden Sog dieser Ziele körperlich empfinden, und er muß die dabei entstehenden Gefühle in überzeugenden Worten an seine Mitarbeiter vermitteln.

Wirkungsvolle Motivation ist ein außerordentlich sinnlicher Vorgang, der durch die Kognition allein nicht zu leisten ist! Viele große Unternehmen kranken daran, daß die hoffnungsvollen Visionen, die in elitären Strategie-Workshops von der obersten Führungsriege erarbeitet wurden, von der Mehrzahl der Mitarbeiter nicht gelebt werden. Im Gegenteil, die schneidigen Plakate, die von den Personalabteilungen in den Fluren der Bürogebäude und in den Werkshallen aufgehängt werden, bewirken bei vielen Mitarbeitern lediglich Hohn und Spott oder auf gut Deutsch: das Gefühl, „verarscht" zu werden. Die mangelnde Akzeptanz von im Grunde positiven Visionsprozessen ist eine allgemein verbreitete Tatsache im Alltag deutscher Unternehmen. Eine wesentliche Ursache liegt in der unglaubwürdigen Realisierung von ehemals guten Ideen. Die tägliche Erfahrung der Mitarbeiter widerspricht den kognitiven Konzepten der verantwortlichen Strategen. Das Management hat oftmals nicht gelernt, seinen abstrakten Zielvorgaben durch sinnliche Begeisterung Leben einzuhauchen.

Ebenso ist den meisten Menschen überhaupt nicht bewußt, daß die Qualität ihrer sinnlichen Wahrnehmung die Wurzel ihrer gesamten Existenz darstellt. Die Sinnesorgane ermöglichen dem Menschen nicht nur, sich in seiner Umwelt zu orientieren, sie liefern uns auch den Stoff, aus dem unser inneres Erleben gemacht ist. Kein einziger kognitiver Vorgang wäre denkbar, wenn der Mensch nicht zuvor sinnliche Reize gesammelt und diese in seinem Gehirn gespeichert hätte. Sinnliche Wahrnehmungen sind die Pforten der Intelligenz! Alles, was Ihr Gehirn geistig zu leisten vermag, basiert auf dem sinnlichen Input, den Sie ihm zukommen lassen – ohne ein buntes Repertoire sinnlicher Erfahrungen könnte der menschliche Geist keine Intelligenz entwickeln.

Wie zeigt sich praktische Intelligenz?

Bevor wir uns nun mit der Frage beschäftigen, was Sie tun können, um Ihre Sinnliche Intelligenz kontinuierlich zu steigern, lassen Sie uns noch einen kurzen Blick auf die praktische, anwendungsbetonte Seite der Intelligenz werfen. Die Intelligenz des Homo sapiens zeigt sich zum Beispiel in seiner Fähigkeit, Werkzeuge zu benutzen. Wie wurde diese Fähigkeit entwickelt? Der Werkzeuggebrauch resultierte aus einem sinnlichen Erkenntnisprozeß. Indem der frühe Mensch seine Umwelt aufmerksam betrachtete, während er seine Bedürfnisse spürte, und sich dabei auf kreative Weise fragte, wie er die einzelnen Gegenstände seiner Umwelt einsetzen und gestalten könnte, lernte er, seine Bedürfnisse besser, schneller und gezielter zu befriedigen. Bereits die erste Stufe der Werkzeugbenutzung war ein außerordentlich sinnlicher Vorgang. Steine, Hölzer und Knochen mußten gefunden, geformt und geschliffen werden. Auf einer höheren Stufe der kulturellen Entwicklung begann der Mensch, sich für die Nutzung von Werkzeugen in verschiedenen Handwerksberufen zu spezialisieren.

Die meisterhafte Beherrschung eines Handwerks erfordert sicherlich eine erhebliche praktische Intelligenz. Denken Sie zum Beispiel an einen Tischlermeister. Der intelligente Tischler verfeinert seine Bewegungsabläufe und sein Fingerspitzengefühl kontinuierlich. Sein geschultes Auge erkennt die Beschaffenheit der unterschiedlichen Hölzer auf den ersten Blick. Seine Nase verrät ihm, wann der richtige Zeitpunkt gekommen ist, um den Leim aufzustreichen. Das Ausmaß seines Könnens korrespondiert unmittelbar mit der Ausbildung seiner Sinnlichen Intelligenz. Falls es ein unerwartetes Problem zu lösen gibt, muß er beginnen, seine Kreativität durch sinnliche Reize zu stimulieren. Dafür muß er sich den problematischen Sachverhalt genau ansehen, dann muß er die vorhandenen Ressourcen sichten, vielleicht muß er in seinem Lager nachschauen, ob sich das nötige Rohmaterial für die Realisierung seiner angedachten Problemlösung bereits dort befindet.

Die Qualität Ihres inneren Dialoges entscheidet über die Qualität Ihrer Problemlösungen!

Um ein Problem im Geiste erfolgreich zu bearbeiten, muß man sich die richtigen Fragen stellen. Der betroffene Mensch muß seinen inneren Dialog so gestalten, daß sein Gehirn einen Lösungsansatz entwickeln kann: „Wie könnte ich dieses Problem lösen? Was brauche ich dafür? Woher bekomme ich es? Wie lange wird es dauern?" Die lösungsorientierte Gestaltung des inneren Dialogs ist eine außerordentlich sinnliche Angelegenheit. Wir müssen uns innere Fragen stellen, und zwar so, daß sie uns nicht nur inhaltlich zu einer Lösung führen, sondern uns gleichzeitig motivieren, den nötigen Schwung für die anstehende Problembewältigung zu entwickeln. Deshalb spielt neben der inhaltlichen Form auch der Tonfall, in dem wir mit uns selber sprechen, eine entscheidende Rolle. Wenn das Gehirn unseres Tischlermeisters herausfindet, daß er aktiv werden muß, um eine bestimmte Sorte Holz, die sich nicht mehr in seinem Lager befindet, aus dem Sägewerk zu besorgen, ist es intelligent von ihm, wenn er sich diese zunächst unbequeme und zeitraubende Erkenntnis so kommuniziert, daß er trotzdem motiviert ist, die anstehende Besorgung adäquat zu erledigen. Ebenso intelligent wäre es, wenn seine innere Stimme ihn in diesem Moment daran erinnern würde, daß er gern ins Sägewerk fährt, weil er die dort arbeitenden Menschen mag; und daß er bestimmte andere Hölzer, die er demnächst ohnehin benötigen wird, außerdem gleich mitbesorgen kann – dann verwandelt sich die Fahrt ins Sägewerk von einer ärgerlichen Extra-Arbeit zu einer ebenso willkommenen wie nützlichen Aktion. Wohlorganisierte Sinnlichkeit bringt also nicht nur intelligente Problemlösungen, sondern auch die nötige Motivation, um die erdachten Lösungen konsequent in die Tat umzusetzen.

Vielleicht denken Sie jetzt: „Ja, beim Handwerksmeister, meinetwegen, das leuchtet mir ein, dessen Intelligenz gründet sich auf eine wohlorganisierte Sinnlichkeit – aber der arbeitet mit seinen Händen. Ich hingegen sitze im Büro und arbeite mit dem Kopf!" Tatsächlich ist es so, daß je mehr Sie sich in Ihrer beruflichen Spezialisierung von den essentiellen Dingen entfremden, je stärker Sie Ihre Denkprozesse abstrahieren müssen – desto wichtiger wird es für Sie, die grundlegenden Daten schnell und präzise erfassen und verarbeiten zu können. Was geschieht bei der Abbildung von Fakten, Worten oder Zahlen in Ihrem Gehirn? Es erfolgt eine digitale Codierung von sinnlichen Reizen, die aufgrund ihrer Komplexität auf einige Schlüsselgrößen reduziert werden. Damit Sie diese

Die Funktionsweise Ihres Gedächtnisses basiert auf einem komplexen sinnlichen Such-Vorgang!

digitale Codierung der für Sie relevanten Wirklichkeit auf pragmatische Weise in Ihrem Arbeitsalltag einsetzen können, dürfen Sie nicht vergessen, was sich hinter der Codierung tatsächlich verbirgt. Ihr Gehirn muß in der Lage sein, die Bedeutung digitaler Zeichen blitzschnell der tatsächlichen Realität zuordnen zu können. Dieser komplexe Vorgang geschieht innerhalb Ihrer fünf Sinnessysteme. Je geschmeidiger Sie den Fokus Ihrer gezielten Aufmerksamkeit durch die riesigen Archive Ihres gesammelten Erfahrungsschatzes gleiten lassen, desto kreativer und müheloser können Sie Ihre täglichen Denkprozesse gestalten. Je besser Sie die sinnlichen Archive in Ihrem Gehirn organisieren, desto zuverlässiger wird Ihr Erinnerungsvermögen. Das menschliche Gedächtnis denkt am liebsten in Bildern. Es kommentiert die Vielfalt der Bilder dann mit Worten, Gefühlen, Gerüchen und Geschmäckern. Ihr Gehirn orientiert sich anhand von beeindruckenden Beispielen, es ordnet unterschiedliche Erfahrungen durch ein sehr lebendiges Sortiersystem. Der intelligente Geist kann nur dann erblühen, wenn wir ihn mit sinnlichen Erfahrungen speisen.

Haben Sie jemals darüber nachgedacht, daß die Qualität Ihres Gedächtnisses eine außerordentlich komplexe Angelegenheit ist? Gigantische Mengen von sinnlichen Eindrücken müssen sortiert, gespeichert und verwaltet werden. Wichtiges muß von Unwichtigem getrennt werden. Chronologische Vorgänge müssen korrekt abgebildet werden, miteinander korrelierende Ereignisse müssen auf neurologischer Ebene entsprechend vernetzt werden. Wie managen Sie die vielfältigen Leistungen Ihres Gedächtnisses? Vermutlich haben Sie einen Großteil dieser mentalen Arbeit an Ihr Unbewußtes delegiert, doch wenn Sie einmal bewußt beobachten, wie Ihr Gedächtnis funktioniert, werden Sie vermutlich feststellen, daß Sie diejenigen Informationen viel besser erinnern können, die mit intensiven sinnlichen Eindrücken verknüpft sind.

Welche Bedeutung hat sprachliche Intelligenz?

Der Mensch orientiert sich, indem sein Gehirn über die Sinnessysteme Informationen aufnimmt, analysiert und speichert. In jedem Moment werden die aktuellen Sinnesreize blitzschnell mit den in der Vergangenheit gespeicherten Eindrücken abgeglichen. Die bereits gesammelte Lebenserfahrung in Form von Bildern, Klängen, Gefühlen, Gerüchen oder Geschmäckern dient als Entscheidungsgrundlage für das zukünftige Handeln. Denken resultiert aus dem kreativen Kombinieren von bereits gespeicherten Sinneseindrücken; intelligentes Denken entsteht durch eine nützliche Organisation des sinnlichen Erfahrungsschatzes. In den psychologischen Wissenschaften werden verschiedene Formen der Intelligenz beschrieben. Ein wichtiger Faktor in vielen dieser Modelle ist die sogenannte „verbale Intelligenz" – die Fähigkeit zum Gebrauch der Sprache.

Als unsere Vorfahren die Sprache erwarben, geschah etwas sehr Bedeutsames in der Menschheitsentwicklung: Jetzt konnte erlerntes Wissen mit Hilfe von Worten weitergegeben werden. Auf diesem Planeten muß jedes Lebewesen seine eigenen Erfahrungen sammeln, es muß mühevoll und zeitaufwendig mit Versuch und Irrtum experimentieren. Doch mit Hilfe der Sprache konnte ein einzelner Mensch seine individuellen Erfahrungen systematisch an andere Menschen weitergeben. Gewisse Fehler beim Erwerb von Fähigkeiten mußten nicht unnötig wiederholt werden! Die Menschen konnten von den Erfahrungen ihrer Mitmenschen profitieren, und erst dieser kulturelle Entwicklungsschritt ermöglichte eine berufliche Spezialisierung. Bauern lehrten ihre Söhne das Know-how der Landwirtschaft, und die Handwerksmeister konnten ihren Erfahrungsschatz gezielt an die Lehrlinge weitergeben. In einem nächsten Entwicklungsschritt wurde das vorhandene Wissen sogar in Büchern dokumentiert. Diese besonderen Umstände auf dem Planeten Erde führten zur Blüte der menschlichen Kultur und dann zur Entwicklung unserer technisierten Zivilisation.

Dank der Sprache können wir die Vielfalt unserer Sinneseindrücke systematisch benennen, ordnen und gezielt vermitteln. Die menschliche Sprache ist ein phantastisches Sortiersystem; je mehr Worte Sie kennen, desto präziser können Sie Ihre Wirklichkeit beschreiben. Sprache codiert sinnliche Erfahrungen auf digitale Weise. Dabei werden Worte als Anker für bestimmte Erfahrungen verwendet. Deshalb spielt die Sprache bei der intelligenten Nutzung unseres Gehirns eine enorm wichtige Rolle. In der heutigen Informationsgesellschaft ist die daraus resultierende auditiv-digitale Intelligenz eine notwendige und wertvolle Fähigkeit, doch auch sie ist bei weitem nicht der einzige Faktor unserer Intelligenz. Wer sich nur auf seine digitale Intelligenz beschränkt, der schmort im eigenen Saft. Sprache ist lediglich ein Mittel zum Zweck. Sie ist ein Werkzeug, um sinnliche Erfahrungen zu verwalten. Eine Verwaltung wäre jedoch sinnlos, wenn es nicht etwas geben würde, das es zu verwalten lohnt. Der Mensch braucht lebendige Sinneseindrücke, um seinen Worten Sinn zu verleihen.

> *Die* menschliche Sprache ist ein intellektuelles Sortiersystem; Worte sind Anker für sinnliche Erfahrungen.

Kennen Sie Menschen, die ein rhetorisches Training erhalten haben und die neuen Ausdrucksmöglichkeiten noch nicht mit ihrer eigenen Erfahrung verknüpfen konnten? Ohne sinnlichen Erfahrungshintergrund werden solche antrainierten Rhetoriker kaum überzeugen können, im Gegenteil, sie wirken unglaubwürdig, blaß und aufgesetzt. Eine charismatische Rede hingegen wirkt hypnotisierend, weil der Redner sinnliche Erfahrung vermittelt. Er weiß, wovon er spricht, und er fühlt, was er sagt.

Auch ein guter Schauspieler kann seine Rolle nur dann überzeugend spielen, wenn er sich mit allen Sinnessystemen auf die imaginäre Realität der Rolle einstellt. Er lebt innerhalb des geistigen Bezugsrahmens, den die Rolle mit sich bringt, und er gestaltet ihn mit Hilfe seiner Imagination. Der Schauspieler nutzt den Schatz seiner sinnlichen Erfahrung, im kreativen Bündnis mit seiner Phantasie und seinem Ausdrucksvermögen. Jede überzeugende Darbietung von Informationen stimuliert die Sinne des Kommunikationspartners, sowohl auf der Bühne und vor der Kamera als auch während einer Konferenz oder im Verkäufsgespräch. Damit Sie jemanden überzeugen können, muß der Empfänger Ihre Botschaften mit Hilfe seiner Sinnesorgane wahrnehmen. Um Ihr Gegenüber emotional zu erreichen, müssen Sie ihm motivierende Sinnesreize anbieten; er muß den Klang Ihrer Worte hören und mögen, er muß Ihre Mimik, Ihre Gestik und Ihre Körpersprache sehen, und er muß Ihre Ausstrahlung und Ihre Präsenz spüren!

Sie können sich Ihre eigenen Erfahrungen von echter Überzeugungskraft gezielt bewußtmachen, indem Sie sich die folgenden Fragen beantworten:

➤ Von welchen Menschen haben Sie in Ihrem Leben am meisten gelernt? Wer hat Sie in Ihrer persönlichen Entwicklung am stärksten beeinflußt?

➤ Wie ist es diesen Personen gelungen, Sie zum Lernen zu motivieren? Was genau haben diese Personen getan, damit Sie deren Botschaften Beachtung schenkten?

➤ Wie sind diese Leute auf Sie eingegangen und wie haben sie ihr Wissen verpackt, um Sie überzeugen zu können? Was hat Sie dabei am meisten beeindruckt?

Sobald Sie sich die Fragen innerlich beantwortet haben, machen Sie sich bitte ein konkretes Bild von diesen Menschen. Sehen Sie die betreffenden Personen vor Ihrem geistigen Auge, beobachten Sie, wie sie sich in der Kommunikation verhalten. Schlüpfen Sie für einen kurzen Moment in die Rolle einer solchen Person, und üben Sie sich im Geiste darin, überzeugend zu kommunizieren. Während Sie dies tun, können Sie bewußt beobachten, welche Gefühle in Ihnen aufsteigen. Sie können fühlen, wie der Spirit von exzellenter Kommunikation in Ihnen auffrischt und sich erneut mit Ihrer eigenen Persönlichkeit verbindet. Vielleicht kommt plötzlich eine Situation in Ihren Sinn, wo Sie selber einen anderen Menschen auf souveräne Weise überzeugen konnten – wie haben Sie sich dabei verhalten? Worüber haben Sie gesprochen, wie haben Sie Ihre Stimme und Ihre Körpersprache eingesetzt, und woran haben Sie bemerkt, daß Ihr Gegenüber sich von Ihren Worten führen läßt? Wie haben Sie sich gefühlt, als die Gewißheit in Ihnen aufstieg, daß Sie mit Ihrer Kommunikation erfolgreich waren?

Schlüpfen Sie in die Rolle eines erfolgreichen Kommunikators!

Falls Sie als Führungskraft tätig sind und Ihr Job darin besteht, andere Menschen zu motivieren, dann wissen Sie sicherlich aus eigener Erfahrung, wie wichtig es ist, daß Sie die Worte und Zahlen, die Sie den anderen vorgeben, auch tatsächlich als sinnliche Wirklichkeit empfinden. Je lebendiger die sinnlichen Repräsentationen Ihrer gesprochenen Worte erscheinen, desto mächtiger wirkt Ihr Charisma und desto stärker ist Ihre Überzeugungskraft. Wenn Ihre gesprochenen Worte weder theoretische Gedankengebäude noch leichtflüchtige Lippenbekenntnisse sind, sondern in sinnlichen Wahrheiten und echter Erfahrung wurzeln, dann spüren Ihre Gesprächspartner: *„Der weiß, wovon er spricht! ... und er meint, was er sagt! ... und er hält, was er verspricht!"* Mit einer solchen Ausstrahlung steigen Ihre Chancen ganz enorm, um andere Menschen zu motivieren und für die anvisierten Ziele zu begeistern. Falls es Ihnen dann noch gelingt, Ihre charismatische Überzeugungskraft mit Einfühlungsvermögen und Respekt für die Realität Ihrer Gesprächspartner zu verknüpfen, sind Sie auf dem besten Wege, hohe soziale Intelligenz mit menschlicher Würde zu realisieren.

Wie können Sie Ihre Intelligenz trainieren?

Vielleicht fragen Sie sich nun, was Sie tun können, um Ihre Sinnliche Intelligenz zu optimieren? Nun, zunächst sollten Sie sich angewöhnen, Ihre fünf Sinnessysteme regelmäßig zu trainieren. Dafür müssen Sie bewußten Kontakt zu den einzelnen Systemen aufnehmen. Anschließend beginnen Sie, Ihre Wahrnehmung ganz gezielt zu stimulieren. Dafür werde ich Ihnen im Laufe dieses Buches eine Reihe von Übungen vorstellen. Sobald Sie den bewußten Kontakt zu Ihren Sinnessystemen gefestigt haben, können Sie die Funktionsweise Ihrer psychischen Prozesse sehr detailliert erforschen. Dafür müssen Sie Ihre gewohnten Wahrnehmungsmuster für einen Moment unterbrechen; und dann müssen Sie sich selbst dabei beobachten, wie Sie Informationen aufnehmen und verarbeiten. Während Sie denken und Entscheidungen treffen, können Sie beobachten, wie Ihr Geist innere Strategien durchläuft und dabei sinnliche Referenzerfahrungen abruft; und dann können Sie lernen, all dies in Zukunft noch geschickter, flexibler und bewußter zu tun.

Die Sensibilisierung Ihrer sinnlichen Fähigkeiten führt Sie übrigens auch ins Reich der Magie. Sobald Sie sich darin üben, Ihre Sinne Schritt für Schritt zu öffnen, werden Sie plötzlich Dinge wahrnehmen, die Ihnen bisher entgangen sind. Magie ist allgegenwärtig – wir Menschen müssen lediglich lernen, unsere Sinne für neue, ungewohnte Frequenzen zu öffnen. Dabei ist es hilfreich, wenn Sie Ihre kognitive Kontrolle etwas lockern und beginnen, sich von den unbewußten Teilen Ihrer Psyche überraschen zu lassen. Ebenso wie Sie beim Autofahren nicht bewußt kontrollieren, ob Sie den Blinker setzen oder beim Schalten die Kupplung treten, können Sie auch in vielen anderen Lebensbereichen lernen, der Kraft Ihres Unbewußten auf eine neue Weise zu vertrauen. Das sinnliche Erobern von neuen Frequenzen jenseits Ihrer bisherigen Wirklichkeit ist ein ähnlicher Vorgang wie das Einstellen eines Radiosenders. Viele Menschen hören immer nur einen gewohnten Sender, doch sobald Sie beginnen, kreativ und inspiriert an den Knöpfen zu spielen, werden Sie verwundert feststellen, daß es eine Vielzahl weiterer Sender gibt. Plötzlich dringt eine neue, faszinierende Musik in Ihre Ohren und sympathische Stimmen versorgen Sie mit wertvollen Informationen, die Ihnen bisher verborgen waren.

Damit Sie in das Reich der Magie gelangen können, müssen Sie zunächst lernen, sich selber und Ihre Umwelt bewußt zu beobachten. Während Sie Ihre Rolle als aufmerksamer Beobachter schrittweise einüben, werden Sie beginnen, Ihr persönliches Verständnis von Magie, Logik und Intelligenz auf eine neue Weise zu hinterfragen. Dabei können Sie sowohl Ihr eigenes Verhalten als auch das Ihrer Mitmenschen ganz gezielt analysieren. Sie werden neue Zusammenhänge zwischen intelligenten Verhaltensmustern, persönlichem Erfolg und dem sogenannten „Glücksfaktor" entdecken. Sie werden feststellen, daß „Glück" nicht nur von der Göttin Fortuna mittels Zufallsgenerator verteilt wird, sondern durchaus als ganzheitliches Resultat einer intelligenten Lebensführung zu verstehen ist.

Der nächste Schritt in der magischen Welt besteht darin, den Kontakt zu den Quellen Ihrer Sinnlichen Intelligenz kontinuierlich zu festigen. Sobald Ihnen diese besondere Art der magischen Kontaktaufnahme in Fleisch und Blut übergeht, werden Sie beginnen, die Welt auf eine neue Weise zu betrachten. Sie werden sowohl Ihrer eigenen Stimme als auch den Stimmen anderer Menschen aufmerksamer zuhören. Sie werden Ihren Körper intensiver spüren. Sie werden die vergessene Welt der geheimen Düfte für sich entdecken, und Sie werden Ihren Sinn für guten Geschmack als Ausdruck Ihrer Persönlichkeit kontinuierlich entwickeln.

Als geschulter Beobachter der magischen Welt können Sie lernen, den Fokus Aufmerksamkeit geschmeidig zwischen der äußeren Welt der objektiven Fakten und Ihrer eigenen, inneren Welt hin und her gleiten zu lassen. Sie können herausfinden, welcher Sinneskanal Ihr bevorzugtes Orientierungssystem darstellt und Lernaufgaben daraus resultieren. Sie können sich Ihre individuellen Stärken bewußt machen und gleichzeitig herausfinden, auf welche Weise die anderen Personen in Ihrer Umgebung deren subjektive Wirklichkeit wahrnehmen. Sie können lernen, bei anderen Menschen sinnliche Präferenzen und innere Strategien zu erkennen. Diese Erkenntnisse können Sie einerseits als Inspiration für Ihr eigenes Leben verwenden, indem Sie die fremden Fähigkeiten systematisch modellieren. Andererseits können Sie durch die Diagnose fremder Strategien Ihr

Jeder Sinneskanal offenbart die Wirklichkeit in einer anderen Dimension.

eigenes Kommunikations-Verhalten erheblich verbessern. Das Wissen um die inneren Strategien Ihrer Gesprächspartner ermöglicht Ihnen eine gezielte Ansprache. Sie können die anderen besser erreichen, indem Sie herausfinden, welche Form des Informationsaustausches mit dem jeweiligen Gesprächspartner die besten Ergebnisse bewirkt.

Dieses Buch ist ein kleiner Führer in die magische Welt der sinnlichen Kommunikation. Wenn Sie das Trainingsprogramm aktiv durcharbeiten, werden Sie mit Ihrer zukünftigen Gesprächsführung bessere Ergebnisse erzielen. Sie werden verstehen, was die unterschiedlichen Vorlieben für bestimmte Sinnessysteme in der gemeinsamen Kommunikation bedeuten – hier befindet sich nämlich eine kaum zu unterschätzende Quelle für gegenseitige Mißverständnisse! Wenn Sie die Sinnessysteme anderer Menschen hingegen gezielt ansprechen, können Sie mit Ihren Gesprächspartnern schnell eine gemeinsame Wellenlänge entwickeln. Indem Sie auf die unbewußte Wortwahl Ihres Gegenüber achten, können Sie herausfinden, wie der andere denkt, und Sie können seine inneren Strategien aufdecken. Wie Sie die dafür nötigen Zugangshinweise gewinnen, werde ich Ihnen ausführlich darlegen. Der nächste Schritt besteht darin, Ihr Wissen um die sinnlichen Vorlieben mit der Steuerung Ihrer eigenen Wortwahl zu verknüpfen. Durch das Trainingsprogramm zum bewußten Sprachgebrauch können Sie systematisch lernen, die Vorlieben der anderen Menschen zu analysieren und Ihre eigene Sprechweise dann gezielt auf Ihr Gegenüber abzustimmen.

Bewußte Analyse von sinnlichen Vorlieben ermöglicht eine gezielte Kommunikation.

Wir Menschen sprechen jedoch nicht nur mit Worten, sondern mit unserem gesamten Körper – auch die Körpersprache und der Ausdruck der Augen können Ihnen viel über Ihre Mitmenschen erzählen. Trainieren Sie Ihre sinnliche Intelligenz, indem Sie sich darin üben, Ihre Mitmenschen ganzheitlich wahrzunehmen! Besonders der geschulte Blick in die „Fenster zur Seele" kann Ihnen wertvolle Hinweise geben, um die inneren Prozesse in den Köpfen Ihrer Zeitgenossen besser zu verstehen.

Im hinteren Teil des Buches widmen wir uns noch einmal sehr intensiv Ihrem größten und unmittelbarsten Sinnesorgan: dem Körper. In diesem Kapitel zum „Intelligenten Body-Management" erfahren Sie, wie Sie Ihren Körper zum „Tempel des Geistes" entwickeln können, und warum es gut ist, das Pferd, auf dem man ein Leben lang reiten muß, sorgsam zu pflegen. Wenn Sie das Potential Ihrer sinnlichen Fähigkeiten voll ausschöpfen möchten, ist es notwendig, daß Sie sich mit dem komplexen Zusammenspiel zwischen Körper und Geist bewußt auseinandersetzen. Deshalb möchte ich Ihnen am Schluß des Buches noch einige Tips mit auf den Weg geben, wie Sie, als geistiges Wesen, Ihre sinnliche Basis in dieser Welt, Ihren fleischlichen Körper, am besten nutzen können. Ich möchte Sie motivieren, auch langfristig dafür zu sorgen, daß sich Ihr psycho-physiologisches System in einem guten Zustand befindet und die Leistungen erbringen kann, die Sie von ihm erwarten.

Wenn Sie dieses Trainingsprogramm gewissenhaft absolviert haben, werden Sie die Welt mit anderen Augen sehen. Sie werden die positiven Seiten Ihrer Existenz noch mehr zu schätzen wissen. Sie verbessern Ihre zwischenmenschliche Orientierung und Sie werden die Kontakte zu Ihren Mitmenschen souveräner gestalten können. Gleichzeitig erhöhen Sie die Wahrscheinlichkeit, daß Sie Störfaktoren, Schwächen und Unzulänglichkeiten in Ihrem Leben Schritt für Schritt transformieren können, indem Sie entweder Ihre innere Einstellung oder Ihr tatsächliches Verhalten ändern. Je mehr Sie Ihre sinnliche Intelligenz fördern, desto größer ist die Chance, daß Sie fähig sein werden, alle auftauchenden Probleme gezielt anzugehen und konsequent aufzulösen. Eine nahezu geniale Kompetenz als Problem-Löser ist keine Zauberei, sondern ein wohlverdientes Privileg des ganzheitlich intelligenten Homo sapiens.

Warum ist dieses Buch ein Trainings-Programm?

Denken auch Sie manchmal darüber nach, wie wichtig es in Zukunft sein wird, die eigene Weiterentwicklung nicht aus den Augen zu verlieren? Überall kann man es sehen, hören und lesen: Wir leben in einer sich rasant verändernden Umwelt – wer morgen erfolgreich sein will, muß bereits heute die Weichen stellen!

„Lebenslanges Lernen" heißt das Motto der Erfolgreichen – wer aufhört, an sich zu arbeiten, der hört auf, gut zu sein! Doch was bedeutet das für den einzelnen? Wie kann man als erwachsener und berufstätiger Mensch an einem kontinuierlichem Lernprozeß teilhaben? Woher soll man die Zeit nehmen? Und vor allem: Wie kann man sich motivieren, den „inneren Schweinehund" zu überwinden? Wie kann man der süßen Versuchung von Gewohnheiten,

Selbstbestätigung und Bequemlichkeit trotzen und statt dessen das eigene Verhalten immer wieder kritisch in Frage stellen? Wie kann es gelingen, konsequent nach Optimierungsmöglichkeiten zu suchen, veraltete Verhaltensmuster bereitwillig hinter sich zu lassen und neue Herausforderungen freudig zu begrüßen? Vielfach lautet die Antwort: Besuchen Sie Seminare! Delegieren Sie Ihre Weiterbildung an einen kompetenten Referenten und setzen Sie sich mit offenen Sinnen in einen gemütlichen Seminarraum, wo Sie dann gezielt mit neuen Informationen gefüttert werden.

Kennen Sie diesen Ruf nach Fortbildungen, Schulungen und Seminaren? Gehören Sie vielleicht sogar zur wachsenden Gruppe jener Menschen, die hin und wieder auf eigene Faust ein Seminar zur persönlichen Weiterbildung besuchen? Oder arbeiten Sie in einem Unternehmen, das regelmäßig Lernveranstaltungen zur beruflichen Fortbildung durchführt? Dann kennen Sie vermutlich auch das motivierende Gefühl unmittelbar nach einem erfolgreichen Seminar: Man ist erfüllt von guten Vorsätzen, man möchte sich verändern – doch bereits wenige Wochen später hat sich der größte Teil der Veränderungsambitionen auf scheinbar wundersame Weise in Luft aufgelöst?!

Weshalb ist es für viele Menschen so schwierig, gute Vorsätze erfolgreich in die Tat umzusetzen?

Da die Begleitung von Veränderungsprozessen ebenso zu meinem Tagesgeschäft gehört wie die Durchführung von erfolgreichen Seminaren, habe ich beschlossen, dieses seltsame Phänomen bezüglich der menschlichen Veränderungsfähigkeit näher zu ergründen. Warum ist es für viele Menschen so unglaublich schwierig, bereits gefaßte Veränderungswünsche in die Tat umzusetzen? Wie erklärt sich dieses seltsame Spannungsfeld zwischen guten Vorsätzen und inkonsequenter Realisierung? Was kann man tun, um sich dem allgegenwärtigen Schleier der Vergessenheit erfolgreich zu widersetzen?

Viele Seminarteilnehmer berichten von einer ähnlichen Erfahrung: Falls es dem Referenten gelingt, seine Lerninhalte überzeugend darzustellen und die Teilnehmer zu begeistern, entsteht ein Klima der allgemeinen Motivation. Jeder Teilnehmer entwickelt in seinem Kopf eine eigene Vorstellung davon, wie er die Inhalte in seinem zukünftigen Alltag umsetzen kann. Im Verlauf des Seminars ist man dann voll motiviert, an der eigenen Persönlichkeit zu arbeiten. Übungen werden absolviert, neue Erkenntnisse werden gewonnen und die daraus resultierenden Veränderungen werden angedacht, diskutiert und bis ins

Detail geplant. Falls die Seminargruppe fähig ist, den emotionalen Spannungs-
bogen zu halten, erreicht die Begeisterung am Ende des Seminars ihren
Höhepunkt, indem alle Teilnehmer öffentlich ihre zukünftigen Ziele und
Veränderungsvorsätze verkünden. Nun ist man wirklich fest entschlossen, die
neu erlernten Übungen im Alltag fortzusetzen und die anvisierten Veränderungen konsequent zu realisieren – doch bei den meisten Teilnehmern geraten
viele gute Vorsätze bereits nach wenigen Tagen auf scheinbar magische Weise
in Vergessenheit!?

Der Alltag fordert seinen Tribut. Die Macht der alten Anker und der unbewußten Konditionierungen sorgen dafür, daß (fast?) alles so bleibt wie es war?!
Der Wunsch nach gezielter Weiterbildung und nach aktiver Auseinandersetzung wird entweder ganz vergessen oder er verwandelt sich in das sogenannte
„schlechte Gewissen" – und manchmal erinnert man sich erst Monate oder
Jahre später, vielleicht beim nächsten Seminarbesuch, erneut an die faszinierende Idee der „bewußten Entwicklung der eigenen Persönlichkeit".

Wie wirken erfolgreiche Seminare?

Um dem schleichenden Effekt der menschlichen Vergeßlichkeit entgegen zu
wirken und somit die Effektivität von Seminarmaßnahmen zu erhöhen, habe
ich gemeinsam mit einigen Trainer-Kollegen eine Reihe von speziellen Metho-
den entwickelt. Die Kunst der praktischen Umsetzung besteht darin, den
Transfer des neu erworbenen Wissens zu sichern und dafür zu sorgen, daß die
Erkenntnisse der Teilnehmer im Alltag tatsächlich Früchte tragen. Dies gelingt
unter anderem durch eine besondere Ansprache des sogenannten „Unbewußten". Die unbewußten Teile der menschlichen Psyche verstehen die gesprochene Sprache auf ihre ganz eigene Weise. Sie sind es, die im Alltag darüber
entscheiden, ob das im Seminar gelernte Wissen tatsächlich zur Anwendung
kommt oder nicht. Darüber hinaus gibt es einige Techniken aus dem Neurolinguistischen Programmieren (NLP), die den Transfer unterstützen, zum
Beispiel ein gewissenhafter „Öko-Check" und ein gründlicher „Future Pace".
Dabei geht es um die systemische Verträglichkeit der geplanten Veränderung
und die genauen Zeitpunkte, an denen die konkreten Schritte getätigt werden
sollen.

Außerdem spielt die Fähigkeit des Referenten, sich sowohl bei der Wahl seiner Inhalte als auch in der Form seiner Vortragsweise auf die Bedürfnisse und Lernstile der Teilnehmer einzustellen, eine wichtige Rolle für den wirkungsvollen Transfer. Die Chance zur erfolgreichen Umsetzung erreicht erst dann eine hohe Trefferquote, wenn der Seminarleiter seine Darbietung feinfühlig auf die individuelle Situation der Teilnehmer abzustimmen versteht. Die vom Referenten gesendeten Lernbotschaften verwandeln sich nur dann in reale Handlungsimpulse, wenn seine Worte im Gehirn der Zuhörer einen „Sinn" ergeben. Nur wenn sein lebendiges Beispiel die Emotionen der Teilnehmer stimulieren kann, werden sie daraus eine wirkungsvolle Motivation für die erwünschte Verhaltensänderung gewinnen können.

Noch besser wird der Transfer, wenn der Referent zugleich in die Rolle eines einfühlsamen Coach schlüpfen kann. Dafür muß er jeden Teilnehmer bei seinen individuellen Lernaufgaben unterstützen. Eine weitere Transfersicherung ist der systematische Einsatz von maßgeschneiderten Checklisten. Dabei werden neue Konditionierungen geschaffen. Mit Hilfe all dieser Maßnahmen kann ein kompetenter Seminarleiter die konsequente Umsetzung der gewünschten Veränderungen und der wesentlichen Lernziele in den Alltag mit relativ hoher Wahrscheinlichkeit gewährleisten.

Immer wieder werde ich von meinen Seminarteilnehmern gefragt, welche Möglichkeiten es denn gäbe, um all die interessanten Ideen, die im Seminar behandelt werden, auch im Alltag konsequent anzuwenden. Kann gesteuertes Lernen auch außerhalb des Seminarraumes stattfinden? Wie kann man sich verändern, ohne daß ein psychologisch geschulter Coach gezielt auf die unbewußten Teile der menschlichen Psyche Einfluß nimmt? Wie kann man seine Persönlichkeit entwickeln, indem man selber die Regie übernimmt? Gibt es wirkungsvolle Wege, um die zur Veränderung notwendigen Fähigkeiten im Alltag aus eigenem Antrieb zu erwerben!?

Wie können Sie dieses Buch am besten nutzen?

Das vorliegende Trainingsprogramm zur Sinnlichen Intelligenz ist eine außerordentlich wirkungsvolle Stimulanz. Es kann Sie motivieren, mit der regelmäßigen Arbeit zur Entwicklung der eigenen Persönlichkeit konsequent am Ball zu bleiben. Der Text enthält eine bunte Palette von Anregungen, die Ihnen helfen, die nötige Inspiration zu finden, neue Erfahrungen zu sammeln und aus Ihren alltäglichen Wahrnehmungsmustern auszubrechen. Neben dem spielerischen und zugleich unterhaltsamen Umgang mit dem Wissen zur Sinnlichen Intelligenz finden Sie auch einige strukturierte Übungen. Wenn Sie diese Übungen ernst nehmen und sie einmal durchführen, tun Sie sich bereits einen großen Gefallen, denn Sie erobern sinnliches Neuland. Dadurch speisen Sie Ihr Gehirn mit neuen Erfahrungen. Falls es Ihnen gelingt, einige Übungen mehrmals durchzuführen oder sie sogar regelmäßig zu absolvieren und in Ihre tägliche Routine einfließen zu lassen, können Sie den Horizont Ihrer praktischen Intelligenz erheblich erweitern.

Als persönliches Feedback und zur schnellen Bewußtmachung Ihrer Trainingsergebnisse befindet sich unter jeder Übung eine kleine „Erfolgsleiste". Hier können Sie Ihre erzielten Fortschritte sichtbar machen, indem Sie die einzelnen Kreise mit sinnlichen Farben versehen. Jeder weitere farbig-gefüllte Kreis symbolisiert einen kleinen Schritt auf Ihrem individuellen Weg zur Optimierung Ihrer Sinnlichen Intelligenz. Falls Sie diese Möglichkeit der freiwilligen Selbstkontrolle reizvoll finden und sie mit Ihrem Trainingsprogramm verknüpfen möchten, lesen Sie bitte bereits jetzt im letzten Kapitel, ab Seite 206, wie der Trick mit den Checklisten funktioniert.

Die meisten Übungen können Sie ganz allein für sich praktizieren, nur in seltenen Fällen brauchen Sie einen Übungs-Partner. Für einige Übungen brauchen Sie den Kontakt zu Ihren Mitmenschen, damit Sie sich in der Kommunikation erleben und Ihre Sinnliche Intelligenz dort einsetzen können. Doch alle Übungen haben eines gemeinsam – je öfter und intensiver Sie sich damit beschäftigen, desto schneller und weitreichender werden sich Ihre sinnlichen Fähigkeiten entwickeln. Außerdem finden Sie in diesem Buch eine Reihe von Checklisten zur persönlichen Optimierung. Der konsequente Einsatz von Checklisten bietet ein relativ zuverlässiges Instrument zur Steuerung von Veränderungsprozessen. Wie Sie die Checklisten am sinnvollsten einsetzen können und worin der entscheidende Trick dabei besteht, erfahren Sie im hinteren Teil des Buches, ab Seite 207.

Sie vergrößern Ihre geistige Freiheit, wenn Sie die Welt durch unterschiedliche Wahrnehmungsfilter betrachten lernen.

Dieses Buch ist ein nützlicher Leitfaden zur sinnlichen Arbeit an der eigenen Persönlichkeit. Ich weiß aus eigener Erfahrung, welch wichtige Funktion eine motivierende Ansprache bei der Realisierung von guten Vorsätzen haben kann.

Deshalb spreche ich zu Ihnen nicht nur als „Leser", sondern auch als „Lernender". Ich kommuniziere mit Ihnen wie ein Coach, der einen eigenverantwortlichen Menschen dabei unterstützen möchte, aus der Lektüre dieses Trainingsprogrammes den größtmöglichen Nutzen zu ziehen. Ich gehe davon aus, daß Sie dieses Buch in den Händen halten, weil Sie sich für die Entdeckung einer neuen Sinnlichkeit und für die bewußte Optimierung Ihrer geistigen Fähigkeiten interessieren. Deshalb sehe ich es als meine Aufgabe an, Sie in der Auseinandersetzung mit dem Thema der Sinnlichen Intelligenz anzuregen, zu inspirieren und vor allem immer wieder zur praktischen Umsetzung zu motivieren.

Ich möchte Sie für die aktive Erfahrung Ihrer eigenen Sinnlichkeit begeistern! Wenn es Ihnen gelingt, die Welt um Sie herum durch unterschiedliche Wahrnehmungsfilter zu betrachten, vergrößern Sie Ihre geistige Freiheit. Deshalb möchte ich Sie auffordern, die gewohnten Gleise Ihrer individuellen Wirklichkeit kritisch zu hinterfragen und einschränkende Wahrnehmungsmuster auf eine neue, motivierende Weise zu gestalten. Dabei gibt es kein „Richtig" oder „Falsch"; als Maß Ihrer Orientierung gelten Ihre individuellen Bedürfnisse und Ihre Fähigkeit, mit den natürlichen Gesetzen dieser Welt in Harmonie zu gelangen. Es ist die essentielle Aufgabe eines jeden Menschen, diese beiden Komponenten unserer Existenz auf intelligente Weise miteinander in Einklang zu bringen.

Da Sie sich nicht nur in der Rolle des „Lesers", sondern auch in der des „Lernenden" befinden, sollten Sie dieses Buch nicht einfach durchlesen oder gar konsumieren. Statt dessen sollten Sie es als Quelle der Inspiration betrachten. Die geschriebenen Worte sollen Sie anregen, Ihre eigene Wirklichkeit neu zu erforschen. Dabei befinden Sie sich in einer ähnlichen Rolle wie die Teilnehmer in einem interessanten Seminar. Vielleicht haben Sie in Ihrem Leben bereits einige Erfahrungen mit wirklich interessanten Seminaren sammeln können – dann wissen Sie vermutlich, daß es dabei weniger auf die Quantität, sondern vielmehr auf die Qualität der vermittelten Informationen ankommt. Nicht die Menge, sondern die Bedeutung und die praktische Relevanz der Information entscheiden über den Seminarerfolg. Dabei gibt es diverse Möglichkeiten, um die Qualität von Informationen zu erhöhen – eine wirkungsvolle Möglichkeit besteht darin, sich ganz einfach genug Zeit für die intensive Auseinandersetzung zu gönnen und sich dann

> **Erhöhen Sie die Qualität von Informationen, indem Sie sich genügend Zeit für die Auseinandersetzung gönnen.**

bewußt zu fragen: „Was bedeutet diese Information für mich persönlich? Welchen Wert hat sie für meine Entwicklung, für meinen Beruf und für mein Privatleben?"

Bei der Beantwortung dieser Fragen ist es wichtig, daß Sie auch Ihrem Unbewußten etwas Zeit lassen, über die Feinheiten Ihrer Erfahrungen zu meditieren, damit sich die volle Würze Ihrer Erkenntnisse in Ihrem Gehirn entfalten kann. Ihr Unbewußtes möchte aus Ihren Lebenserfahrungen den größtmöglichen Nutzen ziehen. Dafür muß es Ihre Erkenntnisse in Ruhe reflektieren, so wie die Wellen eines Echos in einer von hohen Bergen umgebenen Gebirgsschlucht. Durch diese kurze Zeit der meditativen Besinnung erzeugen Sie geistigen Freiraum; gleichzeitig erlauben Sie den neuronalen Netzwerken in Ihrem Gehirn, sich auf eine neue Art zu organisieren und dadurch ungewöhnliche Assoziationen zu erzeugen. In diesem Moment geben Sie sich selber die Chance, etwas Neues zu lernen. Wenn Sie sich dabei aufmerksam beobachten und gleichzeitig spüren, wie Ihr Unbewußtes auf die zu verarbeitende Information reagiert, dann befinden Sie sich plötzlich in einem sagenumwobenen Prozeß, den die Psychologen „Selbst-Erfahrung" nennen.

Sie haben den größten Nutzen von diesem Buch, wenn Sie es in erster Linie als Inspirationsquelle für neue Erfahrungen verstehen. Das bedeutet, daß Sie nicht nur darin „Lesen", indem Sie Ihre Augen durch die Zeilen gleiten lassen, sondern die gelesenen Inhalte gezielt „Reflektieren", indem Sie die Informationen und Übungen als Anregung nutzen, um die alltägliche Welt, in der Sie leben, auf eine neue Weise zu betrachten. Deshalb sollten Sie dieses Buch auf keinen Fall in einem Zug durchlesen! Ich empfehle Ihnen, die Informationen in kleinen Portionen aufzunehmen – sinnvoll für Ihren Lernerfolg wäre es, wenn es Ihnen gelingt, Ihre Lektüre auf mindestens 30 Tage zu verteilen. Lesen Sie jeden Tag einige Passagen, und sobald Sie sich inspiriert fühlen, legen Sie das Buch beiseite und setzen die dargestellten Informationen in die Praxis um. Diese Form der Lektüre entspricht dem Prinzip von Essen und Verdauen. Speisen Sie Ihr Gehirn regelmäßig mit wertvollen Informationen, versorgen Sie es mit motivierenden Anregungen. Aber essen Sie nur, was Ihnen schmeckt – investieren Sie Ihre Zeit nur in die Übungen, die Ihnen Freude machen. Achten Sie darauf, daß Sie nicht mehr essen, als Sie verdauen können – nehmen Sie pro Leseeinheit

Indem Sie eine Übung durchführen, ermöglichen Sie Ihrem Gehirn eine neue Erfahrung!

nicht mehr Informationen auf, als Sie anschließend in die Praxis umsetzen können.

Um Sie bei der praktischen Umsetzung Ihrer Erkenntnisse zu unterstützen, habe ich den Informationsfluß in diesem Buch bewußt in kleine Einheiten aufgeteilt. Außerdem habe ich viele Informationseinheiten mit speziellen Übungen verknüpft. Ich werde Sie während Ihrer Lektüre immer wieder auffordern, bestimmte Wahrnehmungsfilter auszuprobieren, Ihre mentalen Gewohnheiten zu verfeinern und dadurch neue Betrachtungsweisen zu gewinnen. Jedes Mal, wenn Sie meine Appelle in die Tat umsetzen und die Übung tatsächlich durchführen, ermöglichen Sie Ihrem Gehirn eine neue Erfahrung. Der ganzheitliche Charakter einer neuen Erfahrung, die in mehreren Sinnessystemen gleichzeitig repräsentiert wird, hat für Ihren persönlichen Lernprozeß einen viel größeren Nutzen, als wenn Sie die Informationen einfach „nur lesen" würden. Deshalb sollten Sie die Lektüre dieses Buches in aller Ruhe genießen und die beschriebenen Übungen in Ihrem eigenen Tempo absolvieren.

Diese systematische Form der Auseinandersetzung ist ein wertvoller Schlüssel zu der Fähigkeit, den eigenen Geist entwickeln zu können, ohne dabei auf ständige Begleitung durch Seminare oder Coaching angewiesen zu sein. Entscheidend ist, daß Sie den Lernstoff Schritt für Schritt mit Ihrer eigenen Alltagserfahrung verknüpfen. Diese Art des Lernens ist ein organischer Vorgang. Das neue Wissen muß in Ihrem Gehirn wachsen wie eine zarte Pflanze, und sobald Ihre neuen Erkenntnisse fest in Ihren Nervenzellen verwurzeln, verwandelt sich das Know-how der Sinnlichen Intelligenz Schritt für Schritt in Ihr geistiges Eigentum – es wird zum stabilen Teil Ihrer eigenen Persönlichkeit.

Wissen Sie, wie man einen saftigen grünen Rasen sät? Zunächst braucht man einen guten, aufgelockerten Boden, auf den man dann die Samenkörner streut. Bereits nach kurzer Zeit kann man das erste Grün erkennen. Die Keimlinge wachsen schnell heran, und bald überziehen sie den Boden auf beinahe magische Weise mit einem grünen Schleier. Wenn der junge Rasen regelmäßig mit Wasser und Licht versorgt wird, entwickelt er sich in seinem ganz eigenen Tempo zu einem schönen, saftig-grünen Teppich.

Wie sät man einen saftigen grünen Rasen?

Der Erwerb von psychologischem Know-how ist ein ähnlicher Vorgang. Der fruchtbare Boden entsteht durch Ihre Bereitschaft, sich für neue Erkenntnisse zu öffnen. Die Samenkörner sind innovative Ideen, wie sie zum Beispiel in diesem Buch beschrieben werden. Die ersten zarten Halme entstehen, sobald Sie beginnen, während Ihrer Lektüre auf spielerische Weise neue sinnliche Erfahrungen zu sammeln. Doch erst in Verbindung mit Licht und Wasser, mit bewußter Reflektion und aktiver Übung, können sich die zarten Informationsträger in kräftige Grashalme verwandeln. Wenn Sie Ihr neues Wissen mit Ihrer alltäglichen Erfahrung verknüpfen und die Vielfalt der gewohnten Sinnesreize in ein intelligentes System einordnen, wird sich aus den zahlreichen Eindrücken ein erkenntnisreiches Bild zusammenfügen, das Ihnen für Ihre zukünftige Orientierung nützliche Dienste leisten kann. Indem Sie die Übungen systematisch praktizieren, verankern Sie die gelesenen Informationen in Ihrem Gehirn auf einer neurologischen Ebene – dann haben Sie die Information nicht nur konsumiert, sondern als eigene Erfahrung in Ihrem Nervensystem abgespeichert.

Dieses Trainingsprogramm ist so konzipiert, daß Sie die meisten Übungen im Laufe Ihres normalen Alltags absolvieren können, ohne daß Sie dafür besonders viel Zeit investieren müssen. Sie lesen einfach einige Passagen und dann gehen Sie voller Inspiration Ihren alltäglichen Beschäftigungen nach – nur mit dem Unterschied, daß Sie sehr bewußt wahrnehmen, was in Ihrem Kopf und um Sie herum geschieht. Sie beobachten sowohl sich selber als auch das übliche Alltagsgeschehen aus einem neuen Blickwinkel, und allmählich beginnen Sie, Ihre sinnlichen Strategien Schritt für Schritt zu optimieren. Durch die Bewußtmachung von psychischen Prozessen, die normalerweise unbewußt ablaufen, verbessern Sie Ihre Orientierung und legen somit einen wichtigen Grundstein zur Steigerung Ihrer ganzheitlichen Intelligenz.

Die Bewußtmachung psychischer Prozesse ist ein Schlüssel zur Optimierung Ihrer Sinnlichen Intelligenz.

Falls Sie sich dafür entscheiden sollten, sich ernsthaft auf das vorliegende Trainingsprogramm einzulassen, garantiere ich Ihnen einen echten Zuwachs von Lebensqualität. Sie werden die Welt mit anderen Augen sehen, Sie werden Ihre Ziele müheloser erreichen und Sie werden Ihren Körper in Zukunft als einen guten Freund und einen wertvollen Verbündeten erleben. Sie werden mit Ihren Mitmenschen bewußter kommunizieren und deren Wertesysteme besser verstehen. Außerdem werden Sie Ihre Gesundheit stärken, sowohl physisch als auch psychisch.

Wenn Sie nun beschlossen haben, die folgenden Texte in aller Ruhe zu studieren, die Übungen auszuprobieren und sich für die Entwicklung Ihrer

Sinnlichen Intelligenz die nötige Zeit zu nehmen, kann ich Ihnen dazu nur gratulieren – Herzlichen Glückwunsch! Sie tun sich selber einen großen Gefallen. Gleichzeitig möchte ich Ihren analytischen Verstand, Ihre germanische Leistungsorientierung und Ihren persönlichen Ehrgeiz noch einmal daran erinnern, den Spaß, die Leichtigkeit und besonders die Lust an der Sinnlichkeit nicht zu vergessen. Gerade im Angesicht der enormen Bedeutung der abzuleistenden Übungen – erlauben Sie sich Ihren persönlichen Spaß beim Ausprobieren der neuen Wahrnehmungsfilter und begrüßen Sie die Qualität Ihrer neuen Erfahrungen mit einer gesunden Portion Neugier! Die empirische Psychologie hat in vielen Studien bewiesen, daß Lernen mit Spaß und Freude außerordentlich gut funktioniert – deshalb wünsche ich Ihnen, während Sie sich nun Ihrem persönlichen Lernprozeß widmen, nicht nur viel Erfolg, sondern auch gute Unterhaltung und jede Menge Spaß.

Fünf Dimensionen
der Erkenntnis

Nun möchte ich Sie einladen, die fünf Dimensionen des menschlichen Geistes auf eine neue Weise kennenzulernen. Es gibt unzählige Möglichkeiten, die Welt um uns herum zu erleben, doch wie groß die individuelle Vielfalt auch beschaffen sein mag – jeder gesunde Mensch erlebt seine persönliche Realität auf diesen fünf Kanälen. Wir erfahren die Welt, indem wir sehen, hören, fühlen, riechen und schmecken. Jeder Sinneskanal offenbart uns die Wirklichkeit auf einer anderen Frequenz, und jede Frequenz besitzt ihre ganz eigene Faszination. Die fünf Sinnessysteme bieten dem Menschen im Laufe seines Lebens eine gewaltige Fülle von Reizen, und wir alle haben unsere spezielle Art entwickelt, diese Reize in unserem Gehirn zu erfassen, zu speichern und zu verwalten.

Persönliches Wachstum bedeutet, die eigenen Sinnessysteme auf eine bessere Weise einzusetzen und dadurch die Struktur des subjektiven Erlebens intelligenter, würdevoller und gesünder zu gestalten. Um all dies tun zu können, müssen Sie sich zunächst bewußt machen, welche Möglichkeiten Ihnen zur Verfügung stehen. Deshalb möchte ich Ihnen empfehlen, sich für die nun folgende Reise durch die fünf sinnlichen Dimensionen des menschlichen Geistes genügend Zeit zu nehmen. Führen Sie die beschriebenen Übungen in Ihrem eigenen Tempo durch und verknüpfen Sie die Anregungen auf den folgenden Seiten in aller Ruhe mit Ihrer persönlichen Erfahrung.

Die bunte Welt der Bilder

Zunächst möchte ich mit Ihnen die sichtbare Welt der visuellen Frequenz erforschen. Spüren Sie die beiden Augäpfel in Ihrem Kopf? Nehmen Sie nun ganz bewußt Kontakt zu diesen hochsensiblen Sinnesorganen auf. Dafür schließen Sie Ihre Augen für einen kleinen Moment, und dann spüren Sie die Augäpfel hinter den geschlossenen Lidern. Atmen Sie einige Male tief durch und genießen Sie diesen Moment der Besinnung.

Bitte schließen Sie die Augen! Jetzt!

Sobald Sie Ihre Augen wieder geöffnet haben, erfassen Sie das volle Panorama Ihrer aktuellen Blickrichtung. Legen Sie das Buch für einen Moment zur Seite und konzentrieren Sie sich ganz auf das Bild, das Ihre Augen Ihnen vermitteln. Genießen Sie das Wunder der visuellen Wahrnehmung mit voller Bewußtheit. Nicht denken, nur schauen! Machen Sie sich bewußt, wie viele Informationen gleichzeitig in Ihr Gehirn strömen, sobald Sie die visuellen Schleusen ganz öffnen! Genießen Sie Ihr gesamtes visuelles Panorama. Jetzt! Schauen Sie aufmerksam im Raum umher. Achten Sie auf die unterschiedliche Reflexion des Lichtes in Ihrer Umgebung. Betrachten Sie die vielfältige Spiegelung der Lichtstrahlen auf den unterschiedlichen Oberflächen. Spielen Sie mit Ihren Augen, verändern Sie Ihren Fokus und versuchen Sie, noch mehr Informationen aufzusaugen; solange, bis Sie sich mit voller Konzentration auf Ihr visuelles Wahrnehmungssystem eingestellt haben.

Während Sie den folgenden Text lesen, können Sie diesen kleinen Akt der visuellen Bewußtwerdung mehrmals wiederholen. Gönnen Sie sich einige Sekunden der entspannten Besinnung. Dadurch steigern Sie die Präsenz Ihrer Augen, während Ihr Unbewußtes die folgenden visuellen Manöver durchläuft. Betrachten Sie Ihre Umgebung in aller Ruhe. Lassen Sie Ihren Blick umherschweifen. Was sehen Sie gerade? Welche Farben gibt es dort? Von wo dringt das Licht in den Raum? Wo ist die hellste Stelle im Zimmer? Gibt es Muster auf der Tapete, auf dem Teppich? Wie ist die Decke des Raumes beschaffen? Blicken Sie im Zimmer umher, schauen Sie aus dem Fenster, genießen Sie das Ambiente und werden Sie sich immer wieder Ihrer Augen bewußt.

Der menschliche Geist ist vielfältiger Natur. Üben Sie sich darin, dieser Vielfalt bewußt zu begegnen. Mit Hilfe der optischen Wahrnehmung können Sie Ihre Umwelt unter vier Aspekten erfassen: Farbe, Form, Raum und Bewegung. Trainieren Sie Ihre Augen, um diese Aspekte bewußt wahrzunehmen. Es sind Ihre visuellen Raum-Zeit-Koordinaten, sie bilden die Basis Ihrer aktuellen Orientierung. Menschliches Leben geschieht in einer dynamischen, vier-dimensionalen Welt, und die Evolution hat Millionen von Jahren gebraucht, bis unser Auge fähig wurde, diese Koordinaten so wirkungsvoll zu erfassen. Nutzen Sie Ihren visuellen Hochleistungssensor ganz bewußt und sorgen Sie dafür, daß seine Leistungsfähigkeit Ihnen möglichst lange erhalten bleibt, indem Sie ihn liebevoll, systematisch und regelmäßig trainieren.

Vier-dimensionales Sehen

1. Farbe:

Ihre Fähigkeit, Farben wahrzunehmen, entspricht der ersten Dimension der visuellen Erkenntnis. Farben entstehen durch die Reflektion des Lichtes auf unterschiedlichen Oberflächen. Trainieren Sie Ihre Farbschärfe, indem Sie verschiedene Tönungen erkennen und dabei ganz bewußt die feinen Nuancen unterscheiden. Finden Sie heraus, welche Farben miteinander harmonieren und welche sich „beißen". Betrachten Sie die Welt wie ein Maler! Erfreuen Sie sich an schönen Farben und achten Sie auch darauf, wie Ihr Gemüt auf die Farbtöne reagiert – dunkelblaue Kleidung weckt andere Emotionen als knallrote.

2. Form:

Das Erkennen von Formen entspricht der zweiten Dimension. Entdecken Sie den Blick des Designers und verfolgen Sie die faszinierende Linienführung von Gegenständen und Silhouetten mit Ihren Augen. Identifizieren Sie visuelle Muster aus Geraden, Kurven und Kreisen. Beobachten Sie, wie die verschiedenen Formen auf Ihre Emotionen wirken, welche Ihnen attraktiv erscheinen, ob Sie zur Zeit stärker auf runde, weibliche oder auf gestreckte, männliche Formen reagieren. Bevorzugen Sie strenge Linien und eine klare Symmetrie, oder mögen Sie kreative Asymmetrie? Versorgen Sie Ihr Gemüt mit der Wahrnehmung derjenigen Formen, die Ihnen die stärkste Inspiration vermitteln!

3. Raum:

Das Wunder der räumlichen Wahrnehmung vermittelt Ihnen Kontakt zur dritten Dimension. Durch das geniale Zusammenspiel beider Augen entsteht in Ihrem Gehirn ein Gefühl für die Tiefe des Raumes. Sie können dieses Wunder immer wieder neu genießen – wenn Sie ein Auge zuhalten, können Sie sofort spüren, wie Ihre Wahrnehmung verflacht und verarmt, stimmt's? Sobald Sie Ihr zweites Auge wieder öffnen, vergrößert sich nicht nur Ihr Blickfeld, sondern auf wunderbare Weise entsteht auch die räumliche Tiefenwahrnehmung erneut. Das bewußte drei-dimensionale Sehen vermittelt Ihnen den Blick des Architekten. Nutzen Sie diesen Wahrnehmungsfilter, indem Sie die Atmosphäre von Räumen, Hallen und Landschaften ganz bewußt empfinden.

4. Bewegung:

Die vierte Dimension der visuellen Frequenz entsteht durch das Zusammenspiel von Zeit und Raum. Sobald Sie einen statischen Raum im Kontext der zeitlichen Veränderung betrachten, können Sie Bewegung erkennen. Atomare Teilchen befinden sich niemals in Ruhe, Stillstand ist eine Illusion. Leben bedeutet Bewegung – und Ihre Augen sind in der Lage, selbst kleinste Veränderungen präzise zu verfolgen. Finden Sie innere Ruhe, indem Sie sich darauf konzentrieren, die Bewegung der äußeren Welt zu beobachten. Betrachten Sie Bäume im Wind, erkennen Sie den Staub in der Luft und sehen Sie das Flimmern der Hitze im Sommer. Erfreuen Sie sich an den geschmeidigen Bewegungen einer Katze, eines trainierten Sportlers oder einer anmutigen Frau. Achten Sie auf die Geschwindigkeit von verschiedenen Bewegungen und finden Sie Ihr eigenes Tempo, indem Sie herausfinden, wo sich Ihr innerer Rhythmus widerspiegelt.

Mein Übungserfolg: ○○○○○○○○○○○○○○○○○○○○

Neben der Wahrnehmung Ihrer Raum-Zeit-Koordinaten können Sie den Fokus Ihres Blickes beeinflussen. Sie können nah und fern fokussieren und Sie können mit dem peripheren Blick das gesamte Panorama erfassen. Diese visuelle Funktion entsteht durch das Zusammenspiel verschiedener Muskeln an Ihren Augen. Jeder Mensch hat bestimmte Muster entwickelt, um den Fokus seiner Blicke gewohnheitsmäßig auszurichten. Einige Personen achten sehr stark auf Details, andere sehen gern das „Große Ganze". Als sinnlich intelligenter Mensch sollten Sie beides können! Deshalb lassen Sie Ihren Fokus ganz bewußt zwischen nah und fern hin- und herwechseln.

Die Art Ihrer Blicke überträgt sich übrigens auch auf Ihren Geist. Sie können Ihren Sinn für entscheidende Details stärken und sich gleichzeitig darin trainieren, den Gesamtzusammenhang nicht aus den Augen zu verlieren. Falls Sie am Schreibtisch arbeiten, gönnen Sie sich hin und wieder einen erholsamen Blick aus dem Fenster. Wenn Sie unterwegs sind, suchen Sie Orte auf, wo Sie eine richtig tolle Aussicht haben – nur der sehr weite Blick ermöglicht Ihren Augen, sich bei vollem Bewußtsein ganz zu entspannen.

Der periphere Blick

Der periphere Blick entspannt Ihre Augen und Ihren Geist. Bei dieser speziellen Art des Sehens fixieren Sie nicht auf einen Ausschnitt Ihres Gesichtsfeldes, sondern sehen das Gesamtbild als weiches Panorama. Dabei gibt es keinen Fokus. Lassen Sie Ihren Blick auch im Alltag immer wieder weich werden und sehen Sie Ihre volle Umgebung als maximales Panorama. Zum Trainieren dieser visuellen Methode können Sie wie folgt vorgehen:

▶ Strecken Sie beide Daumen in Augenhöhe eine Armlänge vor sich aus. Halten Sie die Daumen zunächst eng beisammen und betrachten Sie beide Daumen gleichzeitig.

▶ Dann führen Sie die Arme langsam horizontal auseinander – solange, bis Sie beide Daumen gerade noch links und rechts neben sich erkennen können. Dabei entspannen sich Ihre Augen und Sie blicken weiterhin nach vorne.

▶ Halten Sie die Arme seitlich und richten Sie nun Ihre Aufmerksamkeit **zwischen** die beiden Daumen. Versuchen Sie, das gesamte Panorama mit einem langen ruhigen Blick zu erfassen, ohne dabei auf Details zu fokussieren. Jetzt sind Sie im Zustand des peripheren Sehens.

▶ Mit etwas Übung wird es Ihnen leichtfallen, diese Form der visuellen Wahrnehmung auch ohne den Einsatz der Arme aufzubauen. Genießen Sie einfach die entspannte Position Ihrer Augen, atmen Sie dabei tief und ruhig und erlauben Sie Ihrem Geist, sich ebenfalls zu entspannen.

Mein Übungserfolg: ○

Die Vorzüge und Nachteile der visuellen Orientierung können Sie sich besonders gut verdeutlichen, wenn Sie sich für einen kurzen Moment vorstellen, Sie hätten nur dieses eine Sinnessystem. Wie wäre es, wenn Sie nicht hören, nicht fühlen, nicht riechen und nicht schmecken könnten? Sie würden nur sehen!

Wie wäre Ihre Wirklichkeit beschaffen, wenn Ihr Gehirn nur durch diesen einen Sinneskanal gespeist würde? Die Welt wäre ein Film! Sie befänden sich in einer bunten Welt aus Farben und Formen, aus Licht und Schatten. Sie würden jedes Detail, jede Schattierung und jede Bewegung genau verfolgen. Auf diese Weise würden Sie Ihrem Gehirn eine für das Überleben sehr nützliche und zugleich faszinierend ästhetische Abbildung der Oberfläche von materiellen Schwingungsfeldern vermitteln.

Der große Vorteil des Sehens besteht darin, daß es sehr viele Informationen zur gleichen Zeit erfassen kann. Ein Bild kann mehr sagen als tausend Worte. Das Sehen ist die wichtigste Quelle unserer externen Orientierung. Der große Nachteil besteht allerdings darin, daß es den Menschen lediglich mit der offensichtlichen Oberfläche dieser Welt konfrontiert. Wenn Ihnen nur das visuelle System zur Verfügung stehen würde, wären Sie dafür prädestiniert, Illusionen und Täuschungen zu erliegen. Sie wären unfähig, das Wesen der Dinge zu erfassen und müßten sich mit der optischen Verpackung zufriedengeben. Doch zur Orientierung in einer vielfältigen, sich schnell bewegenden und vielleicht gefährlichen Umwelt brauchen Sie Ihre Augen! Kein anderes Sinnessystem kann Ihre aktuelle Beziehung zur Außenwelt so ganzheitlich abbilden.

Wie wäre es, wenn Ihr Gehirn nur durch den visuellen Kanal gespeist würde?

Wie jedes Sinnessystem arbeitet auch das visuelle System in zwei Richtungen, nach außen und nach innen. Nachdem Sie eben die Oberfläche Ihrer äußeren Umgebung in allen Einzelheiten erforscht haben, richten Sie Ihren Blick jetzt nach innen. Auch vor Ihrem geistigen Auge können Sie Farben sehen – Rot, Gelb, Grün, Blau oder Violett. Außerdem können Sie Formen und Muster erkennen. Die meisten Menschen können auch real wirkende Bilder auf dem inneren Monitor erscheinen lassen. Vielleicht können Sie Ihr Auto sehen, Ihren Arbeitsplatz oder Ihre Küche. Es gibt eine unendliche Vielzahl von Bildern in Ihrem Gedächtnis. Ihr Gehirn verfügt über ein gewaltiges Archiv von visuellen Eindrücken, das von Ihrem Unbewußten verwaltet wird. Im Laufe jedes Tages werden unzählige Archivbilder wachgerufen und blitzschnell mit den visuellen

Eindrücken Ihrer aktuellen Situation verglichen. Anhand der Vergleichsergebnisse orientieren Sie sich, und dann treffen Sie ständig mehr oder weniger bewußte Entscheidungen, indem Sie zum Beispiel im Supermarkt bestimmte Dinge kaufen und andere nicht. Visuelle Reize steuern unser Konsumverhalten in kaum zu unterschätzendem Maße. Nicht umsonst werden jährlich enorme finanzielle Beträge in visuell attraktive Verpackungen investiert. Es gibt Industriebereiche, die sich darauf spezialisiert haben, dem Menschen eine perfekte Illusion zu verkaufen.

Indem Sie lernen, Ihre inneren Bilder bewußt zu sortieren, gewinnen Sie an Eigenbestimmung. Sie können Ihre Entscheidungs-Kriterien gezielt hinterfragen und Sie können Ihre persönlichen Ziele sehr präzise gestalten. Die meisten menschlichen Ziele werden durch innere Bilder repräsentiert. Sobald Sie bewußten Zugriff auf Ihre inneren Bilder erlangen, können Sie Ihre unbewußten Verhaltensprogramme effektiv beeinflussen. Deshalb empfehle ich Ihnen, Ihre Fähigkeit der Visualisierung gezielt zu trainieren.

Trainieren Sie Ihr geistiges Auge

▶ Setzen Sie sich bequem hin und entspannen Sie sich. Konzentrieren Sie sich auf Ihre Augen und schauen sich Ihr momentanes Blickfeld genau an.

▶ Was sehen Sie jetzt gerade? Achten Sie auf Farben, Formen, Raum und Bewegung. Prägen Sie sich alles gut ein.

▶ Nun schließen Sie die Augen und versuchen, das originale Blickfeld vor Ihrem inneren Auge wieder aufzubauen. Lassen Sie sich Zeit. Ihr Unbewußtes kann viele Informationen erinnern. Lassen Sie sich überraschen! Verkrampfen Sie nicht, bleiben Sie geduldig, entspannt und spielerisch.

▶ Was sehen Sie vor Ihrem geistigen Auge? Was können Sie deutlich erkennen? Machen Sie sich auch bewußt, wo das Bild Lücken aufweist, aber ärgern Sie sich nicht darüber, sondern akzeptieren Sie die blinden Flecken als Teil Ihrer Wahrnehmung.

▶ Dann öffnen Sie Ihre Augen und vergleichen Ihr inneres Bild mit der Realität. Prägen Sie sich besonders die Stellen erneut ein, wo das innere Bild noch blinde Flecken aufwies.

▶ Schließen Sie Ihre Augen wieder und versuchen Sie auf`s Neue, das Blickfeld exakt aufzubauen. Füllen Sie die blinden Flecken allmählich mit weiteren Informationen.

▶ Öffnen und schließen Sie Ihre Augen mehrmals, bis Sie das äußere Bild exakt vor Ihrem inneren Auge aufbauen können. Jetzt haben Sie Ihr aktuelles Panorama erfolgreich visualisiert! Herzlichen Glückwunsch!

Mein Übungserfolg: ○○○○○○○○○○○○○○○○○○○○

Das Sehen liefert dem Menschen sehr viele Informationen zur selben Zeit. Deshalb brauchen wir psychische Filter, um zu wissen, welchen Informationen wir besondere Beachtung schenken sollen. Da wir uns nicht mit allen Reizen gleichzeitig auseinandersetzen können, werden wir einigen Informationen hohe Priorität zumessen und gleichzeitig viele andere ausblenden. Dafür entwickelt unser Unbewußtes einen speziellen Mechanismus, die sogenannte „Selektive Wahrnehmung". Dieser Filter-Mechanismus wirkt auch in anderen Sinnes-Systemen, doch meist wird er über das Sehen gesteuert. Kennen Sie diesen bemerkenswerten Effekt aus Ihrer eigenen Erfahrung? Wenn Sie sich zum Beispiel ein neues Auto kaufen wollen und dabei mit einer bestimmten Marke liebäugeln, könnte es sein, daß Ihre visuelle Wahrnehmung sich auf dieses Fabrikat kalibriert und daß Sie plötzlich überall diese Autos sehen – je öfter Sie an Ihr neues Fahrzeug denken, desto häufiger werden Sie es im Straßenverkehr tatsächlich entdecken. Jeder Mensch betrachtet die Welt durch individuelle Wahrnehmungsfilter, die im Laufe seiner persönlichen Entwicklung entstanden sind. Ein Künstler sieht die Welt mit anderen Augen als ein Arzt oder ein Manager. Achten Sie darauf, diesen mächtigen Effekt der menschlichen Psyche nicht zu unterschätzen: Menschen sehen die Wirklichkeit nicht so, wie sie tatsächlich beschaffen ist, sondern gemäß ihrer individuellen Wahrnehmungsfilter! Wir alle neigen dazu, Komplexität zu reduzieren, indem wir unsere inneren Filter auf diejenigen Aspekte der Wirklichkeit hin ausrichten, die wir kennen und mit denen wir uns identifizieren können. Wir suchen permanent nach Bestätigung, indem wir alle Informationen, die unserem derzeitigen Bild der Realität widersprechen, rigoros wegfiltern. Dieser mächtige psychische Mechanismus bestimmt unseren Alltag ebenso konsequent wie unbemerkt. Doch er bringt uns auch viele Vorteile; beispielsweise schützt er unser Bewußtsein davor, mit Reizen überflutet zu werden. Darüber hinaus können Sie lernen, Ihr Unbewußtes auf die konsequente Erreichung Ihrer Ziele zu programmieren, indem Sie es bewußt mit erwünschten Bildern füttern. Dadurch werden Ihre selektiven Wahrnehmungsfilter gezielt ausgerichtet.

Ein Künstler sieht die Welt mit anderen Augen als ein Manager oder ein Arzt.

Visualisieren Sie Ihre Zielbilder

Das geistige Auge trainiert nicht nur Ihr Erinnerungsvermögen und Ihre Phantasie, es ist auch eine wichtige Voraussetzung, um sich motivierende Zielbilder zu vergegenwärtigen. Je attraktiver die inneren Bilder erscheinen, mit deren Hilfe Sie Ihre Ziele repräsentieren, desto stärker wächst Ihre Motivation, die notwendige Arbeit zu leisten, um Ihre Ziele zu realisieren.

▶ Denken Sie an ein Ziel, das Sie erreichen möchten, und machen Sie sich ein motivierendes Bild davon. Lassen Sie das Bild ganz klar vor Ihrem inneren Auge erscheinen.

▶ Achten Sie auf die Gefühle, die bei Ihnen durch dieses Bild ausgelöst werden. Betrachten Sie das Bild eine Weile und machen Sie sich bewußt, was Sie dabei empfinden.

▶ Fragen Sie sich, ob und wie diese Gefühle Ihnen helfen können, Ihr Ziel zu realisieren – fühlen Sie sich motiviert, wenn Sie an Ihr Ziel denken? Erzeugt das Zielbild einen inneren Sog, der Sie veranlaßt, sich auf das Ziel hinzubewegen?

▶ Nun verändern Sie das Zielbild vor Ihrem geistigen Auge in eine positive Richtung. Machen Sie es noch attraktiver! Vielleicht verändern Sie Inhalte des Bildes; oder Sie verändern die Submodalitäten wie Helligkeit, Farben, Kontraste, Größe oder den Rahmen des Bildes.

▶ Experimentieren Sie mit den Qualitäten Ihres Zielbildes solange, bis Sie sich voll motiviert fühlen und das Zielbild bei Ihnen genau die Gefühle auslöst, die Sie brauchen, um die nötige Arbeit zu leisten und Ihr Ziel tatsächlich zu erreichen.

Mein Übungserfolg: ○○○○○○○○○○○○○○○○○○○○○○

Auch in der Kommunikation spielt das Sehen eine wichtige Rolle. Körpersprache wird über die Augen wahrgenommen. Solche Signale beeinflussen unsere sozialen Kontakte meist auf einer unbewußten Ebene, die jedoch sowohl das Gesprächsverhalten als auch die gegenseitige Sympathie entscheidend prägen kann. Oftmals entscheidet das Auge innerhalb weniger Sekunden darüber, ob wir jemanden mögen oder nicht. Viele Menschen neigen dazu, sich auch innerlich ein Bild von ihren Mitmenschen zu machen. Dieses Bild bestimmt dann darüber, mit welcher Einstellung sie dem anderen begegnen. Machen Sie sich Ihre inneren Bilder hin und wieder bewußt und achten Sie darauf, wann es an der Zeit ist, alte Bilder und die damit verbundenen Vorurteile zu überprüfen und eventuell zu verändern. Indem Sie das innere Bild verändern, das Sie sich von einem Menschen gemacht haben, verändern Sie gleichzeitig Ihre emotionale Einstellung gegenüber dieser Person. Die Qualität Ihrer inneren Bilder hat einen enormen Einfluß auf Ihre Gefühle, Ihre Entscheidungen und Ihre Lebensführung. Nicht wenige Menschen repräsentieren einen großen Teil ihrer Vergangenheit, ihrer Zukunft und ihrer aktuellen Gegenwart in Form von Bildern. „Real ist, was ich sehe!" oder auch: „Aus den Augen, aus dem Sinn?!"

Visueller Optimismus

Die selektive Wahrnehmung beeinflußt auch Ihre Lebenseinstellung. Je nachdem ob Sie Ihre Filter positiv oder negativ ausrichten, werden Sie zum Optimisten oder Pessimisten. Diese Übung kann Ihnen helfen, Ihre Wahrnehmungsfilter positiver auszurichten.

▶ Fragen Sie sich, durch welche Filter Sie die Welt betrachten: Sehen Sie eher die positiven Aspekte, die Sie motivieren und Ihnen Freude machen? Oder achten Sie mehr auf die negativen Aspekte, die Sie ängstigen, frustrieren und Ihnen Ärger bereiten?

▶ Denken Sie zum Beispiel an Ihren Job – was fällt Ihnen dabei als erstes ein? Betrachten Sie die inneren Bilder, die in Ihnen aufsteigen. Seien Sie neugierig, und versuchen Sie nicht, Ihre Bilder zu manipulieren – öffnen Sie sich einfach für eine aufrichtige Erfahrung.

▶ Dann machen Sie sich bewußt, welche Gefühle durch die Bilder ausgelöst werden. Nehmen Sie sich dafür etwas Zeit und seien Sie ehrlich mit sich. Bewerten Sie die Gefühle nicht vorschnell, sondern geben Sie ihnen inneren Raum zur Bewußtwerdung.

▶ Sobald Sie Ihre Gefühle benennen und einordnen können, optimieren Sie Ihre Wahrnehmungsfilter, indem Sie sich bewußt fragen: „Was gefällt mir an meinem Job?"

▶ Achten Sie wieder auf die auftauchenden Bilder und Gefühle, wenn Sie nun ganz gezielt Ihre positiven Filter aktivieren. Genießen Sie die visuelle Antwort Ihres Unbewußten und geben Sie den positiven Gefühlen ausreichend Raum.

▶ Übertragen Sie dieses Muster auch auf andere Lebensbereiche wie zum Beispiel Familie, Freunde, Auto oder Wohnsituation. Analysieren Sie zunächst Ihre innere Gewohnheit, indem Sie die Frage ganz neutral formulieren. Machen Sie sich die Bilder und Gefühle bewußt und akzeptieren Sie das Ergebnis. Anschließend optimieren Sie Ihre Filter, indem Sie Ihre Aufmerksamkeit gezielt auf die positiven Seiten lenken.

Wenn Sie von hartnäckigen Bildern verfolgt werden, die bei Ihnen negative Gefühle auslösen, können Sie sich die folgenden Fragen stellen:

▶ Was genau ist der Auslöser für mein negatives Gefühl? Wenn ich die Situation verändern will – wie müßte sie statt dessen aussehen? Was genau müßte ich tun, um dieses Ziel zu erreichen? Was ist der erste Schritt? Wann fange ich damit an?

▶ Machen Sie sich ein genaues Bild von dem erwünschten Ziel. Verändern Sie es solange, bis es bei Ihnen positive Gefühle auslöst und Sie sich motiviert fühlen, die zur Veränderung nötigen Schritte einzuleiten.

▶ Wenn Sie die Situation nicht verändern können, müssen Sie lernen, sich mit den Umständen zu arrangieren. Dafür suchen Sie sich einen anderen, übergeordneten Blickwinkel und fragen Sie sich: Was könnte gut daran sein, daß ich zur Zeit mit dieser Situation leben muß? Was könnte ich daraus lernen?

Mein Übungserfolg: ○○○○○○○○○○○○○○○○○○○○○

Um Ihre sinnlichen Fähigkeiten nachhaltig zu verbessern, möchte ich Ihnen empfehlen, die Erforschung der visuellen Wirklichkeit nun auf Ihre eigene Weise fortzusetzen. Sie können dies in jedem Moment Ihres Lebens tun, insbesondere während Wartezeiten, bei Routinetätigkeiten oder wenn Sie merken, daß Sie sich langweilen. Sie gewinnen an Lebensqualität und an geistiger Flexibilität, wenn Sie Ihre Augen, die ja ohnehin ständig im Einsatz sind, in Zukunft bewußt trainieren. Schauen Sie einfach aufmerksam in der Gegend umher, fokussieren Sie gezielt auf Gegenstände in Ihrer Nähe und dann in der Ferne. Fragen Sie sich ganz bewußt: Was habe ich jetzt im Visier? Aus welchen Details setzt sich das Bild zusammen; und wie wirkt es in seiner Gesamtheit? Beobachten Sie das Spiel von Licht und Schatten. Genießen Sie die Farben, erkennen Sie Muster und Formen. Registrieren Sie Bewegungen und genießen Sie das Wunder des räumlichen Sehens.

Nutzen Sie Wartezeiten und Routinesituationen, um Ihre visuelle Wirklichkeit auf eigene Faust zu erforschen!

Dann schließen Sie Ihre Augen hin und wieder für einen Moment und betrachten Sie Ihre inneren Bilder. Versuchen Sie, das reale Ambiente vor Ihrem geistigen Auge aus der Erinnerung möglichst naturgetreu nachzubilden. Erinnern Sie Gesichter und Szenen aus der Vergangenheit, und erzeugen Sie im Geiste neue phantasievolle Bilder. Spielen Sie mit Ihrer visuellen Aufmerksamkeit! Am besten legen Sie dieses Buch jetzt für einen Moment zur Seite und wandern einen Augenblick mit wirklich offenen Augen durch Ihre nähere Umgebung. Vielleicht unterbrechen Sie Ihre Lesezeit und machen einen kleinen Spaziergang?

Sobald Sie weiterlesen möchten, verlassen wir die bunte Welt der Bilder, in dem Wissen, daß Sie dieser faszinierenden Sinnesfrequenz in jedem Moment Ihres Lebens aufs neue bewußt begegnen können. Falls Sie sich dafür entscheiden sollten, jetzt weiterzulesen, möchte ich Sie bitten, noch einmal kurz Ihre Augen zu schließen und die Augäpfel hinter den geschlossenen Lidern zu spüren. Dann atmen Sie mehrmals tief durch und öffnen sich für eine ganz andere Dimension – für die auditive Welt der Stimmen, der Worte und der Klänge.

Checkliste zum visuellen System

Übungsfeld	Bewertung
Ich spüre meine Augen ganz bewußt.	○○○○○○○○○○
Ich achte auf das Spiel von Licht und Schatten.	○○○○○○○○○○
Ich habe den Blick des Malers und sehe Farben.	○○○○○○○○○○
Ich habe den Blick des Designers und sehe Formen.	○○○○○○○○○○
Ich habe den Blick des Architekten und sehe Räume.	○○○○○○○○○○
Ich habe den Blick des Regisseurs und sehe Bewegung.	○○○○○○○○○○
Ich fokussiere bewußt nah und fern.	○○○○○○○○○○
Ich übe den peripheren Blick.	○○○○○○○○○○
Ich sehe auch kleinste Details.	○○○○○○○○○○
Ich beobachte die Körpersprache anderer Menschen.	○○○○○○○○○○
Ich pflege aktiven Blickkontakt.	○○○○○○○○○○
Ich experimentiere mit der Dauer von Blickkontakt.	○○○○○○○○○○
Ich flirte mit Blicken.	○○○○○○○○○○
Ich schaue tief in die Fenster der Seele.	○○○○○○○○○○
Ich beobachte die Augenbewegungen anderer Menschen.	○○○○○○○○○○
Ich achte auf meine inneren Bilder.	○○○○○○○○○○
Ich visualisiere mein aktuelles Panorama.	○○○○○○○○○○
Ich visualisiere Ziele vor dem geistigen Auge.	○○○○○○○○○○
Ich überprüfe meine selektiven Wahrnehmungsfilter.	○○○○○○○○○○
Ich genieße ästhetische Sinnesreize.	○○○○○○○○○○
Ich übe mich in visueller Meditation.	○○○○○○○○○○
Ich entspanne meine Augen.	○○○○○○○○○○
Ich erfrische meine Augen durch bewußtes Blinzeln.	○○○○○○○○○○
...	○○○○○○○○○○
...	○○○○○○○○○○
...	○○○○○○○○○○

Check-Dates: ___/ ___/ ___/ ___/ ___/ ___/

Die klingende Welt der Worte

Willkommen in der Welt der Klänge, der Geräusche und der Worte! Nun wechseln Sie die Frequenz Ihrer Wahrnehmung. Jetzt sind es nicht mehr die Reflektionen des Lichtes, die wir erforschen, sondern die Wellen des Schalls. Der Weg in die auditive Wirklichkeit führt durch Ihre Ohren. Um Ihre Bewußtheit für dieses System zu erhöhen, können Sie sich für einen kurzen Moment taub stellen. Halten Sie sich mit beiden Händen die Ohren zu. Schließen Sie die Augen, atmen Sie mehrmals tief durch und spüren Sie die Ohren an Ihrem Kopf. Dann genießen Sie diesen embryonalen Zustand eine Weile. Sie hören Ihren nur eigenen Atem und vielleicht einige der inneren Stimmen in Ihrem Kopf. Dabei können Sie Ihre Gedanken wunderbar entspannen.

Halten Sie sich die Ohren zu! Jetzt!

Dann nehmen Sie die Hände von den Ohren und nun öffnen Sie sich ganz bewußt für die Welt der Klänge. Hören Sie die Geräusche in Ihrer Umgebung? Hören Sie Ihren Atem? Horchen und lauschen Sie, so als ob Ihr Gehör Ihre einzige Orientierungshilfe in dieser Wirklichkeit wäre. Schließen Sie die Augen noch einmal für einen Moment. Dann stellen Sie sich vor, Sie wären eine Katze. Sie sind eine aufmerksame, entspannte, auditive Katze. Forscher haben herausgefunden, daß Katzen jedes Geräusch siebenmal so laut wie wir Menschen hören. Welche Töne hören Sie in diesem Moment? Hören Sie Mäuse trippeln? Gibt es Stimmen oder unterschwellige Geräusche im Hintergrund? Wie laut hören Sie die einzelnen Elemente Ihrer aktuellen Geräuschkulisse? Können Sie die Richtung der Geräusche identifizieren? Gibt es Momente der Stille? Aktivieren Sie alle Ihre auditiven Filter und spielen Sie mit dem orchestralen Potential dieser allgegenwärtigen Frequenz!

Ein großer Vorteil des Hörens gegenüber dem Sehen ist, daß der Schall die Materie in alle Richtungen durchdringt. Während das Sehen nur die Lichtreflexionen auf der anvisierten Oberfläche spiegelt, können wir hören, was außerhalb unseres Gesichtsfeldes geschieht. Das auditive System erfaßt alle Richtungen gleichzeitig. Geräusche erreichen uns auch in der Dunkelheit der Nacht. Solche Wahrnehmungen waren für unsere Vorfahren in der freien Wildbahn lebensnotwendig. Die frühen Menschen waren ständig mit den

Geräuschen der Natur verbunden. Das Rauschen von Wäldern und Flüssen, das Gezwitscher der Vögel, die Geräusche von Regen und Wind – die Natur verursacht eine permanente Geräuschkulisse. Der naturverbundene Mensch, der die einzelnen Klänge dieser Kulisse zu deuten versteht, ist ständig darüber informiert, was um ihn herum passiert.

Der moderne Großstadtmensch muß seine Ohren auf andere Weise gebrauchen. Einerseits gibt es in den Städten viele Geräusche, die für uns keinerlei Informationswert besitzen – vom Straßenlärm über das monotone Dröhnen von Maschinen bis zum inhaltslosen Gequatsche von penetranten Radiomoderatoren. Diese auditiven Geräuschquellen stören das Wohlbefinden und werden deshalb durch unbewußte Filter ausgeblendet. Andererseits gibt es Momente, wo Sie in kurzer Zeit eine große Menge von komplizierten Informationen über Ihr Gehör aufnehmen müssen – zum Beispiel, wenn Ihr Chef Ihnen eine neue Arbeitsaufgabe erklärt, oder wenn Sie mit einem wichtigen Kunden am Telefon sprechen. Deshalb basiert der intelligente Gebrauch Ihres auditiven Orientierungssystems auf einem fein abgestimmten System von Filtern. Sie müssen in der Lage sein, alle überflüssigen Geräusche und den alltäglichen Informationsmüll konsequent auszublenden, damit Sie den Kopf für die wesentlichen Informationen frei haben.

Können Sie sich auf das Wesentliche konzentrieren? Wie gut arbeiten Ihre auditiven Filter?

In bestimmten Momenten müssen Sie fähig sein, Ihre auditiven Schleusen hundertprozentig zu öffnen, damit Sie alle relevanten Informationen in ihrer ganzen Tiefe und Vernetztheit aufnehmen können. Wenn Ihre auditiven Filter exzellent funktionieren, dann sind Sie vermutlich ein disziplinierter Mensch, der sich gut konzentrieren kann, klare Prioritäten verfolgt und sich dabei nicht von irrelevanten Störungen ablenken läßt; außerdem sind Sie ein guter Zuhörer, der es versteht, sich in den entscheidenden Momenten voll auf seinen Gesprächspartner einzulassen. Die Fähigkeit, auf der auditiven Frequenz souverän filtern zu können, prägt sowohl Ihre soziale Intelligenz als auch Ihr Selbst-Management. Gleichzeitig bestimmt das auditive System über das Ausmaß von innerer Ruhe, Gelassenheit und Genußfähigkeit. Viele Zeitgenossen beherbergen eine ganze Horde von kreischenden Stimmen in ihrem Kopf, während andere Menschen wunderbar verstehen, in der Stille Kraft zu tanken.

Auditive Meditation

Lebendigen Kontakt zu Ihrem Gehör können Sie in jeder Situation und jedem Moment Ihres Lebens aufnehmen. Am schönsten ist diese Übung jedoch, wenn Sie sie in der freien Natur durchführen. Gehen Sie in einen Park oder Wald, oder finden Sie irgendeinen anderen Ort mit einer angenehmen, natürlichen Geräuschkulisse.

▶ Suchen Sie einen Platz, wo Sie sich sicher fühlen. Dann schließen Sie die Augen. Sobald Ihre Augen geschlossen sind, verlagert Ihr Unbewußtes ganz automatisch einen großen Teil Ihrer Aufmerksamkeit in das auditive Sinnessystem.

▶ Atmen Sie tief durch und lauschen Sie ganz bewußt den Geräuschen Ihrer Umgebung. Beobachten Sie, wie Ihre auditiven Filter die Wahrnehmungsschwelle senken und von Sekunde zu Sekunde durchlässiger werden.

▶ Lassen Sie sich davon überraschen, wie viele unterschiedliche Geräuschquellen es an diesem Ort gibt, die Sie bisher noch nicht wahrgenommen haben. Je länger Sie diese Übung machen, desto niedriger wird die Schwelle, bis auch ein sehr leises Geräusch in Ihr Bewußtsein dringt.

▶ Lokalisieren Sie die Richtung, aus der die einzelnen Geräusche kommen. Ihre Ohren verfügen über die erstaunliche Fähigkeit, jedes Geräusch präzise orten zu können. Sobald Sie die Richtung identifiziert haben, beginnen Sie, auch die Entfernung der Geräuschquelle einzuschätzen.

▶ Genießen Sie diese Übung, solange Sie mögen. Wichtig ist, daß Sie präsent bleiben! Wenn Sie sich dabei ertappen, daß Sie das konzentrierte Hören vergessen haben und zu träumen beginnen – achten Sie einfach auf Ihren Atem, der bringt Sie immer wieder zurück ins Hier und Jetzt.

Mein Übungserfolg: ○○○○○○○○○○○○○○○○○○○○○

Die moderne Welt bietet Ihnen zwei Arten von auditiven Reizen: die auditiv-tonalen und die auditiv-digitalen. Hier liegt ein prinzipieller Unterschied. Tonale Reize sind Klänge, Geräusche, Musik oder der Tonfall von gesprochenen Worten, jede Form von „Sound". Auditiv-tonale Reize können von jedem Lebewesen direkt gehört und verstanden werden. Auditiv-digitale Reize hingegen können nur von solchen Menschen verstanden werden, die in ihrem Gehirn über ein entsprechendes Decodierungssystem verfügen. Nur wer die chinesische Sprache erlernt hat, kann die Bedeutung von chinesischen Worten decodieren. In der auditiv-digitalen Welt codieren und decodieren wir die inhaltlichen Aspekte von Sprache, indem unser Gehirn die verbalen Signale blitzschnell mit früheren Erfahrungen, die in unserem Gedächtnis verankert sind, verknüpft. Worte sind auditive Anker für unsere Erfahrungen, die wir mit Hilfe der Sprache an andere Menschen vermitteln können. Auch zum Lesen brauchen wir das auditiv-digitale System. Die Aufnahme der geschriebenen Information geschieht über den visuellen Kanal, doch die gelesenen Worte sind digitale Schriftzeichen, sie müssen auditiv decodiert werden. Oftmals machen wir uns anschließend wiederum innere Bilder zu den gelesenen Worten, doch um die Schriftzeichen überhaupt entziffern zu können, müssen wir zunächst überprüfen, ob wie den dargebotenen Code innerhalb unseres Wortschatzes identifizieren können.

Der Wechsel zwischen tonal und digital

▶ Sie können sich den Unterschied zwischen auditiv-tonaler und auditiv-digitaler Information bewußt machen, indem Sie einem Gespräch zuhören und dabei zunächst so tun, als wenn sich die Leute in einer fremden Sprache unterhalten würden.

▶ Lauschen Sie einfach dem Klang der Stimmen, als wenn es Musik wäre. Achten Sie auf Lautstärke, Tonfall, Sprechgeschwindigkeit und auf die Emotionen, die in den Stimmen mitschwingen. Wie sprechen die Menschen miteinander? Wie empfinden Sie den Klang der Stimmen? Wird Ihr Sinn für Harmonie angesprochen?

▶ Dann wechseln Sie Ihren Wahrnehmungsfilter und achten nur auf die sachlichen Aspekte der gesprochenen Worte. Was wird inhaltlich gesagt? Wer vertritt welchen Standpunkt? Mit welchen Argumenten?

▶ Jetzt schaltet sich in Ihrem Kopf das digitale De-Codierungssystem ein. Um die Botschaften inhaltlich zu verstehen, muß Ihr Gehirn die gesprochenden Worte als verbale Anker erkennen und systematisch bestimmte Bedeutungen dazu assoziieren.

▶ Natürlich können Sie auch beide Wahrnehmungsfilter kombinieren; Sie folgen sowohl den gesprochenen Inhalten und achten gleichzeitig auf den Tonfall und auf die Art, wie gesprochen wird. Diese Form der Balance zwischen tonaler und digitaler Wahrnehmung zeichnet einen wahrhaft intelligenten Zuhörer aus.

Mein Übungserfolg: ○○○○○○○○○○○○○○○○○○○○○○

Wie alle Sinnessysteme empfängt auch der auditive Kanal Informationen aus zwei Richtungen: von außen und von innen. Der zivilisierte Homo Sapiens neigt dazu, den auditiven Kanal im digitalen Bereich durch permanentes Denken verstärkt nach innen auszurichten. In unseren sozialisierten Gehirnen läuft ein innerer Dialog, der unser Modell von der Welt, die sogenannte „Innere Landkarte", durch fortlaufende Verbalisierung aufrechterhält.

Der innere Dialog hat viele Funktionen, unter anderem gestaltet er die Beziehungs-Ebene zur eigenen Person. Besinnen Sie sich für einen kurzen Moment auf Ihren inneren Dialog und lauschen Sie den leisen Stimmen, die beständig zu Ihnen sprechen. In Ihrem Kopf gibt es eine Vielzahl von Stimmen, denen Sie vermutlich nur selten Beachtung schenken, vielleicht abends im Bett oder tagsüber, wenn Sie sich entspannen und dabei heimlich in Trance gehen.

Jeder Mensch beherbergt eine Vielzahl von Stimmen in seinem Kopf, denen wir jedoch nur selten bewußte Beachtung schenken.

Jeder Mensch beherbergt solche Stimmen in seinem Kopf, die das aktuelle Erleben ständig kommentieren und beeinflussen. Dadurch können wir die Komplexität der modernen Welt besser bewältigen.

Diese bemerkenswerte mentale Errungenschaft ist evolutionsgeschichtlich relativ neu. Das auditive Erleben unserer Vorfahren war überwiegend tonal geprägt, sie hörten in erster Linie den Sound der Natur. Der moderne Homo Sapiens lebt, wie wohl kein anderes Lebewesen, in einer auditiv-digitalisierten Welt. Wir sind daran gewöhnt, über unsere Umwelt in Worten und Gedanken zu reflektieren. Diese Gewohnheit ermöglicht eine gewisse Kontrolle, doch wir zahlen einen hohen Preis dafür. Wir verlieren die Unmittelbarkeit unserer Erfahrung. Die Fähigkeit zur Reflektion macht uns zum Subjekt. Der innere Dialog trennt uns von unserer Umwelt, von den anderen Menschen und von dem magischen Fluß des Universums, den viele Kulturen als „Gott" bezeichnen. Da wir als zivilisierte Menschen jedoch alle mit unseren inneren Stimmen leben müssen, kommt es darauf an, wie wir die Kommunikation mit unseren heimlichen Kopfbewohnern gestalten. Die konstruktive Gestaltung des inneren Dialogs ist wichtiges Element einer intelligenten Lebensführung – sie entscheidet zum Beispiel über Ihren Umgang mit inneren Konflikten, über Ihre Genußfähigkeit und auch über die Art Ihrer Leistungsmotivation.

Der innere Dialog

▶ Diese Übung können Sie jederzeit anwenden. Schließen Sie Ihre Augen, atmen Sie tief durch und horchen Sie einfach in sich hinein.

▶ Bereits nach kurzer Zeit werden Sie bemerken, daß es in Ihrem Kopf innere Stimmen gibt. Beobachten Sie das Gewirr dieser Stimmen für einen Moment und versuchen Sie, dabei etwas über sich selbst zu lernen.

▶ Versuchen Sie, einzelne Stimmen zu identifizieren. Vielleicht sind es Stimmen Ihrer Eltern oder Geschwister, vielleicht ist es die Stimme Ihres Chefs?

▶ Vielleicht identifizieren Sie auch einen inneren Zweifler, einen vorlauten Antreiber, einen zaghaften Angsthasen, einen Ewig-Unzufriedenen oder einen hilfreichen Coach. Erforschen Sie Ihr inneres Symposium auf kreative Weise!

▶ Dann können Sie beginnen, die innere Diskussion gezielt zu beeinflussen. Sie können einzelne Stimmen kommentieren, Sie können sie moderieren, Sie können Fragen stellen, Sie können einen inneren Streit vom Zaun brechen, Sie können Konflikte managen und Sie können intelligente Entscheidungen herbeiführen.

▶ Gestalten Sie Ihren inneren Dialog so, wie Sie mit den Stimmen in Ihrem Kopf leben möchten. Achten Sie dabei sowohl auf die verbalen Inhalte als auch auf den Tonfall. Sorgen Sie dafür, daß in Ihrem Kopf kein gestreßtes Gezanke, sondern ein angenehmes Gesprächsklima herrscht!

Mein Übungserfolg:　　　○○○○○○○○○○○○○○○○○○○○○

Das auditive Sinnessystem ist derjenige Faktor, der in den klassischen Intelligenzkonzepten die entscheidende Rolle spielt. Das liegt vermutlich daran, daß dieses System fähig ist, diejenigen Symbole zu verstehen und zu verarbeiten, die unsere moderne Leistungsgesellschaft beherrschen: Worte und Zahlen! Die Macht der Worte strukturiert unsere moderne Wirklichkeit in ungeheuer weitreichendem Umfang. Komplizierte Gesetzestexte regulieren das soziale Zusammenleben auf diesem überbevölkerten Planeten. Geschriebene Worte entscheiden über Recht und Unrecht, und im metaphorischen Sinne auch über „Fressen und Gefressen werden". Die offizielle Verständigungsform zwischen Menschenwesen ist gesprochene und geschriebene Sprache. Der evolutionsgeschichtlich sehr viel älteren Körpersprache wird vom Bewußtsein kaum noch Bedeutung zugemessen, obgleich sich das Unbewußte nach wie vor daran orientiert.

Wer in unserer zivilisierten Zeit gesellschaftlichen Erfolg anstrebt, muß der Worte mächtig sein. Insbesondere beim männlichen Geschlecht hat hier eine echte soziale Mutation stattgefunden! Nicht mehr körperliche Kraft ist heutzutage das selektive Kriterium, sondern auditiv-digitale Fähigkeiten entscheiden über die hierarchische Position in der Gesellschaft. Natürlich gibt es Ausnahmen, die von dieser Regel abweichen, doch unter biologischen und soziologischen Aspekten ist es interessant zu bemerken, daß die gegenwärtige Population des Homo Sapiens mit der verbalen Sprache ein mächtiges Instrument geschaffen hat, welches dem körperlichen Potential als gesellschaftlichem Steuerungsmechanismus den Rang abgelaufen hat.

Doch das Wort ist nicht die einzige Frucht des auditiven Systems. Auch Zahlen sind ein auditives Phänomen. Der Volksmund weiß, daß gute Mathematiker nicht selten auch gute Musiker sind. Um die Zahlen zu beherrschen, brauchen Sie auditive Fähigkeiten. Die Mengenlehre hat versucht, der Mathematik einen visuellen Aspekt zu verleihen, doch im Wesen sind Zahlen eine auditiv-digitale Herausforderung.

Berechnete Zahlen haben einen enormen Einfluß über unser Leben gewonnen. Wenn Ihr persönliches Konto dreihundertsiebenundfünfzigtausend-plus anzeigt, sind Sie in einer gänzlich anderen Situation, als wenn Ihr Konto dreihundertsiebenundfünfzigtausend-minus zeigt. Unser wirtschaftlicher Wohlstand basiert auf der Berechnung von Zahlen.

Worte und Zahlen beherrschen das moderne Leben, doch das Unbewußte achtet auch auf den Klang Ihrer Worte und Gedanken.

Worte und Zahlen bestimmen das moderne Denken und Handeln. Indem Sie diese digital-auditiven Instrumente souverän handhaben, stärken Sie Ihre gesellschaftliche Position. Doch gleichzeitig möchte ich Ihnen empfehlen, dabei nicht die tonalen Aspekte der auditiven Sinnlichkeit zu überhören. Sie sind Schlüssel zum Unbewußten, sie transportieren Emotionen und beeinflussen Ihre Gesundheit. Finden Sie Ihre persönliche Balance, nutzen Sie die Macht der digitalen Codierung mit Sachverstand, doch bewahren Sie sich auch die Heilkraft und die unbewußte Intelligenz einer wohlklingenden Tonalität. Die Geräusche der Natur können sehr heilsam sein.

Ich hoffe, diese kleine Exkursion in die Welt der Klänge, Worte und Stimmen hat Ihnen einige Anregungen vermittelt, wie Sie Ihr auditives Sinnessystem trainieren können. Für einen intelligenten Umgang mit der auditiven Wirklichkeit ist es entscheidend, daß Sie Ihr Gehör mit Bewußtheit einsetzen. Schenken Sie Ihren Ohren eine dicke Portion Aufmerksamkeit! Schließen Sie hin und wieder Ihre Augen, gönnen Sie sich eine besinnliche Pause und lauschen Sie den Geräuschen Ihrer Umgebung. Tun Sie manchmal so, als ob Sie eine aufmerksame Katze wären! Entdecken Sie Ihre Freude am Hören! Genießen Sie stille Momente der Besinnung. Wenn Sie mit anderen Menschen sprechen, experimentieren Sie ganz bewußt mit Lautstärke, Sprechtempo, Satzlänge, Pausen und Tonfall.

Genießen Sie die klingende Frequenz der auditiven Welt. Tun Sie einfach so, als ob Sie Ihre Umgebung mit den Ohren einer Katze hören würden!

Vergessen Sie Ihren Atem nicht! Sprechen ist tönendes Ausatmen! Wenn Sie anderen Menschen zuhören, registrieren Sie auch den Klang der Stimmen. Dann achten Sie auf die Wortwahl Ihrer Mitmenschen, hören Sie genau hin, analysieren Sie die gesprochene Sprache. Was möchte der andere Ihnen tatsächlich mitteilen, welche Botschaften verbergen sich hinter seinen Worten? Außerdem sollten Sie hin und wieder auf den inneren Dialog achten, der ständig in Ihrem Kopf abläuft. Wie sprechen Sie mit sich selber? Versuchen Sie, Ihren inneren Dialog bewußt zu beobachten und konstruktiv zu steuern. Verändern Sie sowohl die Inhalte als auch die Tonalität. Bringen Sie sich in gute Stimmung, indem Sie innerlich Ihre Lieblingsmusik erklingen lassen. Trainieren Sie Ihr auditives Gedächtnis, indem Sie Stimmen, Klänge und Geräusche aus der Vergangenheit genau erinnern. Und dann genießen Sie die Gewißheit, daß die bewußte Wahrnehmung der auditiven Welt Ihnen in jedem Moment Ihres Lebens zur Verfügung steht.

Checkliste zum auditiven System

Übungsfeld	Bewertung
Ich schalte meine Ohren bewußt auf Empfang.	○○○○○○○○○
Ich höre die Geräusche meiner Umgebung.	○○○○○○○○○
Ich höre anderen Menschen aufmerksam zu.	○○○○○○○○○
Ich achte auf den Tonfall der gesprochenen Worte.	○○○○○○○○○
Ich höre die Emotionen meiner Mitmenschen.	○○○○○○○○○
Ich achte auf den Klang von Stimmen.	○○○○○○○○○
Ich diagnostiziere sinnliche Sprache.	○○○○○○○○○
Ich genieße Momente der Stille.	○○○○○○○○○
Ich achte auf meinen inneren Dialog.	○○○○○○○○○
Ich achte auf den Tonfall meiner inneren Stimmen.	○○○○○○○○○
Ich gestalte meinen inneren Dialog konstruktiv.	○○○○○○○○○
Ich höre mir selber beim Sprechen zu.	○○○○○○○○○
Ich achte beim Sprechen auf die Atmung.	○○○○○○○○○
Ich experimentiere mit der Lautstärke meiner Worte.	○○○○○○○○○
Ich experimentiere mit dem Tempo meiner Sprache.	○○○○○○○○○
Ich spreche deutlich und bewußt.	○○○○○○○○○
Ich setze Pausen beim Sprechen.	○○○○○○○○○
Ich trainiere das Berechnen von Zahlen.	○○○○○○○○○
Ich singe und erlebe meine Stimme.	○○○○○○○○○
Ich imitiere Dialekte und fremde Sprachen.	○○○○○○○○○
Ich genieße Musik mit voller Bewußtheit.	○○○○○○○○○
Ich spüre meine Ohren am Kopf.	○○○○○○○○○
Ich empfinde mich als auditive Katze.	○○○○○○○○○
...	○○○○○○○○○
...	○○○○○○○○○
...	○○○○○○○○○

Check-Dates: ___/ ___/ ___/ ___/ ___/ ___/

Die bewegte Welt der Gefühle

Spüren Sie die Ohren an Ihrem Kopf? Das körperliche Empfinden Ihrer Ohren könnte eine Brücke sein, um aus der auditiven Welt in die nächste sinnliche Dimension zu gelangen – in die Welt der körperlichen Erfahrung. Atmen Sie mehrmals tief durch, verabschieden Sie sich bis auf weiteres von Ihrer auditiven Bewußtheit und wechseln Sie nun in die sich bewegende Welt der Körperlichkeit. Dafür müssen Sie Ihren physischen Körper wahrnehmen und in sich hineinspüren. Sie können Ihre körperliche Präsenz verstärken, indem Sie bewußt atmen. Schließen Sie für einen Moment die Augen und halten Sie für einige Sekunden Ihren Atem an – dann atmen Sie langsam und tief aus. Dabei achten Sie auf Ihren Körper. Versuchen Sie, die folgenden Atemzüge wirklich bewußt zu erleben. Genießen Sie die Berührung der Luft in Ihrer Nase, spüren Sie den leichten Windzug, und dann erleben Sie, wie Ihr Körper durch die Versorgung mit Sauerstoff und Aufmerksamkeit allmählich zu neuem Leben erwacht.

Spüren Sie, wie Ihr Körper atmet! Jetzt!

Willkommen in der körperlichen Wirklichkeit! Konnten Sie wahrnehmen, wie Ihre Brust sich hebt und senkt? Wie fühlt er sich an, dieser Körper, in dem Sie Ihr Leben verbringen? Ist es angenehm? Wie empfinden Sie die Temperatur und die Atmosphäre im Raum? Wie hoch ist der aktuelle Spannungstonus Ihrer Muskulatur? In welchen Bereichen Ihres Körpers spüren Sie Druck, und wo sind Sie relaxt? Können Sie spüren, wie Ihr Blut durch die Gefäße strömt, und Ihre Zellen mit Sauerstoff versorgt? Spüren Sie Ihr Herz in der Brust? Erfreuen Sie sich daran, daß es so wunderbar zuverlässig für Sie schlägt, obwohl Ihr Bewußtsein normalerweise gar nichts davon mitbekommt? Können Sie genießen, wie Ihr Organismus auf wundervolle Weise funktioniert, Tag und Nacht, egal ob Sie wach sind oder ob Sie schlafen? Oder gehören Sie vielleicht zu jenen Menschen, die Ihren Körper immer erst dann wahrnehmen, wenn irgend etwas nicht mehr einwandfrei funktioniert und das Nervensystem durch den Schmerz eine Störung meldet?

Nicht wenige unserer zivilisierten Zeitgenossen haben sich angewöhnt, Ihrem Körper nur im Krankheitsfall Beachtung zu schenken, oder wenn extreme Temperaturen sie frieren oder schwitzen lassen. Bei vielen Menschen obliegt die körperliche Orientierung fast gänzlich der Kontrolle des Unbewußten. Dadurch kann eine Vielzahl wertvoller Informationen verlorengehen, weil nützliche Hinweise vom Bewußtsein nicht beachtet werden. Ich möchte Ihnen empfehlen, Ihre körperliche Intelligenz bewußt zu würdigen und als wichtige Komponente Ihrer alltäglichen Orientierung zu verstehen. Spüren Sie Ihren Körper! Er kann Ihnen helfen, sich Ihrer selbst bewußt zu werden und in dieser Welt souverän zu agieren.

Die körperliche Wahrnehmung geschieht über das sogenannte „kinästhetische" Sinnessystem. Auch dieses System hat zwei Richtungen. Sie können in Ihren Körper hineinfühlen und Sie können mit Ihrem Körper Ihre Umwelt erspüren. Das nach außen gerichtete Sinnesorgan ist Ihre Haut. Dieses oftmals vergessene Sinnesorgan ist eine isolierende, schützende und zugleich sensible Grenze zur Außenwelt. Ihre Haut reagiert auf externe kinästhetische Reize, auf Berührung, Druck und Temperatur.

Die Haut ist ein interessantes Sinnesorgan, das den gesamten Körper umschließt, wobei der zivilisierte Mensch in der Regel nur ein paar Körperteile benutzt, um seine Umgebung zu berühren: Die Hände sind unsere kinästhetischen Kontakt-Organe. Mit ihnen betasten wir Teile unserer Umwelt, obgleich dieser außerordentlich sinnliche Vorgang meist gänzlich unbewußt geschieht. Wir halten das glatte Lenkrad unseres Autos, meist ohne es wirklich wahrzunehmen. Wir berühren Türklinken, Wasserhähne, Tischoberflächen, Kugelschreiber oder die Tastatur des Computers, ohne die sinnliche Berührung tatsächlich zu bemerken. Während des Essens hält unser Unbewußtes das Besteck in den Händen, zerschneidet Fleisch und Gemüse, und führt die mundgerechten Bissen in unseren Mund, während wir uns mit unserer Aufmerksamkeit irgendwo im inneren Dialog oder im Gespräch mit unseren Tischnachbarn befinden. Manchmal spüren wir zur Begrüßung und beim Abschied den Händedruck unserer Mitmenschen. Wenn wir einer kniffligen Aufgabe gegenüberstehen, brauchen wir Fingerspitzengefühl, doch auch dann wird das kinästhetische Feedback unserer Hände nur unbewußt verarbeitet. Viele Menschen haben völlig vergessen, daß die Hände nicht nur praktische Greifwerkzeuge sind, sondern auch sensible Sinnesorgane, die uns helfen können, die Welt um uns herum im sprichwörtlichen Sinne zu erfassen und zu begreifen.

Unsere Hände sind nicht nur praktische Greifwerkzeuge, sondern auch sensible Sinnesorgane!

Kinästhetischer Außenkontakt: Haut und Hände

▸ Konzentrieren Sie sich auf Ihren körperlichen Kontakt zur Außenwelt, indem Sie versuchen, Ihre gesamte Haut als ein Sinnesorgan zu empfinden. Jetzt! Spüren Sie, wie Ihre Haut den ganzen Körper umschließt, wie sie ihn schützt und wärmt.

▸ Wandern Sie mit Ihrer Aufmerksamkeit auf Ihrer Haut umher. Spüren Sie, wie sich Ihre Kleidung anfühlt und wie Sie auf Ihrem Stuhl sitzen.

▸ Unterscheiden Sie Körperstellen, wo Sie viel Kontakt wahrnehmen, und andere, wo Sie kaum etwas spüren. Sensibilisieren Sie sich für den Druck, der auf unterschiedliche Hautstellen ausgeübt wird.

▸ Konzentrieren Sie sich auf die Schwerkraft und empfinden Sie den Kontakt zum Boden ganz bewußt. Jetzt! Wie fühlen sich Ihre Füße an?

▸ Nun widmen Sie sich Ihren Händen. Reiben Sie Ihre Hände aneinander, und dann beginnen Sie, Ihre Umwelt zu ertasten. Falls Sie mögen, schließen Sie dabei Ihre Augen.

▸ Dann öffnen Sie Ihre Augen und gehen in Ihrer Wohnung umher. Dabei konzentrieren Sie sich weiterhin auf Ihr kinästhetisches Kontaktorgan und dann beginnen Sie, die Gegenstände in Ihrer Wohnung zu berühren und über Ihren Tastsinn zu erfahren. Entscheidend dabei ist, daß Sie Ihr Gehirn mit neuen Eindrücken speisen und dadurch Ihren sinnlichen Horizont erweitern.

Mein Übungserfolg: ○○○○○○○○○○○○○○○○○○○○○

Sobald Sie Ihre Umwelt auf kinästhetische Weise erobert haben, richten Sie Ihre Wahrnehmung nach innen. Atmen Sie bewußt und spüren Sie Ihren ganzen Körper. Sobald Sie Ihre kinästhetische Aufmerksamkeit konzentriert nach innen lenken, treten Sie mit einem riesigen Potential interessanter Informationen in Kontakt. Auf diesem Wege begegnen Ihnen unzählige Sensationen, zum Beispiel die Wahrnehmung der inneren Organe, des Blutkreislaufs und der Muskeln. Auch die Bewegung Ihres Atems im Brustkorb, Ihr Gleichgewichtssinn, und die Empfindung von Lust und Schmerz werden über das kinästhetische System empfangen. Können Sie spüren, wie Ihr Stoffwechsel arbeitet und Ihren ganzen Körper in feine Schwingungen versetzt? Solche feinstofflichen Körperwahrnehmungen sind die Pforte zur Kunst der Yogis. Auch Sie können lernen, sich an diesem kinästhetischen Inferno zu erfreuen. Dabei erwerben Sie nicht nur neue Genüsse, sondern Sie verbessern auch den Kontakt zu Ihrem körperlichen Potential und schärfen Ihre kinästhetische Intelligenz.

Kinästhetischer Innenkontakt: Die lebendige Statue

▶ Suchen Sie sich einen Platz, an dem Sie sich wohlfühlen und wo Sie sich gut entspannen können. Dann schließen Sie Ihre Augen und atmen mehrmals tief durch.

▶ Tauchen Sie ein in das kinästhetische Inferno Ihrer Körperempfindungen. Fühlen Sie sich wie eine lebendige Statue, die einfach nur dasitzt, ruhig atmet und sich selber spürt.

▶ Dann lenken Sie Ihre Aufmerksamkeit gezielt in die einzelnen Elemente Ihres Körpers. Beginnen Sie bei Ihrem Herzen. Fühlen Sie, wie es schlägt und das Blut gleichmäßig durch Ihre Adern pumpt. Genießen Sie die Wärme, die von dem Blutkreislauf ausströmt.

▶ Schicken Sie Ihre Aufmerksamkeit gezielt in Ihre Verdauungs-Organe. Spüren Sie das wohlige Gefühl im Magen, und achten Sie auf das sanfte Gluckern in Ihren Gedärmen. Leichte Darmbewegungen zeigen Ihnen, daß Sie sich mehr und mehr entspannen.

▶ Als nächstes widmen Sie sich Ihrer Muskulatur. Spüren Sie einzelne Muskeln, und üben Sie sich darin, sie loszulassen und noch mehr zu entspannen. Wandern Sie auf diese Weise durch Ihren gesamten Körper.

▶ Dann versuchen Sie, Ihr Skelett zu empfinden. Entwickeln Sie ein Gefühl dafür, wo sich einzelne Knochen befinden und wie sie vom Bindegewebe zusammengehalten werden. Diese Empfindung vermittelt Ihnen ein tiefes Bewußtsein für Ihre innere Stabilität.

▶ Genießen Sie das Gefühl der lebendigen Statue, solange Sie mögen. Gehen Sie in eine energetisierende Körper-Trance. Anschließend öffnen Sie die Augen und recken und strecken sich ausgiebig.

Mein Übungserfolg: ○○○○○○○○○○○○○○○○○○○○○○

Der Körper informiert Sie direkt über Ihre Emotionen. Er läßt Sie spüren, wann Sie sich freuen, wann Sie glücklich oder begeistert sind. Um Angst, Trauer oder Wut empfinden zu können, müssen Sie ebenfalls Ihren Körper spüren. Auch Liebe basiert auf einem körperlichen Gefühl. Um lieben zu können, brauchen Sie Ihr kinästhetisches Sinnessystem. Empfinden Sie die emotionale Wärme, die andere Menschen Ihnen entgegenbringen, und spüren Sie die eigene Wärme, die in Ihnen aufsteigt, wenn Sie mit sympathischen Menschen in Kontakt treten.

Emotionen entstehen aus einem Zusammenspiel von Gedanken, Bildern und körperlichen Befindlichkeiten. Manchmal kann auch ein bestimmter Geruch oder Geschmack eine Emotion freisetzen. Die in den Emotionen verschlüsselten Informationen sind mit Lebensenergie aufgeladen. Sie drücken sich durch innere Bewegungen aus und geben uns Menschen entscheidende Impulse zur Realisierung einer sinnvollen Lebensführung. Ein Leben ohne Emotionen wäre eine ziemlich armselige Angelegenheit. Emotionen sind wie das Salz in der Suppe, sie veredeln die menschliche Existenz. Wenn Sie Ihre emotionale Wahrnehmung verbessern möchten, beginnen Sie einfach damit, tiefer und bewußter zu atmen. Über Ihre Atmung können Sie die Intensität Ihrer emotionalen Zustände steuern. Gleichzeitig stärken Sie Ihre kinästhetische Präsenz. Indem Sie das Zusammenspiel von Atmung, Gedanken und Gefühlen aufmerksam beobachten, können Sie lernen, die emotionale Dimension dieser bewegten Welt Schritt für Schritt zu intensivieren.

Emotionale Intelligenz: Was fühle ich jetzt?

▶ Um Ihre Emotionen intensiver wahrnehmen zu können, lenken Sie Ihre Aufmerksamkeit in Ihren Brustraum. Dabei atmen Sie tief. Dann öffnen Sie Ihre kinästhetische Sensibilität und beobachten Sie einfach, was mit Ihnen geschieht.

▶ Damit Sie sich Ihre Emotionen mit Hilfe von Worten bewußt machen können, brauchen Sie eine gute Verbindung zwischen Kopf und Gefühl. Sie müssen die Empfindungen in Ihrem Brustbereich zulassen und sich anschließend fragen, wie Sie diese Wahrnehmung in Worte kleiden könnten – dies ist ein kreativer Prozeß, der viel Kontakt und Aufmerksamkeit erfordert.

▶ Um sich das ganze Spektrum Ihrer Emotionen zu vergegenwärtigen, können Sie sich an Situationen der Vergangenheit erinnern, in denen Sie bestimmte Emotionen erlebt haben: Wann waren Sie besonders glücklich? Wann waren Sie traurig? Wovor haben Sie sich gefürchtet? Was hat Sie wütend gemacht oder geärgert? Wann waren Sie überrascht oder amüsiert?

▶ Gehen Sie Ihre Schlüsselsituationen in aller Ruhe durch und machen Sie sich bewußt, wie sich die unterschiedlichen Emotionen anfühlen. Je besser Sie Ihre Emotionen kennen, desto intelligenter können Sie damit umgehen.

▶ Falls Sie für dieses außerordentlich wichtige Thema weitere Anregungen möchten, besorgen Sie sich das exzellente Buch „EQ – Emotionale Intelligenz" von Daniel Goleman.

Mein Übungserfolg: ○

Ein weiterer Aspekt der kinästhetischen Wirklichkeit ist die körperliche Bewegung mit Hilfe von Muskeltätigkeit. In der Vergangenheit brauchte der Mensch den größten Teil seiner Energie für muskuläre Bewegung. Heutzutage wird körperliche Arbeit oft von Maschinen erledigt. Unser Bewegungsapparat ist jedoch genetisch darauf programmiert, sich ausreichend und vielseitig zu bewegen. Ein gesunder Mensch muß seine Muskeln benutzen! Wer rastet, der rostet. Muskeln besitzen die Fähigkeit, sich unter dem Einfluß von Nervenimpulsen zusammenzuziehen und wieder zu entspannen. Dieser Prozeß vermittelt uns ein Gefühl von Vitalität.

Entwickeln Sie ein Gefühl für Ihre Vitalität und erforschen Sie das Zusammenspiel Ihrer Muskulatur!

Rund dreihundert Muskeln stehen Ihnen zur Verfügung, damit Sie sich auf diesem Planeten fortbewegen können. Inwieweit schöpfen Sie diese Möglichkeiten aus? Es kann eine wahre Freude sein, das koordinierte Zusammenspiel der Muskeln bewußt zu erleben. Ich möchte Ihnen empfehlen, auch die muskuläre Dimension der sinnlichen Erfahrung aktiv zu nutzen. Spüren Sie die Bewegungen Ihres Körpers ganz bewußt, während Sie Sport treiben, Spazierengehen oder Treppensteigen, während Sie sich mit anderen Menschen unterhalten und während Sie Ihren alltäglichen Beschäftigungen nachgehen. Variieren Sie auch das Tempo Ihrer Bewegungen. Langsamkeit erzeugt Bewußtheit, während Geschwindigkeit die Leistung erhöht. Beide Tempi sind wichtig. Halten Sie eine angemessene Balance!

Körperliche Präsenz stärkt Ihr charismatisches Potential. Wer seinen Körper spürt, gewinnt an Überzeugungskraft. Sie wirken glaubwürdig auf andere Menschen, wenn Sie Ihren Körper wahrnehmen, während Sie Ihre Worte vortragen. Gleichzeitig verbessern Sie den Kontakt zum eigenen Unbewußten, indem Sie sich angewöhnen, regelmäßig in sich hineinzuspüren. Die sogenannte „Intuition" kommt aus dem Bauch, sie ist ein kinästhetisches Phänomen und ermöglicht in vielen Situationen eine bemerkenswerte Orientierung. Außerdem führt Sie die körperliche Präsenz auf den sichersten Weg, um langfristig gesund zu bleiben. Die feinen Signale Ihres Körpers informieren Sie rechtzeitig und auf direktem Wege, was gut für Sie ist und was Ihnen schadet. Die körperliche Wahrnehmung ist ein wesentlicher Faktor zur intelligenten Lebensführung. Dieses Sinnessystem möchte ich Ihnen ganz besonders ans Herz legen, es besitzt nicht nur das reichhaltigste Potential von intensiven Genüssen, sondern birgt gleichzeitig den Schlüssel zu Gesundheit und dauerhafter Leistungsfähigkeit.

Checkliste zum kinästhetischen System

Übungsfeld	Bewertung
Ich spüre meinen Körper bewußt.	○○○○○○○○○○
Ich empfinde die Atmosphäre im Raum.	○○○○○○○○○○
Ich achte auf meine Emotionen.	○○○○○○○○○○
Ich spüre meine Hände.	○○○○○○○○○○
Ich ertaste meine Umwelt.	○○○○○○○○○○
Ich spüre meine Füße und den Kontakt zur Erde.	○○○○○○○○○○
Ich spüre meine Körpermitte.	○○○○○○○○○○
Ich nehme meine Bewegungen bewußt wahr.	○○○○○○○○○○
Ich experimentiere mit dem Tempo von Bewegungen.	○○○○○○○○○○
Ich trainiere meine Geschmeidigkeit.	○○○○○○○○○○
Ich spiele mit der Gravitationskraft.	○○○○○○○○○○
Ich spüre meine Haut.	○○○○○○○○○○
Ich empfinde mich als eine lebende Statue.	○○○○○○○○○○
Ich fühle wie mein Herz schlägt.	○○○○○○○○○○
Ich spüre meine Verdauungsorgane.	○○○○○○○○○○
Ich spüre meine Muskulatur.	○○○○○○○○○○
Ich entspanne mich ganz bewußt.	○○○○○○○○○○
Ich treibe aktiv Sport.	○○○○○○○○○○
Ich achte während Gesprächen auf die Körpersprache.	○○○○○○○○○○
Ich empfinde die Distanz-Zonen anderer Menschen.	○○○○○○○○○○
Ich sende bewußte körpersprachliche Signale.	○○○○○○○○○○
Ich genieße körperliche Freuden.	○○○○○○○○○○
Ich pflege meine Gesundheit.	○○○○○○○○○○
...	○○○○○○○○○○
...	○○○○○○○○○○
...	○○○○○○○○○○

Check-Dates: ___/ ___/ ___/ ___/ ___/ ___/

Die vergessene Welt der Düfte

Nachdem Sie bereits die drei großen Dimensionen Ihrer sinnlichen Erfahrung erforscht haben, möchte ich Sie nun einladen, gemeinsam mit mir in die olfaktorische Welt hineinzuschnuppern. Wenn Sie die drei großen Sinnessysteme intelligent und flexibel einsetzen können, sind Sie schon recht gut gewappnet, um der Magie der sinnlichen Souveränität auf die Spur zu kommen. Je intelligenter Sie die Struktur Ihrer sinnlichen Erfahrung gestalten, desto besser werden Sie sich auf diesem Planeten zurechtfinden. Doch neben den drei großen Dimensionen gibt es noch zwei weitere, kleinere Welten, die auf wundersame Weise miteinander verbunden sind – die Welt der Düfte und die Welt der Geschmäcker. Bei der gebräuchlichen Einteilung des NLP in nur drei Sinnessysteme wird der Geruchssinn gemeinsam mit dem Geschmackssinn dem kinästhetischen System zugeordnet. Wer seinen Körper gut spüren kann, neigt auch dazu, Gerüche und Geschmäcker wahrzunehmen und sich daran zu orientieren. Beide Sinneskanäle sind an das kinästhetische System gekoppelt, doch gleichzeitig sind es zwei völlig eigene Welten, die wir nun gemeinsam erforschen werden.

Willkommen in der wundersamen Welt der Düfte! Spüren Sie Ihre Nase im Gesicht? Können Sie wahrnehmen, wie die Luft in Ihre Nase dringt und Sie mit lebensnotwendigem Sauerstoff versorgt? Ihr Atem ist nicht nur ein Anker für körperliche Präsenz, er verbindet Sie auch mit der olfaktorischen Welt. Beobachten Sie Ihren Atem für einige Sekunden, spüren Sie, wie Sie einatmen, ausatmen und wieder einatmen.

Atmen Sie bewußt ... ein ... und aus! Jetzt!

Dies ist der wichtigste Vorgang für die Erhaltung Ihrer Existenz. Wenn Sie Ihre Aufmerksamkeit und Ihre Wertschätzung für das olfaktorische Wahrnehmungssystem erhöhen möchten, halten Sie sich einfach für einen Moment die Nase zu. Lassen Sie auch Ihre Lippen verschlossen. Beobachten Sie genau, was passiert. Sie erleben einen aufregenden Prozeß!

Während der ersten Sekunden können Sie sich vermutlich noch ganz gut entspannen, doch dann werden Sie spüren, wie Ihr Unbewußtes allmählich nervös wird. Bitten Sie es um etwas Geduld. Spüren Sie dieses lebenserhaltende Verlangen nach Luft noch einige Sekunden. Dann öffnen Sie Ihre Lippen einen kleinen Spalt und gönnen sich ein wenig Luft, so daß Sie diese Übung relativ streßfrei durchführen können. Schauen Sie auf Ihre Uhr. Versuchen Sie, über einen Zeitraum von drei Minuten mit möglichst wenig Luft auszukommen. Saugen Sie Ihre persönliche Minimaldosis durch den schmalen Spalt zwischen Ihren Lippen. Tun Sie für drei Minuten so, als wenn Luft knapp wäre, und als ob Sie damit sparen müßten. Sorgen Sie während dieser drei Minuten dafür, daß es Ihnen gut geht. Doch versuchen Sie gleichzeitig, ehrlich zu sein und nehmen Sie nur Ihre persönliche Minimal-Dosis an Sauerstoff.

Atmen Sie nur Ihre Minimaldosis! Jetzt!

Sind die drei Minuten um? Wirklich? Dann werden Sie die Luft, die Sie jetzt wieder frei und ohne Einschränkungen atmen können, nun wohl so richtig genießen. Ja, tun Sie das! Nehmen Sie sich etwas Zeit, und entwickeln Sie ein Gefühl dafür, wie schön es ist, frei atmen zu können. Je mehr Sie diesen Genuß praktizieren, desto intensiver werden Sie ihn zu schätzen wissen.

Können Sie sich daran erinnern, wie gut es sich anfühlt, wenn Sie nach einer langen Veranstaltung den stickigen Raum verlassen und endlich wieder frische Luft atmen dürfen? Falls Sie jemals einem Asthmatiker begegnen sollten, lassen Sie sich von ihm mal berichten, wie es sich anfühlt, plötzlich keine Luft mehr zu bekommen. Ein asthmatischer Anfall kann eine unglaublich beängstigende Erfahrung sein. Der Körper versucht mit aller Kraft, sich gegen den zwingenden Sauerstoffentzug zu wehren, doch je verzweifelter man Luft einsaugt, desto enger werden die Atemwege ... und das Unbewußte gerät mehr und mehr in Panik. Im Nachhinein kann eine solche Erfahrung jedoch eine enorme Wertschätzung für den alltäglichen Genuß, frei atmen zu können, erzeugen.

Wir alle brauchen unseren Atem, es ist die Quelle des Lebens. Wußten Sie, daß Ihr Wohlbefinden und Ihre Leistungsfähigkeit, auch als Nicht-Asthmatiker, im ganz normalen Alltag entscheidend von der Qualität der Luft abhängen, die Sie in jedem Moment einatmen? Akuter Sauerstoffmangel kann bekanntlich zum Tode führen, doch auch leichte Mangelzustände können die menschliche Konzentrationsfähigkeit enorm beeinträchtigen. Ich möchte Ihnen empfehlen, diese lebenswichtige Versorgung nicht nur Ihrem Unbewußten zu überlassen. Machen Sie hin und wieder einen olfaktorischen Öko-Check und überprüfen Sie, ob Ihr Hochleistungs-Gehirn optimal mit ätherischem Treibstoff versorgt wird.

Wissen Sie, wie schön es ist, frei atmen zu können?

Überprüfen Sie Ihre Atemluft

▸ Schließen Sie die Augen und spüren Sie Ihren Atem. Falls Sie dabei bemerken sollten, daß Sie ungeduldig werden, erinnern Sie sich einfach daran, daß atmen „Leben pur" bedeutet.

▸ Nehmen Sie zehn tiefe Atemzüge. Das Zählen der Atemzüge fördert Ihre Konzentration und hilft Ihnen, mit dem Fokus Ihrer Aufmerksamkeit beim Atem zu bleiben.

▸ Die Qualität Ihrer Atemluft entscheidet über Ihre ätherische Energieversorgung. Untersuchen Sie die Qualität der Sie umgebenden Luft mit Ihrem olfaktorischen Sinnessystem!

▸ Was nehmen Sie wahr? Welches Flair liegt in der Luft? Wie riecht die ätherische Nahrung, mit der Sie Ihren Körper und Ihr Gehirn gerade versorgen? Ist der Sauerstoffgehalt ausreichend oder sollten Sie vielleicht ein Fenster öffnen?

▸ Führen Sie diesen kleinen Check regelmäßig durch. Geben Sie sich nicht mit minderwertiger Luftqualität zufrieden – sie schadet Ihrer Konzentration, Ihrem Wohlbefinden und Ihrer Leistungsfähigkeit. Sorgen Sie aktiv für ein angenehmes Raumklima und sauerstoffreiche Atemluft.

▸ Falls Sie feststellen, daß Sie sich unbehaglich fühlen, weil Sie zuviel verbrauchte Luft eingeatmet haben, machen Sie einen kleinen Spaziergang. Bereits nach zehn Minuten an der frischen Luft werden Sie sich besser fühlen, weil Sie Ihren Organismus mit lebenswichtigem Sauerstoff betankt haben.

Mein Übungserfolg: ○ ○ ○ ○ ○ ○ ○ ○ ○ ○ ○ ○ ○ ○ ○ ○ ○ ○

Auch in der Kommunikation spielt das olfaktorische System eine wichtige Rolle. Zum einen sind die Düfte, die wir permanent aussenden, unbewußte soziale Signale; zum anderen beeinflußt unsere Art des Atmens die Sprechweise und den Klang unserer Stimme. Während das auditive System darüber bestimmt, was wir sagen, beeinflußt unsere Atmung die Art, wie wir etwas sagen. Interessanterweise achten viele Menschen beim Sprechen lediglich auf die Worte, die sie wählen, um Ihre Gesprächspartner zu überzeugen. Eine Reihe von wissenschaftlichen Untersuchungen hat jedoch deutlich gezeigt, daß die Art und Weise, wie eine verbale Botschaft gesendet wird, oftmals einen viel größeren Einfluß auf die Kommunikation hat, als die gesprochenen Worte. Deshalb ist es intelligent, wenn Sie sich angewöhnen, während des Sprechens Ihre Atmung wahrzunehmen, bewußte Pausen einzulegen und dadurch zu einer wohlklingenden Sprache zu gelangen.

Sind Sie sich eigentlich darüber bewußt, daß Sie in jedem Moment Ihres Lebens Düfte aussenden? Gleichzeitig empfängt Ihre Nase eine Vielzahl olfaktorischer Signale über die Ausdünstung Ihrer Mitmenschen. Diese Form der Kommunikation ist normalerweise eine Domäne unseres Unbewußten, doch deshalb sollten wir sie nicht unterschätzen – Körperdüfte beeinflussen unsere sozialen Beziehungen in starkem Maße. Unter Kollegen, zwischen Verkäufern und Kunden, in Liebesbeziehungen – das Unbewußte spielt mit, und es entscheidet immer wieder erstaunlich treffsicher über Sympathie und Antipathie.

Bei den meisten modernen Menschen ist der bewußte Zugang zum olfaktorischen Orientierungssystem zwar ziemlich stark verkümmert – was aufgrund der zahlreichen üblen Gerüche in den Großstädten vermutlich eine gesunde Schutzreaktion des Organismus darstellt – trotzdem hat unser Unbewußtes das genetisch verankerte Bedürfnis, sich an Gerüchen zu orientieren. Wir benutzen Parfums, Rasierwasser und wohlriechende Shampoos, um auf andere Menschen attraktiv zu wirken. Mundgeruch gilt zu Recht als hochgradig unangenehm und peinlich.

_U_nsere Körperdüfte beeinflussen unsere sozialen Beziehungen in starkem Maße.

Die Körpergerüche spielen eine wichtige Rolle in der magischen Welt des Unbewußten. Warum mögen wir einige Menschen und andere nicht? Wenn Sie Leute nach den vermuteten Gründen für sympathische Begegnungen fragen, werden viele antworten: „Weil die Chemie stimmt." Woraus setzt sich diese „sympathische Chemie" zusammen? Sind Gerüche im Spiel? Ganz bestimmt! Wenn Sie jemanden nicht riechen können, hat derjenige wohl kaum eine Chance, Ihr Freund zu werden. Die meisten Tiere erkennen ihre Sexualpartner am Geruch. Auch der Mensch sendet Lockstoffe über die Haut, Liebende schwärmen nicht selten vom magischen Duft Ihres Geliebten. Prägnante Düfte sind wirkungsvolle Anker, und sie können unsere Phantasie auf angenehme Weise stimulieren.

In dem Bestseller-Roman „Das Parfum" beschreibt Patrick Süßkind sehr eindrucksvoll, welche Leistungen das olfaktorische System vollbringen kann, und wie sich die Wahrnehmung der Wirklichkeit dadurch verändert und bereichert. Die Geschichte von Grenouille und seiner Wundernase erinnert den Leser daran, eine vergessene Fähigkeit wiederzubeleben. Wenn Sie das Gefühl haben, daß Sie eine Prise olfaktorische Stimulanz gebrauchen könnten, empfehle ich, hin und wieder in dieses literarische Meisterwerk hineinzuschnuppern.

Außerdem können Sie mit Parfums und Rasierwassern experimentieren oder sich eine Duftlampe in die Wohnung stellen. Auch der Kontakt mit Tieren kann Sie inspirieren, das olfaktorische System bewußt einzusetzen. Ist es nicht beeindruckend, wie trainierte Hunde die Fährte eines Vermißten aufnehmen können? Den Hunden wird ein Kleidungsstück des Vermißten vor die Nase gehalten und sofort kalibrieren sie sich auf den einzigartigen Geruch dieses Menschen. Ihre olfaktorische Wahrnehmung ist so scharf und ihr Erinnerungsvermögen so gut trainiert, daß ein einmaliger Stimulus ausreicht, um den vermißten Menschen über große Entfernungen hinweg aufzuspüren. Unsere menschlichen Vorfahren verfügten über ähnliche Fähigkeiten. Das rechtzeitige Wittern von Feinden und Beutetieren war im täglichen Überlebenskampf eine entscheidende Ressource.

Die Welt der Düfte

▸ Optimieren Sie Ihre ganzheitliche Intelligenz, indem Sie Ihrer Nase Aufmerksamkeit schenken und bewußt ein- und ausatmen. So entwickeln Sie ein sicheres Gefühl für Ihre lebenswichtige Grundversorgung mit Sauerstoff.

▸ Schließen Sie die Augen und versuchen Sie, sich über den Geruchssinn zu orientieren. Welche Gerüche können Sie bewußt wahrnehmen? Welche unterschwelligen Gerüche kann Ihre Nase aufspüren? Was sagt Ihre Intuition?

▸ Gerüche haben ganz unterschiedliche Qualitäten. Welcher Geruch zieht Sie an, welcher stößt Sie ab? Schnuppern Sie den Duft Ihrer Mitmenschen! Riechen die anderen immer gleich, oder gibt es Tage, an denen neue Düfte im Spiel sind?

▸ Experimentieren Sie mit Parfums, Shampoos und Rasierwassern. Doch Vorsicht: Viele dieser chemischen Substanzen verbreiten einen penetranten Geruch, der von anderen Menschen mit sensiblen Nasen als abstoßend empfunden werden kann. Verwenden Sie nur solche Duftnoten, mit denen Sie sich wirklich wohlfühlen.

▸ Kaufen Sie sich eine Duftlampe. Gestalten Sie Ihr Raumklima auf eine inspirierende Weise, indem Sie die Luft mit ätherischen Ölen anreichern.

▸ Veredeln Sie das Ritual Ihrer Nahrungsaufnahme, indem Sie die verschiedenen Nahrungsmittel nicht nur schmecken, sondern auch riechen. Genießen Sie den herzhaften Duft von frischem Basilikum ebenso wie das blumige Buket eines französischen Rotweins.

▸ Üben Sie sich darin, Gerüche zu erinnern. Wie riecht es im Wald, in den Bergen oder an der See? Können Sie sich an den Duft einer Rose erinnern? Wie riechen Ihre Freunde?

Mein Übungserfolg: ○○○○○○○○○○○○○○○○○○○○○

Durch den Geruchsinn können Sie eine Menge interessanter Informationen aufnehmen. Deshalb sollte Ihre Nase sensibel genug sein, um in der Vielzahl von Gasen, die Sie jeden Tag einatmen, die für Sie relevanten Düfte zu entschlüsseln. Durch das bewußte Atmen der Sie umgebenden Luft gelangen Sie in beständigen Kontakt mit Ihrer Umwelt. Bewußtes Atmen bindet Ihre Aufmerksamkeit an die aktuelle Gegenwart. Die Wahrnehmung des Atems stärkt Ihre geistige Präsenz. Gleichzeitig verbindet sie den Menschen mit dem Element Luft, der Atmosphäre des Planeten. Die olfaktorische Dimension erinnert Sie an den Duft der großen weiten Welt.

Bewußtes Atmen bringt den Fokus Ihrer Aufmerksamkeit ins Hier & Jetzt! Sie stärken Ihre geistige Präsenz!

Nur wer weiß, wie gut es ist, frei atmen zu können, vermag seine Freiheit wirklich zu schätzen, sagt ein altes buddhistisches Sprichwort, und wenn Sie die Übung zu Beginn dieses Abschnitts gewissenhaft durchgeführt haben, werden Sie diesem Sprichwort wohl uneingeschränkt zustimmen. Übrigens – was macht Ihr Atem in diesem Moment? Sind Sie sich Ihrer Atemzüge bewußt? Spüren Sie Ihre Nase im Gesicht? Wie weit ist sie von Ihrem Mund entfernt?

Nicht umsonst befindet sich die Nase direkt über dem Mund. Olfaktorische Eindrücke regen unseren Appetit an, und die Nase entscheidet auf natürliche Weise, was die Hand in den Mund führen darf, und was nicht. So reisen wir nun weiter, die fünfte Dimension befindet sich ganz in der Nähe: Jetzt wechseln wir von den olfaktorischen Qualitäten in die gustatorische Welt.

Checkliste zum olfaktorischen System

Übungsfeld	Bewertung
Ich spüre meine Nase ganz bewußt.	O O O O O O O O O O
Ich nehme die Gerüche meiner Umwelt wahr.	O O O O O O O O O O
Ich atme bewußt ein und aus.	O O O O O O O O O O
Ich nehme regelmäßig einen sehr tiefen Atemzug.	O O O O O O O O O O
Ich nehme andere Menschen über den Geruchssinn wahr.	O O O O O O O O O O
Ich suche die Nähe von wohlriechenden Menschen.	O O O O O O O O O O
Ich beobachte Hunde und Katzen.	O O O O O O O O O O
Ich gehe in der Natur spazieren.	O O O O O O O O O O
Ich rieche an Blumen und Pflanzen.	O O O O O O O O O O
Ich rieche an meinen Händen.	O O O O O O O O O O
Ich rieche an Büchern.	O O O O O O O O O O
Ich rieche an Kleidungsstücken.	O O O O O O O O O O
Ich rieche an Nahrungsmitteln und Gewürzen.	O O O O O O O O O O
Ich überprüfe die Atemluft in geschlossenen Räumen.	O O O O O O O O O O
Ich bewege mich ausreichend an der frischen Luft.	O O O O O O O O O O
Ich benutze mein Lieblings-Shampoo.	O O O O O O O O O O
Ich experimentiere mit Parfum und Duftstoffen.	O O O O O O O O O O
Ich verwende eine Duftlampe.	O O O O O O O O O O
Ich spüre meinen Atem beim Sprechen.	O O O O O O O O O O
Ich trainiere mich darin, Gerüche zu erinnern.	O O O O O O O O O O
...	O O O O O O O O O O
...	O O O O O O O O O O
...	O O O O O O O O O O

Check-Dates: ___/ ___/ ___/ ___/ ___/ ___/

Die Welt des guten Geschmacks

Nun möchte ich Sie einladen, die fünfte Dimension der Sinnlichen Intelligenz näher zu erforschen: Die gustatorische Welt des guten Geschmacks. Dieser leckeren Einladung können Sie möglicherweise schneller folgen, wenn Sie sich mehrmals mit der Zunge über die Lippen fahren, Ihren Mund und Ihre Zähne spüren und sich dann einmal kurz die Nase zuhalten. Was schmecken Sie mit zugehaltener Nase?

Erforschen Sie, welche Sinnesreize sich in Ihrem Mund entdecken lassen. Dann entspannen Sie sich und atmen ruhig und tief durch die Nase weiter. Fahren Sie sich erneut mit der Zunge über die Lippen. Was schmecken Sie nun? Vielleicht möchte Ihr Mund etwas trinken oder essen? Finden Sie heraus, worauf Sie jetzt am meisten Appetit hätten – vielleicht etwas Süßes? Kaffee und Kuchen? Ein frischer Obstsalat? Lakritz-Bonbons? Pfefferminz? Oder lieber etwas Salziges? Eine Pizza? Ein saftiges Steak? Ein herzhafter Salat? Ein kühles Bier? Currywurst mit Pommes? Manchmal kann es ganz einfach sein, auf den richtigen Geschmack zu kommen! Nehmen Sie sich etwas Zeit, atmen Sie tief durch, lenken Sie den Fokus Ihrer Aufmerksamkeit in Ihren Mund und analysieren Sie Ihre aktuelle Geschmackslage.

Worauf haben Sie jetzt Appetit!?

Wir alle gebrauchen unseren Mund mehrmals am Tage, doch es ist immer wieder erstaunlich, wie unbewußt die meisten Menschen mit diesem wichtigen Körperteil umgehen. Das gustatorische Orientierungssystem hat nicht nur eine lebenswichtige Spezialfunktion, indem es die Qualität unserer Nahrung sichert, sondern wirkt im modernen Leben auch sozial selektierend. Menschen mit gutem Geschmack ziehen uns an, während geschmacklose Zeitgenossen zu Recht als abstoßend empfunden werden.

Gleich und Gleich gesellt sich gern – der Geschmackssinn steuert unser Sozialverhalten auf verblüffend treffsichere Weise. Gustatorische Präsenz ist eine metaphorische Eintrittskarte in die Welt des guten Geschmack. Nicht umsonst sprechen wir von einer geschmackvollen Wohnungseinrichtug oder einem geschmacklich abgestimmten Lebensstil. Der persönliche Geschmack ist Ausdruck der Individualität eines Menschen. Die Kriterien sind oft tief im Unbewußten verankert.

Kennen Sie Personen, die Sie eigentlich nett finden, deren schlechter Geschmack Sie jedoch immer wieder irritiert, enttäuscht oder gar vehement abstößt? Vielleicht kennen Sie auch andere Menschen, von denen Sie sich magisch angezogen fühlen, weil deren Sinnlichkeit durch einen guten Geschmack gekennzeichnet ist?

Erinnern Sie Momente der spontanen Verbundenheit mit anderen Menschen, in denen Ihr Sinn für Geschmack eine gemeinsame Wellenlänge erzeugt hat? Plötzlich befanden Sie sich im Rapport mit einem Wildfremden, weil Sie einen ressourcevollen Zustand, einen schönen Genuß oder eine gemeinsame Quelle der Lust teilen konnten? Der Sinn für Geschmack spielt auf der Ebene unserer normalen Alltags-Routine eine scheinbar untergeordnete Rolle, doch in der magischen Welt des Unbewußten können gustatorische Sensationen erstaunliche Impulse bewirken.

Weder Modetrends noch die Meinung anderer Personen können über Ihren persönlichen Geschmack entscheiden! Sie müssen Ihren wahren Vorlieben selber auf die Spur kommen!

In der Welt des guten Geschmacks kommt es darauf an, daß Sie Ihre wahren persönlichen Vorlieben entdecken. Sie müssen herausfinden, was Sie besonders mögen, womit Sie sich identifizieren können und was gut für Sie ist. Es geht nicht darum, irgendeiner Fremdbestimmung zu folgen, wie den neuesten Modetrends oder den gestylten Werbespots für Fertiggerichte. Auch die Meinung von Eltern, Kollegen oder Freunden sollte nicht das entscheidende Kriterium sein, um Ihren persönlichen Geschmack souverän zu entwikkeln. Sie müssen keine Austern schlürfen und auch keinen Kaviar mögen. Es gibt nichts in dieser Welt, was Ihnen schmecken sollte, nur weil es teuer ist. Vielmehr geht es darum, daß Sie auf eine ganz persönliche Entdeckungsreise gehen. Lassen Sie sich überraschen! Finden Sie heraus, wo Ihre echten persönlichen Vorlieben liegen und freuen Sie sich darauf, Ihrem ganz individuellen Sinn für Geschmack mehr und mehr auf die Spur zu kommen!

Woran erkennen Sie Ihren persönlichen Geschmack?

▸ Jeder Mensch hat im Laufe seines Lebens einen eigenen Geschmack entwickelt. Finden Sie heraus, anhand welcher Kriterien sich Ihr persönlicher Geschmack am besten charakterisieren läßt.

▸ Was essen Sie gerne? Kochen Sie am liebsten zu Hause oder gehen Sie lieber essen? Bevorzugen Sie gemütliche Kneipenatmosphäre oder teure Restaurants? Gehen Sie lieber zum Chinesen, zum Italiener oder mögen Sie deutsche Hausmannskost?

▸ Der persönliche Geschmack spiegelt sich auch in Ihrem Lebensstil – mit welchen Worten würden Sie Ihren persönlichen Stil beschreiben? Leben Sie weltmännisch, oder sparsam und bescheiden, oder legen Sie vielleicht besonderen Wert auf traditionelle Konventionen?

▸ Welchem Typ entspricht Ihre äußere Erscheinungsform? Wie kleiden Sie sich? Wirken Sie eher locker, sportlich, elegant, modebewußt, farbenfroh, geheimnisvoll oder vielleicht etwas verwegen?

▸ Welcher Geschmack prägt die Einrichtung Ihrer Wohnung? Wirkt Ihr häusliches Ambiente eher rustikal, modern durchgestylt, teuer und edel oder ganz einfach individuell-gemütlich?

▸ Vielleicht gibt es ein Land oder einen Kulturkreis, der Ihren Geschmack ganz besonders trifft – bevorzugen Sie die französische Lebensart, mögen Sie den American Way of Life oder sind Sie ein Freund von La dolce Vita? Mögen Sie die meditative Ruhe der Asiaten, die ungestüme Lebenslust der Brasilianer, oder trifft kühle Klarheit der Skandinavier am ehesten Ihren Geschmack?

▸ Vielleicht gibt es bestimmte Kunstrichtungen oder Musikformen, die Ihnen besonders liegen?! Oder denken Sie an bekannte Persönlichkeiten, Schauspieler, Musiker oder Staatsmänner, mit denen Sie sich identifizieren können?!

▸ Trainieren Sie Ihre gustatorische Intelligenz, indem Sie den Lebensstil anderer Menschen über den Geschmackssinn wahrnehmen. Versuchen Sie, Ihre Wahrnehmungen in treffenden Worten zu beschreiben. Wer stößt Sie ab? Wer zieht Sie an? Wie erklären Sie sich Ihre Neigungen?

▸ Lassen Sie sich vom gutem Geschmack anderer inspirieren! Doch Vorsicht: Kopieren Sie nicht einfach, sondern testen Sie ganz bewußt und übernehmen Sie nur, was Ihnen wirklich gut gefällt! Fragen Sie sich, ob Sie sich damit tatsächlich identifizieren können und ob es mit dem authentischen Ausdruck Ihrer eigenen Persönlichkeit zusammenpaßt!?

▸ Finden Sie weitere Kriterien, um sich Ihren persönlichen Geschmack bewußt zu machen. Mögen Sie schnelle Autos? Wohin verreisen Sie am liebsten? Welche Sportarten gefallen Ihnen? Woran merken Sie, wenn Ihnen andere Menschen sympathisch sind?

Mein Übungserfolg:　○○○○○○○○○○○○○○○○○○○○○

Obwohl der Sinn für Geschmack unser aller Leben in starkem Maße prägt, befindet sich das gustatorische Sinnessystem bei vielen Menschen in tiefer Dunkelheit – sowohl in bezug auf Entscheidungen, die den persönlichen Lebensstil betreffen, als auch bei der Ernährung. Die meisten gustatorischen Empfindungen werden getilgt, bevor sie das Bewußtsein erreichen. Wenn wir nicht gerade essen, schenkt unser Bewußtsein dem gustatorischen Kanal meist nur sehr wenig Beachtung.

Selbst beim Essen sind sich viele Menschen nicht darüber bewußt, wie das schmeckt, was sie gerade zu sich nehmen. Viele Zeitgenossen stopfen ständig ungesunde und pampige Nahrungsmittel in sich hinein. Sie betäuben ihre Geschmacksnerven mit Zigaretten, Alkohol, Salz und Süßigkeiten. Auf diese Weise schädigen sie nicht nur ihr allgemeines Wohlbefinden, ihre Gesundheit und ihre Zähne. Die unbefriedigten Geschmacksknospen verlieren auch das natürliche Empfinden für die richtige Menge der Nahrung. Also essen solche Menschen viel zu große Portionen, überdehnen ihre Mägen und setzen Fett an. Eine wesentliche Ursache für das allgemeine Übergewicht besteht darin, daß viele Menschen verlernt haben, die Geschmacksrezeptoren in ihrem Mund bewußt wahrzunehmen.

Sind Sie sich darüber bewußt, daß Ihr Sinn für guten Geschmack Ihre biologische Energieversorgung entscheidend prägt?

Wem es gelingt, den Kontakt zu diesen wertvollen Rezeptoren wiederherzustellen, erwirbt nicht nur eine Quelle unbeschreiblicher Genüsse, sondern kann auch ein Gefühl dafür entwickeln, seine Nahrungsaufnahme sowohl qualitativ als auch mengenmäßig intelligent zu regulieren. Geschmack und Geruch bieten eine wertvolle Orientierungshilfe bei der Auswahl dessen, womit wir uns bei Kraft und Laune halten. Ihr Körper braucht gute Nahrung, und ein feiner Geschmackssinn bewahrt Sie davor, minderwertige oder verdorbene Nahrung aufzunehmen. Ihr Organismus belohnt Sie durch Wohlbefinden und Leistungsfähigkeit, wenn Sie ihn mit lebenswichtigen Nährstoffen versorgen. Und nicht zuletzt ist Essen ein wirkungsvoller Weg zur Kontaktaufnahme mit dem Unbewußten. Das archetypische Ritual des „Sich-Einverleibens" kann dem Menschen helfen, geistige und emotionale Informationen mental zu verdauen. Interessanterweise gibt es nicht wenige Menschen, die Kochen als Meditation empfinden können, als kontemplativen Ausgleich zur Hektik der Umwelt.

Sind Sie ein Feinschmecker?

▶ Nehmen Sie sich etwas Zeit, um die Geschmacksknospen auf Ihrer Zunge zu vitalisieren. Lenken Sie Ihre Aufmerksamkeit in Ihren Mund, befeuchten Sie Ihre Lippen mit der Zunge und spüren Sie Ihren Gaumen.

▶ Dann denken Sie an Ihr Lieblingsessen – was mögen Sie am allerliebsten? Stellen Sie sich vor, ein Teller davon stünde jetzt direkt vor Ihnen.

▶ Versuchen Sie den Geschmack dieser Mahlzeit in allen Einzelheiten lebendig werden zu lassen. Aktivieren Sie Ihr gustatorisches Gedächtnis, nutzen Sie Ihre Phantasie und lassen Sie sich diesen Genuß in aller Ruhe auf der Zunge zergehen.

▶ Anschließend stellen Sie sich vor, Sie müßten jemanden, der dieses Gericht noch nie gegessen hat, dafür begeistern – mit welchen Worten würden Sie ihm diesen Genuß beschreiben? Was genau ist dieser Person bisher entgangen?

▶ Um Ihre gustatorische Intelligenz zu stimulieren, können Sie diese Übung mit allen Gerichten fortsetzen, die Sie mit Genuß erinnern können. Indem Sie den Geschmack in der Phantasie revitalisieren, und ihn anschließend in Worten beschreiben, vernetzen Sie das gustatorische System mit der Großhirnrinde. Dadurch stärken Sie den bewußten Zugriff auf dieses normalerweise überwiegend unbewußte Orientierungssystem.

Mein Übungserfolg: ○

Sind Sie auf den Geschmack gekommen? Spüren Sie Ihre Zunge, Ihre Lippen und Ihre Zähne? Was sagt Ihr Mund? Wie fühlt er sich an? Was möchte er jetzt am liebsten tun? Ist Ihr Körper im Moment optimal mit Nährstoffen versorgt? Spüren Sie Ihren Appetit? Wenn Sie gleich etwas essen würden, was könnte das sein? Ich möchte Ihnen noch eine kleine Übung vorschlagen. Was Ihr Bewußtsein dazu sagen wird, weiß ich nicht, doch ich vermute, daß diese Übung Ihrem Unbewußten gefallen wird.

Erlauben Sie sich einen spontanen gustatorischen Genuß. Gehen Sie an Ihren Kühlschrank, betrachten Sie all die leckeren Sachen, folgen Sie Ihrem Appetit und wählen Sie die Speise und das Getränk, worauf Sie jetzt am meisten Lust haben. Dann suchen Sie sich ein gemütliches Plätzchen, an dem Sie Ihre Beute in aller Ruhe verspeisen können, und während Sie dieses Ritual der gustatorischen Bewußtheit genießen, meditieren Sie über Ihre Erfahrungen auf dieser kleinen Reise durch die fünf sinnlichen Dimensionen der menschlichen Wahrnehmung. Guten Appetit!

Checkliste zum gustatorischen System

Übungsfeld	Bewertung
Ich spüre meinen Mund ganz bewußt.	○○○○○○○○○○
Ich befeuchte regelmäßig meine Lippen.	○○○○○○○○○○
Ich spüre meine Zunge am Gaumen.	○○○○○○○○○○
Ich gleite mit der Zunge über meine Zähne.	○○○○○○○○○○
Ich putze mir mehrmals täglich die Zähne.	○○○○○○○○○○
Ich verwende eine Munddusche.	○○○○○○○○○○
Ich wähle meine Nahrung nach intelligenten Kriterien.	○○○○○○○○○○
Ich probiere neue Rezepte aus.	○○○○○○○○○○
Ich koche für mich und meine Freunde.	○○○○○○○○○○
Ich nehme mir genug Zeit zum Essen.	○○○○○○○○○○
Ich schweige, während ich kaue.	○○○○○○○○○○
Ich atme bewußt während ich esse.	○○○○○○○○○○
Ich esse nur, was mir wirklich schmeckt.	○○○○○○○○○○
Ich experimentiere mit Gewürzen.	○○○○○○○○○○
Ich esse in sinnlicher Meditation.	○○○○○○○○○○
Ich folge meiner geschmacklichen Intuition.	○○○○○○○○○○
Ich betrachte Lifestyle als Indikator für Geschmack.	○○○○○○○○○○
Ich achte auf feine Nuancen meines Geschmackssinns.	○○○○○○○○○○
Ich wähle meine Kleidung nach meinem Geschmack.	○○○○○○○○○○
Ich nehme andere Menschen gustatorisch wahr.	○○○○○○○○○○
Ich erkenne Menschen, deren Geschmack ich teile.	○○○○○○○○○○
Ich lasse mich vom Geschmack anderer inspirieren.	○○○○○○○○○○
Ich achte auf meinen authentischen Ausdruck.	○○○○○○○○○○
...	○○○○○○○○○○
...	○○○○○○○○○○
...	○○○○○○○○○○

Check-Dates: ___/ ___/ ___/ ___/ ___/ ___/

Nun haben Sie sich alle fünf Dimensionen der menschlichen Erkenntnis systematisch vergegenwärtigt. Diese fünf faszinierenden Systeme liefern den Stoff, aus dem unser aller Erleben gemacht wird. Vielleicht ahnen Sie bereits, daß Sie Ihr Potential an sinnlichem Reichtum noch lange nicht ausgeschöpft haben. Falls Sie Ihren Kontakt zu den Grundbausteinen der Sinnlichen Intelligenz kontinuierlich verbessern möchten, empfehle ich Ihnen, diejenigen Übungen, die Ihnen am besten gefallen haben, auch in Zukunft regelmäßig zu praktizieren. Außerdem können Sie sich die sinnlichen Checklisten fotokopieren und sie dann für die Sicherung Ihres Lerntransfers in den Alltag nutzen. Der gezielte Einsatz von Checklisten kann Ihnen helfen, Ihre sinnlichen Gewohnheiten auf eine neue Weise zu entwickeln. Die regelmäßige Erinnerung an das gewaltige Potential der sinnlichen Erfahrung bewirkt eine veränderte und vielfältige Ausrichtung Ihrer mentalen Wahrnehmungsfilter. Sie können lernen, mit Ihren Sinnessystemen auf eine intelligentere Art zu kommunizieren. Wie Sie dabei vorgehen, erkläre ich Ihnen am Ende des Buches, ab Seite 206.

Unsere fünf Sinnessysteme liefern den Stoff, aus dem unser aller Erleben gemacht wird!

Auf den folgenden Seiten möchte ich Ihnen noch eine weitere Möglichkeit vorstellen, wie Sie Ihren Zugriff auf die einzelnen Sinnessystemen im Alltag sichern können: Schaffen Sie sich einen sinnlichen Anker! Mit Hilfe des Ankers können Sie sich Ihre fünf sinnlichen Systeme jederzeit bewußt machen. Gleichzeitig erinnert er Sie daran, Ihr sinnliches Training nicht aus den Augen zu verlieren. Es gibt viele Wege, um einen sinnlichen Anker zu installieren, doch das vorliegende Muster hat sich in der Praxis bestens bewährt und bietet den großen Vorteil, daß Sie dafür keine Hilfe von außen benötigen. Sie brauchen lediglich eine halbe Stunde Zeit und die Bereitschaft, sich auf eine neue Erfahrung einzulassen.

Der sinnliche Anker

1. Vorbereitung

▶ Suchen Sie sich einen ruhigen Ort, an dem Sie Ihre Umgebung ungestört beobachten können. Entspannen Sie sich. Machen Sie es sich bequem und vergessen Sie Ihre Alltagsgedanken. Gönnen Sie sich einen Moment der Besinnlichkeit. Öffnen Sie die Pforten Ihrer Wahrnehmung. Genießen Sie es, einfach nur da zu sein. Lassen Sie sich beeindrucken von dem sinnlichen Reichtum, der in diesem Moment auf Sie einwirkt.

▶ Dann betrachten Sie in Ruhe Ihre linke Hand und ordnen jedem Finger ein Sinnessystem zu. Zum Beispiel könnte der Daumen das Hören symbolisieren, der Zeigefinger das Sehen, der Mittelfinger das Fühlen, der Ringfinger das Riechen und der kleine Finger das Schmecken. Falls Ihnen jedoch eine andere Zuordnung sinnvoller erscheint, wählen Sie diejenige, die Ihren Geschmack am besten trifft.

▶ Gleich werden Sie Ihre Aufmerksamkeit gezielt auf jedes einzelne der fünf Systeme lenken. Konzentrieren Sie sich dann voll auf den jeweiligen Kanal. Achten Sie sehr aufmerksam auf die Reize, die Sie über diesen Kanal empfangen, und genießen Sie Ihre Freude an der sinnlichen Wahrnehmung.

▶ Wenn Sie sich voll konzentriert fühlen und ein Optimum an sinnlicher Präsenz wahrnehmen, dann drücken Sie mit der rechten Hand den entsprechenden Finger Ihrer linken Hand für einige Sekunden.

Nach etwa fünf Sekunden lassen Sie den Finger wieder los und entspannen Ihre Aufmerksamkeit für einen Moment. Anschließend richten Sie den Fokus Ihrer bewußten Aufmerksamkeit voll konzentriert auf den nächsten Wahrnehmungskanal.

2. Sinnessysteme ankern

▶ **Auditiv** (Daumen): Nun schließen Sie Ihre Augen und lauschen der auditiven Welt. Was gibt es in diesem Moment zu hören? Nehmen Sie die Geräusche, Klänge, Stimmen und Töne in Ihrem Umfeld wahr. Aus welcher Richtung kommen die einzelnen Reize? Hören Sie Ihren Atem? Falls Sie Stimmen wahrnehmen, wie unterscheiden sich diese in Höhe, Tempo, Melodie und Rhythmus? Gibt es Momente der Stille? Was hören Sie in solchen Momenten?

Entspannen Sie Ihre Aufmerksamkeit für einen Moment.

▶ **Visuell** (Zeigefinger): Öffnen Sie Ihre Augen und betrachten Sie die visuelle Welt. Was können Sie alles sehen? Nehmen Sie die verschiedenen Farben, Strukturen, Kontraste und Bewegungen wahr. Registrieren Sie feinste Farbnuancen, die vielfältigen Strukturen der einzelnen Gegenstände, die Lichtreflexe und Schattenspiele – betrachten Sie die gesamte Palette Ihres visuellen Potentials.

Entspannen Sie Ihre Aufmerksamkeit für einen Moment.

▶ **Kinästhetisch** (Mittelfinger): Jetzt tauchen Sie in Ihren Körper ein und erleben die bewegte Welt der Gefühle. Sie spüren sowohl Ihre Haut als auch das Innere Ihres Körpers. Welche Empfindungen können Sie lokalisieren? Wie fühlen sich Ihre Muskeln an? Wie schnell schlägt Ihr Herz? Spüren Sie die Atembewegung in Brust- und Bauchraum? Spüren Sie die Temperatur und die Atmosphäre um Sie herum?

Entspannen Sie Ihre Aufmerksamkeit für einen Moment.

▶ **Olfaktorisch** (Ringfinger): Beschnuppern Sie die Welt durch Ihr olfaktorisches Sinnesorgan. Was riechen Sie? Gibt es einen dominanten Geruch? Spüren Sie wie die Luft in Ihre Nase dringt, und halten Sie den Kontakt zu Ihrem Atem für einen Moment – atmen Sie bewußt ein und aus.

Entspannen Sie Ihre Aufmerksamkeit für einen Moment.

▶ **Gustatorisch** (kleiner Finger): Lassen Sie sich Ihre Sinnesreize auf der Zunge zergehen. Was schmecken Sie? Wie feucht ist Ihr Mund? Wie glatt sind Ihre Zähne? Wenn Sie nichts schmecken sollten, wie schmeckt das? Worauf hätten Sie jetzt Appetit? Bleiben Sie eine Weile in Kontakt mit Ihrem gustatorischen Sinnessystem, drücken Sie den entsprechenden Finger und beenden Sie dann diesen Teil der Übung.

3. Anker aktivieren

▶ Bevor Sie Ihren Anker testen, stehen Sie bitte einmal kurz auf und bewegen Sie sich. Bringen Sie sich in einen neutralen Zustand, indem Sie für einen Moment an etwas ganz anderes denken.

▶ Überprüfen Sie nun, ob die Anker bereits ausreichend mit den Sinnessystemen verknüpft wurden, indem Sie die Finger einzeln anfassen. Sobald Sie Ihren Daumen berühren, müßte Ihre bewußte Aufmerksamkeit in Ihr auditives System wandern. Wenn Sie Ihren Zeigefinger berühren, müßten Sie mit gesteigerter Bewußtheit sehen können.

▶ Falls Ihre Konditionierung noch keine Wirkung zeigt, wiederholen Sie die Übung. Es ist ohnehin sinnvoll, den Anker hin und wieder energetisch aufzuladen. Je häufiger Sie die Verknüpfung auffrischen, desto wirksamer wird Ihr Anker.

▶ Sobald der Anker installiert wurde, können Sie damit spielen. Wenn Sie zum Beispiel die linke Hand zur Faust ballen und gleichzeitig alle Finger spüren, gelangen Sie in einen Zustand der erhöhten Aufmerksamkeit.

▶ Sie können auch gezielt nur ein bestimmtes System aktivieren. Falls Sie sich zum Beispiel an eine bestimmte Melodie erinnern möchten, werden Sie dies leichter tun können, wenn Sie dabei Ihren Daumen berühren. Wenn Sie im Restaurant vor der Speisekarte sitzen und sich nicht entscheiden können, fragen Sie Ihren Mund direkt nach seinen Wünschen, indem Sie Ihren kleinen Finger berühren. Es gibt tausend alltägliche Situationen, wie Sie Ihren sinnlichen Anker sinnvoll einsetzen können!

Mein Übungserfolg: ○○○○○○○○○○○○○○○○○○○○○

Wer denkt wie?

Haben Sie sich jemals gefragt, warum einige Menschen voller Begeisterung jedes Jahr Tausende von Mark für modische Kleidung ausgeben, während andere Zeitgenossen, die sehr viel mehr Geld verdienen und ebenso in der Öffentlichkeit verkehren, in diesen Lebensbereich nicht einen Pfennig investieren und am liebsten in alten, abgenutzten Klamotten umherlaufen?

Wir Menschen treffen unsere Entscheidungen sehr individuell, weil wir unterschiedliche Wertesysteme im Kopf haben und dementsprechend andere Prioritäten setzen. Doch wie entstehen unsere Wertesysteme? Auch hier spielen die Sinne eine ganz entscheidende Rolle! Jeder Wert, der irgendeinem Menschen auf diesem Planeten irgendetwas bedeutet, muß in dessen Gehirn auf sinnliche Weise repräsentiert werden – er muß als Bild, als Klang oder Wort, als Gefühl, Geruch oder Geschmack in mindestens einem der fünf Sinnessysteme gespeichert sein.

Um einen Wert, wie zum Beispiel „Gutes Aussehen", realisieren zu können und die erfolgreiche Realisierung als solche zu erkennen, brauchen Sie ebenfalls gut funktionierende Sinnesorgane. Ohne sinnliches Feedback können Sie nicht wissen, ob Sie selber oder Ihre Mitmenschen Ihren Wertesystemen gerecht werden oder nicht. Mit anderen Worten: Wenn Sie nicht durch kritische Blicke überprüfen könnten, wie jemand gekleidet ist, würden Sie nicht wissen, ob und wie er Ihren modischen Vorstellungen entspricht. Ebenso gilt: Wenn Ihnen ein Mensch seine politische Meinung mitteilen möchte und Sie seine gesprochenen Worte nicht hören könnten, würden Sie nicht wissen, ob und inwieweit Sie ihm zustimmen können. Und noch einen Schritt weiter gedacht: Wenn Sie jemanden Ihre politische Meinung verkünden, kann es sein, daß Ihr Gegenüber Sie ablehnt, obwohl er Ihre Meinung teilt – denn für einige Zeitgenossen zählt weniger, was Sie denken und sagen, sondern welchen optischen Eindruck Sie in seinem Gehirn erzeugen, während Sie mit ihm sprechen. Tatsächlich ist es so, daß die Organisation unserer Sinnessysteme die Prioritäten, mit denen wir die Dinge des Lebens bewerten, ganz erheblich beeinflussen.

Sie brauchen sinnliches Feedback, um Ihre persönlichen Werte erfolgreich zu realisieren!

Wenn Menschen verschiedene Wertesysteme im Kopf haben, bedeutet dies in erster Linie, daß sie ihre fünf Sinne auf unterschiedliche Weise einsetzen. Um einen anderen Menschen zu verstehen, und um ihn von etwas zu überzeugen, müssen Sie zunächst erkennen, auf welcher Frequenz er die Wirklichkeit wahrnimmt. Dann können Sie beginnen, die individuellen Schlüsselreize zu identifizieren, die diesen Menschen innerlich wissen lassen, ob ein entscheidender Wert realisiert ist oder nicht.

Ein wichtiger Schritt auf dem Wege zum erfolgreichen Kommunikator besteht darin, sich bewußt zu machen, daß die meisten Menschen nicht alle sinnlichen Dimensionen gleichmäßig erobert haben. Im Gegenteil – viele Zeitgenossen haben sich unbewußterweise auf nur ein oder vielleicht zwei Sinnessysteme spezialisiert. Den übrigen Systemen schenken sie keine oder nur sehr wenig Beachtung. Dies führt nicht selten zu Schwierigkeiten in der Verständigung mit anderen Menschen, besonders dann, wenn der Gegenüber sich auf ein anderes System spezialisiert hat.

Solange Sie nicht wissen, in welchem sinnlichen Bezugsrahmen Ihr Gesprächspartner die ausgetauschten Botschaften verarbeitet, lassen sich Mißverständnisse kaum vermeiden. Interessanterweise bringt die individuelle Bevorzugung einzelner Sinneskanäle einen entsprechenden Sprachgebrauch mit sich. Sie können andere Menschen besser verstehen und auch leichter überzeugen, wenn Sie herausfinden, in welchem Sinnessystem der andere denkt und spricht. Dafür möchte ich Ihnen nun ein diagnostisches System vorstellen, das es Ihnen ermöglicht, einen systematischen Zugang zu den individuellen Realitäten Ihrer Mitmenschen zu gewinnen.

Jeder Mensch erschafft sich in seinem Kopf ein eigenes Modell der Wirklichkeit.

Jeder Mensch erschafft sich im Laufe seines Lebens ein eigenes Modell der Welt. Die meisten Menschen glauben, ihr individuelles Modell der Realität entspräche der objektiven Wirklichkeit. Dies ist jedoch nicht der Fall. In meinem Buch „NLP in Action" habe ich diesen allgemein verbreiteten Irrglauben ausführlich dargestellt. Die subjektive Wirklichkeit bietet lediglich ein stark reduziertes und verzerrtes Abbild der objektiven Realität, was uns im normalen Alltag jedoch nicht bewußt ist. Die Tatsache unserer Subjektivität wird allgemein verdrängt. Jeder glaubt, im Besitz der Wahrheit zu sein. Diese Illusion erzeugt einen Tunnelblick und wird deshalb als „Realitätstunnel" bezeichnet. Doch bevor Sie die verschiedenartigen Realitätstunnel erforschen können, müssen Sie sich mit dem Stoff vertraut machen, aus dem die individuellen Realitäten beschaffen sind – mit den sinnlichen Repräsentationen der persönlichen Erfahrung. Jeder Mensch hat eigene Strategien entwickelt, um die Erfahrungen, die er im Laufe seines Lebens gesammelt hat, in seinem Gehirn abzubilden. Die gesamte Lebenserfahrung besteht aus Bildern und Filmen, Worten und Klängen, Gefühlen und Empfindungen und aus Gerüchen und Geschmäckern. Diese sinnlichen Bausteine ermöglichen unzählige Strategien, um die individuellen Erfahrungen zu durchleben und auf einzigartige Weise im Gedächtnis abzuspeichern.

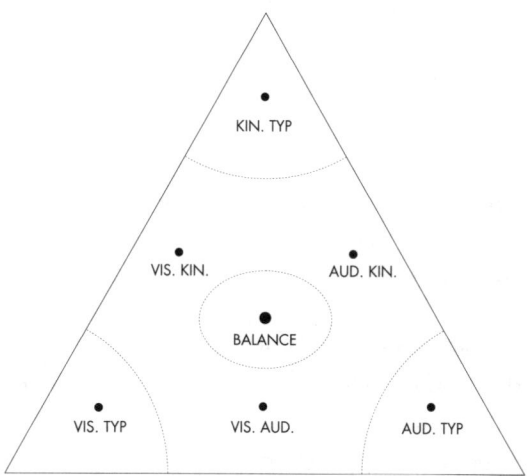

Mit etwas Übung können Sie lernen, die bevorzugten Strategien Ihrer Mitmenschen bewußt zu diagnostizieren. Dafür achten Sie auf Hinweise, die Ihnen zeigen, in welchem Sinnessystem Ihr Gegenüber seine Informationen codiert. So gewinnen Sie Zugang zum inneren Erleben Ihres Gesprächspartners. Mit Hilfe der gewonnenen Informationen können Sie Ihre Kommunikation auf seine Denkweise ausrichten. Sie können ihm gezielte Fragen stellen. Sie können ihm attraktive Angebote machen und Sie können Ihre Überzeugungs-Strategien auf seine Eigenarten abstimmen. In der NLP-Ausbildung wird das Wissen um die Bevorzugung einzelner Sinnessysteme gezielt eingesetzt, um die Darstellung der Seminarinhalte auf die unterschiedlichen Lernstrategien der Teilnehmer auszurichten.

Visuell-orientierte Menschen brauchen eine bildhafte Darstellung der Informationen. Sie wollen mit ihren Augen sehen, wie die Werkzeuge des NLP angewendet werden. Wenn sie in einem lern-intensiven Seminar mit Informationen überflutet werden, merken sie sich besonders diejenigen Informationen, die sie sehen können, wie zum Beispiel die Modelle, die auf dem Flipchart visualisiert werden. Außerdem beobachten sie, wie der Ausbilder seine Körpersprache einsetzt und welche sichtbaren Ergebnisse seine Kommunikation in der Physiologie der Teilnehmer bewirkt.

Auditiv-orientierte Typen hingegen verfolgen eine ganz andere Strategie. Sie interessieren sich besonders dafür, was der Ausbilder sagt und auf welche Weise er seine Worte wählt. Solche Menschen lernen in erster Linie durch verbale Erklärungen. Sie hören jedes Wort und haben Freude an einem intelligenten Sprachgebrauch. Sie lesen auch gern Fachbücher und können komplizierte Sachverhalte leicht verstehen, sofern dabei logisch argumentiert wird.

Die dritte Gruppe sind die Kinästhetiker. Solche Menschen orientieren sich über ihren Körper. Sie brauchen Übungen und Action. Es muß was passieren! Kinästhetiker lernen am besten durch die eigene Aktivität. Um das NLP zu begreifen, müssen sie die erhaltenen Informationen in die Tat umsetzen und mit den Werkzeugen ihre eigenen Erfahrungen sammeln.

Die meisten Menschen lassen sich relativ leicht einem bestimmten Wahrnehmungstyp zuordnen, wobei ich an dieser Stelle zugleich betonen möchte, daß alle Menschen ganzheitlich wahrnehmen! Das Modell der Wahrnehmungstypen ist, wie jedes andere Modell auch, eine Reduzierung der Realität. Unzählige Unterschiede werden getilgt. Vergessen Sie bei der Orientierung an Typen-Modellen bitte nicht den Respekt vor der Einzigartigkeit jedes Menschen! Modelle sind lediglich mentale Werkzeuge, die allerdings in der Praxis sehr nützlich sein können. Die drei Wahrnehmungstypen, die ich Ihnen jetzt vorstellen möchte, resultieren aus der bevorzugten Nutzung eines der drei großen Sinnessysteme: der Visuelle, der Auditive und der Kinästhet. Kriterien für die Diagnose der einzelnen Typen können Sie jeweils auf drei Ebenen gewinnen:

1. **Allgemeine Kennzeichen**

2. **Sinnliche Wortwahl**

3. **Das Modell der Augenbewegungen**

Zunächst möchte ich Ihre Aufmerksamkeit auf die Identifikation der allgemeinen Kennzeichen lenken. Auf den folgenden Seiten präsentiere ich Ihnen die drei Wahrnehmungs-Typen in der klassischen Form.

Meine Beschreibungen sind jedoch keinesfalls zuverlässige Diagnostika, sondern lediglich Erfahrungswerte, die hier in extremer Ausprägung dargestellt werden. Meine Darstellungen sollen Sie anregen, Ihre Sinne zu schärfen und mit dem Modell Ihre eigenen Erfahrungen zu sammeln. Die Diagnose mittels allgemeiner Kennzeichen gelingt allerdings weniger über den Verstand, sondern über die Intuition. Seien Sie flexibel bei Ihren Einschätzungen,

Vergessen Sie bei der Orientierung an Typen-Modellen bitte nicht den Respekt vor der Einzigartigkeit jedes Menschen!

interpretieren Sie großzügig und verarbeiten Sie meine Anregungen auf kreative Weise. Derart radikale Vertreter der drei Typen werden Ihnen im echten Leben vermutlich selten begegnen, doch wenn Sie die Menschen Ihrer realen Umgebung durch diese Filter betrachten, werden Sie sicherlich das eine oder andere Merkmal identifizieren können.

Der visuelle Typ: „Ich sehe die Wirklichkeit!"

Ein visuell-orientierter Mensch erlebt die Welt über die Augen. Für ihn zählt, was er sieht. Deshalb achtet er darauf, auch die eigene Erscheinung möglichst attraktiv zu gestalten. Die meisten Visuellen sehen überdurchschnittlich gut aus. Sie bieten ihren Mitmenschen ein positives Erscheinungsbild. Der visuelle Typ legt Wert auf ein gepflegtes Äußeres, auf ein schönes, aufgeräumtes Büro und auf ein gewaschenes Auto. Er mag geschmackvolles Design, verfügt über ein gutes Augenmaß und geht gern ins Kino. Seine Umwelt betrachtet er sehr genau. Es fällt ihm leicht, sich einen schnellen Überblick zu verschaffen, gleichzeitig sieht er auch kleinste Details. Meistens weiß er genau, ob die Farbe der Socken seines Gesprächspartners mit der Farbe der Schuhe und des Gürtels zusammenpaßt. Bei einem echten Visuellen können Sie davon ausgehen, daß alle seine Kleidungsstücke farblich aufeinander abgestimmt sind. Die Augen im Gesicht eines visuell-orientierten Menschen wirken meist groß, rund und offen, manchmal treten die Augäpfel etwas unter den Lidern hervor. Seine Blicke sind aufmerksam und lebendig, oft wechselt er den Fokus und die Blickrichtung. In der Gruppe der Visuellen werden Sie relativ wenig Brillenträger finden. Falls der visuelle Typ sich eine Brille kaufen muß, trägt er meist sehr große Gläser, die ihm ein volles Panorama bieten, oder er trägt eine Brille, die in Farbe und Form perfekt auf sein Gesicht abgestimmt ist.

Aufgrund der riesigen Vielfalt von ständig wechselnden optischen Reizen haben die meisten visuell-orientierten Menschen eine extravertierte, nach außen gerichtete Persönlichkeit entwickelt. Doch auch in seinem Kopf verfügt der visuelle Mensch über einen enormen Reichtum von inneren Bildern. Wenn er eine Entscheidung treffen oder sich an etwas erinnern will, kann er in seinem Gehirn blitzschnell eine Vielzahl innerer Bilder abrufen.

Der visuelle Typ verfügt über einen enormen Reichtum von inneren Bildern. Dabei schaut er oft nach oben oder er blickt für einen kurzen Moment wie in Trance nach vorn, ins Leere. Sein Bewußtsein hat guten Zugang zu den inneren Bildern, oft kann er sogar mit offenen Augen ganze Filme ablaufen lassen.

Wenn der visuelle Typ an einen anderen Menschen denkt, dann macht er sich innerlich ein sehr konkretes Bild von der betreffenden Person. Im Kontakt mit anderen achtet er in erster Linie darauf, wie sein Gegenüber aussieht, während er mit ihm spricht. Der visuelle Typ beobachtet die Körpersprache und die Mimik sehr genau. Auch der Blick-Kontakt spielt eine außerordentlich wichtige Rolle. Die gesprochene Sprache stellt für ihn ein manchmal geradezu beliebiges Medium dar, um seine visuellen Eindrücke in schnelle Worte zu kleiden. Seine Erzählungen beschreiben in erster Linie die eigenen Bilder im Kopf, wobei sein Unbewußtes oftmals zu glauben scheint, daß im Kopf der Zuhörer automatisch die gleichen Bilder entstehen.

Da das Beschreiben von Bildern viele Worte verlangt, spricht er meist sehr schnell, in tendenziell hoher Stimmlage. Beim Sprechen achtet er weniger auf konkrete Formulierungen, denn das erlebte Bild erscheint wichtiger als das gesprochene Wort. Falls die bunten Bilder dynamisch werden und sich zu lebendigen Filmen entwickeln, gibt es plötzlich so viel zu beschreiben, daß man nicht selten dazu neigt, die verwendeten Worte ebenso schnell wieder zu vergessen. Solange das Bild im Kopf existiert, ist die Sache glasklar. Falls Sie einen Visuellen mit Worten begeistern wollen, müssen Sie eine bildhafte Sprache sprechen. Im Gespräch mit einem echten Visuellen zählt weniger, was genau Sie zu ihm sagen, sondern welche Bilder Sie in seinem Kopf aktivieren. Falls Sie einen Visuellen zum Essen einladen, denken Sie daran: Das Auge ißt mit! Wahrscheinlich wird er Ihnen Blumen mitbringen, oder eine schöne Flasche Wein. Wenn Sie dem Visuellen etwas beibringen wollen, sollten Sie sich nicht auf gesprochene Worte verlassen. Am besten zeigen Sie ihm einfach, wie die Sache funktioniert. Wenn er mit seinen eigenen Augen gesehen hat, wie etwas gemacht wird, kann er es meist recht schnell umsetzen.

Falls Sie im Verkauf tätig sind, und einem visuellen Kunden gegenüberstehen, dann zeigen Sie ihm, wie Ihr Angebot aussieht. Verwenden Sie übersichtliche Prospekte und anschauliche Zeichnungen, damit er sich ein klares Bild von Ihrem Produkt machen kann. Setzen Sie Ihr Angebot ins rechte Licht, sprechen Sie eine bilderreiche Sprache, und sorgen Sie dafür, daß in seinem Kopf eine attraktive Vorstellung entsteht. Falls Sie mit einer visuellen Frau zusammen sind und ihr gefallen wollen, achten Sie auf Ihre optische Erscheinung. Wählen Sie vorteilhafte Kleidung und überraschen Sie sie mit Blumen. Sagen Sie ihr, daß sie bezaubernd aussieht. Gehen Sie mit ihr ins Kino und in Restaurants mit nettem Ambiente. Sorgen Sie dafür, daß sie sich ein attraktives Bild von Ihrer Beziehung machen kann.

Sie können einen Menschen, der sich bevorzugt im visuellen System orientiert, meist sehr schnell an seinem geschmackvollen Outfit erkennen. Der visuelle Typ hat einen ausgeprägten Sinn für Farbe und Form und bevorzugt modische, elegante Kleidung. Schlampige Kinästhetiker können ihm ein Dorn im Auge sein, und die nüchternen Auditiven sind ihm meist zu farblos in der Gestaltung ihrer Erscheinung. Mode ist eine visuelle Angelegenheit. Ein modebewußter Visueller ist gerne bereit, dreihundert Mark für ein paar neue Sommerschuhe auszugeben, obwohl ein ähnliches, kaum getragenes Paar vom letzten Sommer zu Hause im Schuhschrank ruht, das allerdings nicht den Farben der aktuellen Saison entspricht. Der allmorgendliche Blick in den Kleiderschrank erfolgt nach klaren visuellen Kriterien: Welche Farben und Muster passen wie zusammen? Kostenfrage hin, Bequemlichkeit her – im

𝒟er visuelle Typ hat einen Sinn für Farbe und Form. Er wählt seine Kleidung meist mit gutem Geschmack.

Kopf des Visuellen zählt das Bild seiner Mitmenschen, und er glaubt, daß seine optische Erscheinung für die Augen der anderen ebenso wichtig ist, wie deren Erscheinung für seine eigenen Augen.

Ein echter Visueller kann sich nicht vorstellen, daß den auditiven Zeitgenossen die optische Farbkomposition seiner Kleidung überhaupt nicht auffällt, weil die viel mehr damit beschäftigt sind, was gesprochen wird und wie man selber darüber denkt. Noch viel weniger kann er begreifen, warum so manch ein Kinästhetiker doch tatsächlich auf die Idee kommt, sich jenseits jeglicher

Farbharmonie in abgewetzte Lumpen zu hüllen. Auch die Frisur prägt das visuelle Leben, insbesondere beim weiblichen Geschlecht, wo die optische Attraktivität naturgemäß eine weitaus wichtigere Rolle spielt als bei den Herren der Schöpfung. Eine visuelle Lady weiß ganz genau, wie sie mit der neuen Frisur aussehen will, sie hat eine präzise Vorstellung ihrer Person mit der zukünftigen Haarpracht vor ihrem geistigen Auge. Beim Besuch des Figaro erwartet sie, daß er es versteht, ihre detaillierte Vorstellung haargenau umzusetzen, und wenn sie es könnte, würde sie sich wohl am liebsten selbst die Haare schneiden.

Der klassische visuelle Typ umgibt sich gern mit schönen Dingen. Er mag Magazine mit vielen bunten Bildern und elegante Autos in schicken Farben. Er liebt es, sich in einen unbequemen Porsche hineinzuzwängen; das visuelle Erscheinungsbild ist ihm wichtiger als der kinästhetische Komfort einer geräumigen Limousine. Auch das kritische Berechnen des Preis-/Leistungs-Verhältnisses, eine Vorliebe der auditiven Zeitgenossen, ist nicht das entscheidende Kriterium beim Erwerb von Konsumartikeln.

Der visuelle Typ sieht, begehrt und kauft! Er ist für die hypnotische Wirkung des Fernsehens ebenso empfänglich wie für attraktive Verpackungen und gestyltes Design. Aufgrund seines großen Interesses an optischen Reizen sieht er sich in unserer modernen Konsumgesellschaft mit vielen Versuchungen konfrontiert. Wenn er (oder sie!) in einer schicken Passage einkaufen geht, neigt er nicht selten dazu, mehr zu kaufen als eigentlich beabsichtigt. Der Schaufensterbummel ist für visuelle Typen eine äußerst reizvolle Angelegenheit.

Der visuelle Typ mag attraktive Verpackungen und gestyltes Design.

Als Berater zum Thema Kleidung und Einrichtung ist der Visuelle hervorragend geeignet. Er weiß, wo man die schönsten Sachen kaufen kann, und wenn man ihm den nötigen Etat zur Verfügung stellt, ist er in der Lage, aus einem häßlichen Entlein einen stolzen Schwan zu machen. Auch Reisen, feierliche Anlässe und Veränderungen der Wohnsituation werden mit Hilfe von visuellen Strategien geplant. Dabei werden zukünftige Ereignisse vor dem inneren Auge sehr detailliert in Szene gesetzt. Die Zukunft soll genau so werden, wie es in der Vorstellungswelt bereits gesehen wurde. Diese Eigenschaft erklärt, warum sich unter den Visuellen ungewöhnlich viele Visionäre befinden. Sie können andere Menschen motivieren, indem sie die Zukunft sehr plastisch und in den schönsten Farben ausmalen.

Im Alltag führt die visuelle Phantasie meist zu einer klaren Ziel-Orientierung. Allerdings können dabei Probleme auftauchen, wenn das vorgestellte Szenario auch das Verhalten der anderen Menschen abbildet, denn oftmals paßt das reale Verhalten der anderen nicht in das gewünschte Bild. Für den phantasiebegabten Visuellen sind Ent-Täuschungen an der Tagesordnung, er muß lernen, seine Bilder flexibel zu gestalten. Der visuelle Mensch orientiert sich an der sichtbaren Oberfläche dieser Welt. Wenn er seine Persönlichkeit, seine soziale Kompetenz und sein Wahrnehmungsspektrum erweitern will, muß er beginnen, die Faszination einer attraktiven Oberflächlichkeit kritisch zu hinterfragen, und dabei gleichzeitig lernen, die Intelligenz seines Körpers zu erspüren.

Falls sich die visuelle Neigung mit einem gewissen Stolz verbindet, heißt das gesellschaftliche Motto: Sehen und gesehen werden! Der narzißtische Visuelle nutzt öffentliche Anlässe, um sich den Anwesenden im vollem Glanze zu präsentieren. Dabei ist er sehr fotogen. Auf den meisten Fotos sieht er wirklich gut aus, doch sollte mal eine Aufnahme mißlungen sein, wird er nicht selten darauf bestehen, das Foto sofort zu zerreißen, denn es irritiert das eigene Selbstbild auf empfindliche Weise. Die visuelle Neigung bringt nicht selten eine gewisse Eitelkeit mit sich, insbesondere bei visuellen Frauen. Der morgendliche Blick in den Spiegel entscheidet, wie der Tag wird. Ein kleiner Pickel kann eine emotionale Katastrophe verursachen. Um das Bild der eigenen Person dennoch möglichst attraktiv zu gestalten, werden die bunten Möglichkeiten des Schminkköfferchens sehr gewissenhaft ausgeschöpft. Die meisten Fotomodelle, wie Claudia Schiffer oder Cindy Crawford, sind sehr stark visuell ausgerichtet, wobei einige Modelle auch eine kinästhetische Kompetente aufweisen und dadurch an Ausstrahlung gewinnen.

Visuell-orientierte Menschen wirken meist sehr fotogen. Sie schauen gern in den Spiegel und achten auf ihre Außenwirkung.

Auch visuelle Männer schauen länger und öfter in den Spiegel als ihre auditiven oder kinästhetischen Zeitgenossen. Der deutsche Modezar im Pariser Domizil, Karl Lagerfeld, ist ein klassischer Visueller. Er achtet permanent auf seine Außenwirkung, die dunkle Brille mit den großen Gläsern schützt ihn vor aufdringlichen Blicken und er spricht ebenso schnell, wie die inneren Bilder durch sein professionelles, visuell-geprägtes Hirn huschen. Lady Diana war ebenfalls stark visuell ausgerichtet. Ihre Kommunikation mit Prince Charles bot ein interessantes Beispiel für das allgegenwärtige Konflikt-Potential zwischen den unterschiedlichen Sinnestypen: Sie lebte in einer visuellen Welt, während er, der Mann mit den Ohren, sich auditiv orientiert. In dieser Kombination sind kalibrierte Mißverständnisse vorprogrammiert, nicht selten verläuft die Kommunikation ähnlich schwierig wie bei Hund und Katze. Solange die beiden Partner mit den unterschiedlichen Präferenzen nicht beschließen, voneinander zu lernen, werden sie sich ein ewiges Rätsel bleiben. Falls Sie versuchen, sich den visuellen Typ als Karikatur vorzustellen, dann denken Sie einfach an die klassische Blondine, wie sie in den Witzen auftaucht: Ein optisch attraktives Dummchen, das alles glaubt, was es sieht. Die männliche Karikatur wäre der gutaussehende Sonnyboy, wie er von ewig lächelnden, kalifornischen Schauspielern in amerikanischen Soap-Operas verkörpert wird.

Können Sie sich von dem visuellen Typen jetzt ein konkretes Bild machen? Vielleicht kennen Sie die eine oder andere Person aus Ihrem Bekanntenkreis, aus Ihrer Umgebung, die diesem Typ entspricht? Natürlich ist die Persönlichkeit realer Personen sehr viel komplexer beschaffen als die dargestellten Klischees; beim intuitiven Vermitteln von allgemeinen Kennzeichen geht es nicht darum, die Wirklichkeit möglichst realistisch abzubilden, sondern Ihnen Anregungen für Ihre persönliche Praxis zu liefern, damit Sie Ihre Sinnliche Intelligenz im Kontakt mit anderen Menschen bewußt organisieren können.

Um die zugrundeliegenden Prinzipien zu verstehen, brauchen Sie eigene Erfahrungen mit den Wahrnehmungstypen! Ich würde mich freuen, wenn meine überzogenen Darstellungen Sie dazu inspirieren, die verschiedenen Typen in Ihrer persönlichen Umwelt zu entdecken. Gleichzeitig möchte ich noch einmal betonen, daß die eben aufgezählten Merkmale nicht für alle Personen zutreffen, die sich über den visuellen Kanal orientieren. Um das Prinzip der visuellen Präferenz möglichst anschaulich zu verdeutlichen, habe ich mit dieser provozierenden Beschreibung ein sehr extrovertiertes Bild des visuellen Typus gezeichnet. Es gilt in erster Linie für diejenigen, die es sich leisten können, finanziell und auch vom Selbstvertrauen her, ihre visuellen Vorlieben offensichtlich zu präsentieren.

Natürlich gibt es auch visuelle Zeitgenossen, die es bevorzugen, sich im Hintergrund zu halten. Gerade weil sie die Welt in erster Linie über ihre Augen wahrnehmen, und dabei glauben, daß alle anderen Menschen dies ebenso tun, versuchen sie optisch möglichst unauffällig zu wirken, weil sie keine Lust haben, im Rampenlicht zu stehen, oder weil ihre Eltern und Erzieher ihnen ein Selbstbild vermittelt haben, das mit optischen Extravaganzen nicht vereinbar ist.

Diagnostizieren Sie die visuellen Typen in Ihrem eigenen Bekanntenkreis!

Der visuelle Typ

Erkennungsmerkmale: Gepflegte Erscheinung, modische Kleidung, schnelle Sprechweise, Talent zum Small Talk, lebhafte Augen, schaut oft nach oben und sucht innere Bilder, oder starrt oft wie in Trance geradeaus, schnelle Brustatmung, aufgeräumter Schreibtisch, helle Wohnung

Sprache: Bildhaft, konkrete Beispiele, nicht immer logisch strukturiert, doch oft sehr anschaulich durch visuelle Metaphern: „Eine wahre Augenweide." oder: „Jetzt kann ich mir ein Bild davon machen." oder: „Ich sehe, was Sie meinen."

Stimme: Das Beschreiben von Bildern verlangt viele Worte, deshalb redet man meist schnell, in tendenziell hoher Tonlage

Kleidung: Modebewußt, elegant, harmonische Farben, passend zum Kontext, manchmal overdressed, manchmal etwas grell oder übertrieben modisch

Typische Berufe: Modebranche, Showgeschäft, Kameramann, Werbebranche, Designer, Galerist, Maler, Grafiker, Illustrator, Fotograf, Visagist, Fotomodell, Friseur

Freizeit und Urlaub: Fernsehen, Schaufensterbummel, auf der Promenade flanieren, sehen und gesehen werden, Wandern mit Fernglas, Sonnenstudio, Sight-Seeing, schicke Cafés und Restaurants, Golf, Fotografieren, Video-Kamera, Hotel mit Meerblick, am Strand Leute beobachten und braun werden

TV-Sendungen: Miami Vice, Bay Watch, Dallas & Denver, Das Traumschiff, Jenseits von Eden; man mag teure Werbespots und schaut überhaupt gern Fernsehen

Prominente: Claudia Schiffer, Cindy Crawford, Karl Lagerfeld, Marylin Monroe, Uschi Glas, Don Johnson, Wolfgang Joop, Lady Diana, Julia Roberts, Mick Werup, Pamela Anderson, Sascha Hehn, Ingrid Steeger, Verona Feldbusch

Karikatur: Die Blondine aus den Witzen; Cinderella; Barbie und Ken; der typische amerikanische Sonnyboy; der smarte Lackaffe; der braungebrannte Porschefahrer, der davon träumt, mit Claudia Schiffer im roten Ferrari zu sitzen

Besondere Werte: Übersichtlichkeit, geschmackvolles Design, Farbharmonie, optische Attraktivität, aufgeräumte Wohnung, klare Verhältnisse, anschauliche Beschreibungen, den Durchblick haben, ein gutes Augenmaß, schöne Menschen

Lernaufgabe: Der Faszination der sichtbaren Welt widerstehen, Oberflächlichkeit intelligent hinterfragen, und dabei den eigenen Körper spüren

Wie begegnen Sie dem visuellen Typ?

▶ Vermutlich sind Ihnen während des Lesens bereits einige Ideen gekommen, welche Personen aus Ihrem Bekanntenkreis zu den visuellen Typen gehören könnten. Vervollständigen Sie diese Liste nun systematisch: Welche Menschen aus Ihrem Freundeskreis, aus der Nachbarschaft, aus Ihrem Sportverein oder aus Ihrer beruflichen Welt sind stark visuell ausgerichtet?

▶ Dann reflektieren Sie gezielt über deren Vorlieben und Eigenarten: Woran erkennen Sie die visuelle Neigung? Was unterscheidet diese Gruppe Ihrer Bekannten von anderen Menschen? Holen Sie alle relevanten Informationen aus Ihrem Gedächtnis und beobachten Sie, wie sich das visuelle Puzzle vor Ihrem geistigen Auge Stück für Stück zusammenfügt.

▶ Analysieren Sie, wie einzelne Personen aus dieser Gruppe ihr Leben organisieren: Wie sieht es in der Wohnung aus? Welches Auto fährt die Person? Welchen Lebenspartner hat sie sich ausgewählt? Wie kleidet sie sich? Welche Werte sind ihr wichtig?

▶ Versuchen Sie den betreffenden Menschen wirklich zu verstehen, wohlwollend und mit Sympathie im Herzen. Betrachten Sie die Welt durch seine Augen und entwickeln Sie dabei ein Gefühl von Respekt für seine Lebensführung und seine Werte.

▶ Machen Sie sich nicht lustig über ihn und versuchen Sie nicht, Ihr Wissen auszunutzen. Gebrauchen Sie Ihre Erkenntnisse, um besser zu kommunizieren, um Konflikte auf intelligente Weise zu lösen und um eine neue Grundlage der Verständigung zu schaffen.

▶ Wenn Sie in Zukunft mit einem visuellen Typen in Kontakt treten, besinnen auch Sie sich auf dieses Orientierungssystem. Betätigen Sie Ihren Zeigefinger als sinnlichen Anker und erinnern Sie die Erfahrungen, die Sie auf Ihrer Reise durch die Dimensionen der Erkenntnis in der visuellen Welt gesammelt haben.

▶ Verbessern Sie den Kontakt durch Senden und Empfangen von Signalen aus der visuellen Welt. Suchen Sie Blickkontakt. Kommunizieren Sie mit vielsagenden Blicken, beobachten Sie Mimik und Gestik.

▶ Achten Sie in der Kommunikation auf die sinnlichen Vokabeln seiner Sprache und auf die Bewegungen seiner Augen – in welche Richtung blickt dieser Mensch, wenn er beim Denken oder Sprechen in seinem Gedächtnis Informationen abruft?

▶ Falls Sie der Meinung sind, daß Sie selber eine starke visuelle Neigung haben, dann machen Sie sich diesen Charakterzug mit all seinen Konsequenzen bewußt. Erkennen Sie Ihre Stärken, doch achten Sie darauf, daß Sie den anderen Kanälen in Zukunft ebenfalls Beachtung schenken.

Mein Übungserfolg: ○○○○○○○○○○○○○○○○○○○

Der auditive Typ: „Ich höre die Wirklichkeit!"

Ein Mensch, der sich hauptsächlich über den auditiven Kanal orientiert, hört die ihn umgebende Welt. Der auditive Typ achtet auf Klänge und Geräusche, und insbesondere auf gesprochene Sprache. Er verfügt über einen enormen Reichtum von Worten, die ihm helfen, seine Wahrnehmungen schnell und oft auch sehr präzise zu sortieren. Wenn er zu einem Thema befragt wird, in dem er sich auskennt, wird er sehr wortgewandt und strukturiert darüber berichten können.

Sie erkennen einen auditiven Typen, indem Sie sich fragen, welche Rolle der Gebrauch von Sprache im Leben dieses Menschen spielt. Der auditive Typ lebt in einer intellektuellen Welt. Er wirkt geistreich, und mit ihm kann man interessante Gespräche führen. Er liest gern Bücher, auch anspruchsvolle Fachliteratur, die ihm eine Menge komplizierter Informationen in meist sehr langen Sätzen vermittelt. Es fällt ihm leicht, abstrakte Sachverhalte zu verstehen. Manchmal könnte man meinen, alle wissenschaftlichen Veröffentlichungen wurden von auditiven Typen für auditive Typen geschrieben.

Auch in Fragen der Rechtschreibung ist der Auditive ein zuverlässiger Informand. Er kennt Fremdworte und weiß, wie sie buchstabiert werden. Bevor der auditive Typ einen Vertrag unterschreibt, liest er auch das Kleingedruckte sehr gewissenhaft, und oft ist er bereits nach überraschend kurzer Zeit in der Lage, die juristischen Wortschöpfungen zu verstehen. Vielleicht hat er die FAZ abonniert, und im Flugzeug nimmt er lieber den „Spiegel" als den „Stern" oder gar die „Bunte". In seiner Freizeit geht er gern ins Theater, ins Konzert oder er hört CDs auf seiner brillanten Stereoanlage. Beim

Der auditive Typ lebt in einer intellektuellen Welt. Mit ihm können Sie interessante Gespräche führen.

Fernsehen bevorzugt er Talk-Shows, politische Sendungen oder wissenschaftliche Magazine. Er mag auch Krimis, doch nicht so sehr wegen der wilden Verfolgungsjagden, die in erster Linie kinästhetische Zeitgenossen begeistern, sondern wegen des kombinatorischen Spiels mit Indizien, Fakten und Zeugenaussagen. Agatha Christie schrieb Kriminalromane für den auditiven Geschmack – alle Verdächtigen haben ein Motiv, doch ebenfalls ein Alibi – wer war der Mörder? Kommissar Poirot bewegt sich auf den Spuren von Sherlock Holmes, er findet den Mörder, indem er kombiniert, Zeugenaussagen analysiert und dabei seinen scharfen Verstand befragt.

Der echte Auditive hat nicht nur Spaß an Worten, er mag auch Zahlen. Er kann schnell und zuverlässig rechnen, indem er im Geiste Zahlen und Funktion vor sich hin murmelt. Sobald sich sein mathematisches Gehirn einschaltet, kann man es in seinem Kopf manchmal richtig rattern hören. Romantische Situationen werden in der auditiven Welt ebenfalls über die Sprache erlebt: Was sagt er zu ihr, was sagt sie zu ihm? Intime Dialoge lassen das auditive Herz höher schlagen. Falls Sie mit einer auditiven Frau eine glückliche Beziehung führen möchten, vergessen Sie nicht, ihr in wohlklingenden Worten zu sagen, wie sehr Sie sie lieben. Lassen Sie Ihr Herz sprechen, wählen Sie poetische Formulierungen und genießen Sie es, gemeinsam den Worten der Liebe zu lauschen.

Der echte Auditive hat nicht nur Spaß an Worten, er mag auch Zahlen.

Die meisten Menschen, die sich bevorzugt über den auditiven Kanal orientieren, haben sich darauf spezialisiert, alle wahrgenommenen Sinnesreize blitzschnell in Worte zu codieren. Falls der Auditive eine andere Person von etwas überzeugen will, denkt er vorher sehr gewissenhaft darüber nach, welche Worte er wählen wird, um sein Ziel zu erreichen. Er kommt jedoch nur selten auf die Idee, daß ein visueller Gesprächspartner während der Konversation in erster Linie seine äußere Erscheinung wahrnimmt, seine Mimik sehr genau beobachtet und ihm als Feedback zu seinen Ausführungen vielsagende Blicke zuwirft – die dann von dem Auditiven nur allzuoft fahrlässig übersehen werden.

Der Auditive hat oftmals überhaupt keine Vorstellung davon, zu welchen Ansichten man kommen kann, wenn man sich darauf konzentriert, ein treffendes Bild von seinem Gegenüber zu entwickeln. Ebensowenig ahnt er, daß ein kinästhetischer Gesprächspartner überwiegend damit beschäftigt ist, die zwischenmenschliche Interaktion körperlich zu empfinden. Während der Kinästhet den Auditiven beim Vortragen erlebt, wird er sich vermutlich darum bemühen, den informationsgeschwängerten Wortschwall, der gerade über ihn hineinbricht, in handlichen Portionen zu verdauen. Der körperlich weitgehend unbewußte Auditive hat nur allzuoft keinerlei Empfinden dafür, daß die Entscheidung des Kinästheten weniger von der ausgefeilten Logik seiner Argumente abhängt, sondern vielmehr davon, ob sich in seinem Bauch allmählich ein warmes Gefühl entwickelt.

Der auditive Typ kann sich selten Gesichter merken, doch oft hat er ein erstaunliches Gedächtnis für Zahlen, Fakten und Namen. Er kann die verschiedenen Elemente seiner Umwelt und deren Beziehungen untereinander exakt benennen. Da er über ein hohes Abstraktionsvermögen verfügt und gern in abstrahierenden Worten über seine Erlebnisse reflektiert, hat er eine starke Neigung zur Dissoziation. Oftmals sieht er nicht, was gerade um ihn herum passiert, und nur allzuoft vergißt er seine Körperempfindung, doch gleichzeitig gelingt es ihm mühelos, den roten Faden eines mehrstündigen und komplexen Fachgesprächs inhaltlich zu verfolgen. Die Körpersprache der Anwesenden interessiert ihn dabei ebensowenig wie der Austausch von Blickkontakten. Mit offenen Ohren konzentriert er sich darauf, was es zu hören gibt. Was genau sagen die anderen, und wie sagen sie es? Leise Zwischentöne, dezente Anspielungen und feine Differenzierungen werden aufmerksam wahrgenommen.

Auditive Typen nehmen sich Zeit zum Nachdenken. Sie haben meist eine introvertierte Persönlichkeit.

Der Auditive achtet auf jede Formulierung und deren konnotative Bedeutung im Gesamtkontext. Ebenso wichtig ist es für ihn, was er sich selbst sagen hört und wie er innerlich mit sich selber spricht. Der innere Dialog beschäftigt seinen Kopf überdurchschnittlich stark. Gedanken spielen die entscheidende Rolle in seinen gesamten Erleben. Die meisten Menschen mit auditiven Wahrnehmungs-Strategien haben eine introvertierte Persönlichkeit entwickelt. Die Aufmerksamkeit des Auditiven ist oft nach innen gerichtet. Er nimmt sich viel Zeit zum Nachdenken. Dabei denkt er weniger in Bildern oder Gefühlen, sondern in Worten und ganzen Sätzen.

Der Auditive verfügt als anspruchsvoller Gesprächspartner über einen überdurchschnittlich großen Wortschatz. Beim Trivial Persuit gehört er zu den Favoriten, denn er kann sich die Aufstellung der deutschen Fußball-National-mannschaft von 1974 genausogut merken wie die aktuellen Aktienkurse. Gleichzeitig verfügt er über kultivierte Wissensfelder. Er kann logische Zusammenhänge erklären und er versteht technische Vorgänge. Mit ihm können Sie sich in lange Fachgespräche vertiefen und politische oder auch philosophische Debatten führen. Der Auditive weiß, wie wichtig es sein kann, die linguistische Bedeutung einzelner Worte genau zu ergründen und die verschiedenen Begriffe präzise voneinander abzugrenzen. Doch oft weiß er nicht, daß Menschen mit anderen Wahrnehmungspräferenzen seinen dissoziierten Geisteszustand als befremdlich erleben. Wer keine Lust hat, anspruchsvoller Konversation ausgesetzt zu sein und dabei mit Zahlen, Daten und Fakten überhäuft zu werden, wird vielleicht versuchen, dem Gespräch mit einem hoch-auditiven Zeitgenossen konsequent aus dem Wege zu gehen.

Visuelle Typen wissen die feinen Früchte der auditiven Welt meist ebensowenig zu genießen wie die Kinästhetiker. In einem Gespräch mit einem echten Auditiven können Sie lernen, daß „das selbe" und „das gleiche" nicht dasselbe ist, und daß man in einem Kanu nicht „rudert", sondern „paddelt". Der visuelle Gesprächspartner kann oft nicht einsehen, warum solche Spitzfindigkeiten sinnvoll sind, während der Kinästhet irgendwann die Lust am Zuhören verliert, weil ihn das Gespräch einfach nicht weiterbringt; wenn man schon mal gerudert hat, dann weiß man schließlich, wie sich das anfühlt!

Im Gespräch mit einem echten Auditiven sollten Sie sich auf die Feinheiten der gesprochenen Worte besinnen.

Der echte Auditive hingegen achtet sehr genau darauf, daß die gesprochenen Worte korrekt verwendet werden. Und wann immer sich eine passende Gelegenheit bietet, spielt er gern mit inspirierten Formulierungen. Ein Spruch wie: „Es muß etwas geschehen, aber es darf nichts passieren" ist garantiert einem auditiven Hirn entsprungen.

Wenn zwei auditive Zeitgenossen ein gemeinsames Gesprächsthema von beiderseitigem Interesse gefunden haben, kann es inhaltlich hoch hergehen. Eine enorme Vielzahl von strukturierten Informationen wird im dissoziierten Verfahren ausgetauscht. Im unzufriedenen Zustand können auditive Zeitgenossen allerdings dazu neigen, einen zynischen, schwarzen Humor zu entwickeln. Harald Schmidt, der als „Dirty Harry – König der Late Night" im deutschen Fernsehen für umstrittene Furore sorgt, präsentiert solch einen bissigen Humor auf beeindruckende Weise. Als Liebhaber dieser Art von Humor sollte man im Alltag jedoch darauf achten, ob der Empfänger der zynischen Botschaften sich ebenso von der bestehenden Situation dissoziieren kann, wie man selber es tut. Falls der Gesprächspartner sich nicht im dissoziierten Zustand befindet, wird er die zynischen Worte vermutlich mißverstehen. Dabei können viele unnötige Konflikte erzeugt werden. Abstrahierende Worte sind ein hochinteressantes Medium, um die Realität zu repräsentieren, doch gleichzeitig bergen sie die Gefahr, sich in intellektuelle Konzepte zu verrennen und dabei den Blick für die tatsächlichen Geschehnisse zu verlieren.

Der typische Auditive sollte lernen, mit wachen Augen durch die Welt zu gehen, und dabei seinen Körper zu spüren. Um die verbale Überlegenheit zu kommunikativer Souveränität zu transformieren, muß er lernen, die Wirkung seiner Worte in der Physiologie seines Gegenüber visuell zu feedbacken. Wenn

Sie sich mit einem stark auditiven Typen unterhalten, kann es passieren, daß dieser Gesprächspartner Sie über lange Phasen des Gespräches überhaupt nicht ansieht. Deshalb laufen besonders visuell-orientierte Menschen Gefahr, ihre auditiven Mitmenschen nicht zu mögen, denn sie empfinden den fehlenden Blickkontakt als unhöflich. So kann ein tragisches Mißverständnis entstehen, denn genau das Gegenteil ist der Fall: In diesem introvertierten Zustand konzentriert sich der Auditive auf seine Rolle als Zuhörer. Er achtet ernsthaft auf die gesprochenen Botschaften und schenkt dem Gesprächspartner seine volle Aufmerksamkeit: „Ich bin ganz Ohr!"

Man könnte den auditiven Wahrnehmungstypus noch näher differenzieren – in auditiv-digitale und auditiv-tonale Typen. Die auditiv-digitalen Spezialisten achten weniger auf den Klang, sondern vielmehr auf die inhaltliche Bedeutung von Worten. Sie bilden den zahlenmäßig größten Teil der auditiven Gruppe. Diese Menschen haben sich darauf spezialisiert, in ihrem Gehirn ein hochdifferenziertes Modell der Welt in Gestalt von mehr oder weniger abstrakten auditiven Ankern zu entwickeln. Ihre innere Landkarte bildet die Realität in sehr subtilen und zugleich komplexen sprachlichen Zusammenhängen ab. Erfahrungen werden konsequent benannt und verwörtert. Die Ausbildung von digital-auditiven Spezialisten findet verstärkt an den Universitäten statt. Wer lernt, wissenschaftlich zu denken, lernt automatisch, seine Wahrnehmungen extrem zu digitalisieren.

Blickkontakt spielt in der auditiven Welt nur eine Nebenrolle. Manchmal werden Sie trotz guter Gesprächsführung keines einzigen Blickes gewürdigt.

Typische Vertreter der auditiv-digitalen Spezialisierung sind Professoren, Juristen oder Politiker, wie zum Beispiel Klaus Kinkel oder Wolfgang Schäuble. Beide Politiker sind auf der Sachebene sehr kompetent, doch ihnen fehlt sowohl das visuelle Flair als auch die kinästhetische Präsenz.

Die auditiv-tonalen Spezialisten hingegen hören besonders auf Klänge, Geräusche, Stimmen und auf den Tonfall von gesprochenen Äußerungen. Solche Zeitgenossen trifft man in der zivilisierten Welt allerdings ziemlich selten, mit Ausnahme der Blinden. Der Verlust des visuellen Systems führt dazu, daß der blinde Mensch lernt, Geräusche, Klänge und Stimmen zu nutzen, um daraus Richtungen, Entfernungen und auch emotionale Zustände zu erkennen. Musiker und Toningenieure verfügen ebenfalls über ein tonales Gehör, allerdings findet man bei Musikern auch kinästhetische Ausprägungen.

Zum Beispiel ist Keith Richards, der legendäre Gitarrist der Rolling Stones, ebenso wie Luciano Pavarotti, der wohl stimmgewaltigste Operntenor unserer Zeit, ein auditiv-kinästhetischer Typ. John Lennon hingegen war ein echter auditiver Musiker, er trug sogar dazu bei, daß die sogenannte „Intellektuellen-Brille" zum Erkennungszeichen des auditiven Typus wurde. Diese Brille mit den kleinen Gläsern verstärkt die mentale Dissoziation und schützt vor visueller Reizüberflutung. Sie wird deshalb von vielen auditiven Zeitgenossen gern getragen.

Der Auditive hat eine offensichtliche Tendenz zur Introversion. Der Fokus seiner Aufmerksamkeit richtet sich oft nach innen, man reflektiert über vergangene Ereignisse ebenso gründlich wie über zukünftige Pläne. Dadurch kann dem Leben gegenüber eine gewisse Ernsthaftigkeit entstehen, die sich allerdings auch mit einer interessanten Form von Humor paaren kann und dann als „Ironie" oder „Satire" bezeichnet wird. Anspruchsvolle Komiker wie Harald Schmidt, Dieter Hildebrand oder Woody Allen nutzen ihr sprachliches Feingefühl, um tiefsinnigen Humor zu produzieren. Auch Deutschlands beliebtester Blödelbarde, Otto Waalkes, ist ein auditiver Typ. Der singende Barde spielt auch mit der Tonalität seiner Scherze. Er imitiert prominente Stimmen, steigert seine Sprechgeschwindigkeit auf 280 Worte pro Minute und im entscheidenden Moment läßt er den berühmten Ostfriesenjodler erklingen. Bei Otto kommt es nicht nur darauf an, was er inhaltlich sagt, sondern auch wie er es erzählt, jodelt, brüllt, trällert, grunzt oder quiekt.

Wie beschreibt Otto Waalkes die bebrillte Intelligenz-Bestie?

Eine interessante Karikatur des stark dissoziierten auditiven Typen können Sie in Filmen aus den frühen 60er Jahren mit pubertierenden Jugendlichen entdecken: den kleinen Klassen-Streber mit der dicken Hornbrille. Dieser Typ ist eine kinästhetische Niete im Sport, er sieht nicht die Reize des anderen Geschlechts, doch als bebrillte Intelligenz-Bestie hat er alle denkbaren Daten auf seiner neurologischen Festplatte gespeichert. Die reifere Variante der auditiven Karikatur ist der zerstreute Professor. Als weltfremder Wissenschaftler sieht er nicht, was um ihn herum passiert, er hat einen schwächlichen, unbewußten Körper und lebt in einer abstrakten Welt aus Zahlen, Daten und Fakten.

Konnten Sie durch die Lektüre der letzten Seiten eine Intuition für den auditiven Typus entwickeln? Kennen Sie Personen, die sich ganz auf ihr Ohr und ihren Verstand verlassen, und mit Hilfe der Sprache ihre Umwelt ausgezeichnet analysieren können? Gibt es in Ihrem Bekanntenkreis Menschen, die oft nicht sehen, was gerade passiert, und die manchmal so wirken, als wenn sie keinen Kontakt zu ihrem Körper haben? Können Sie sich vorstellen, was es bedeutet, sich auf die auditive Frequenz zu spezialisieren und bevorzugt in der Welt der Worte und Klänge zu leben?

Können Sie auditive Typen in Ihrem eigenen Bekanntenkreis identifizieren?

Vermutlich haben Sie nun einige Ideen bekommen, wie Sie mit den auditiven Zeitgenossen in Ihrer eigenen Umwelt Kontakt aufnehmen können, und wie Sie sich verhalten müssen, um solche Menschen von etwas zu überzeugen. Nehmen Sie sich ruhig etwas Zeit, um die dargestellten Informationen mit Ihren eigenen Erfahrungen zu verknüpfen. Legen Sie das Buch für einen Moment zur Seite, und denken Sie an die auditiven Menschen aus Ihrem persönlichen Leben. Sobald Sie die entsprechenden Charakteristika auf Ihrer neurologischen Festplatte im Hirn verankert haben, werde ich Sie dann mit dem dritten Wahrnehmungstyp vertraut machen: mit dem körper-orientierten Kinästheten.

Der auditive Typ

Erkennungsmerkmale: anspruchsvoller Gesprächspartner, mittleres Sprechtempo, mathematische Fähigkeiten, Leseratte, wenig Körpersprache, wenig Blickkontakt, schlichte Kleidung, nüchterne Umgebung, beim Sprechen pendeln die Augen links und rechts, auch nach links unten

Sprache: großer Wortschatz, bewußter Sprachgebrauch, Zahlen, Daten, Fakten, längere Sätze, differenzierte Konnotationen, logische Gedanken, auditive Prozeßworte: „Das klingt gut", oder: „Wir haben einige Unstimmigkeiten", oder: „Nicht in diesem Tonfall!"

Stimme: mittlere Tonlage und angenehme Sprechgeschwindigkeit, oft wohlklingend und gezielt akzentuierend, feinsinnige Intonierung

Kleidung: nüchtern, preisbewußt, dezent gemustert, schlichtes Blau und Grau, meistens korrekt, insgesamt eher unauffällig

Typische Berufe: Anwalt, Techniker, Steuerberater, Schriftsteller, Werbetexter, Pressesprecher, Politiker, Mathematiker, Übersetzer, Dichter, Atomphysiker, Chemiker, Hochschullehrer, Radio-Moderator, Musiker, Toningenieur

Freizeit und Urlaub: gute Bücher lesen, Konzerte, Theater, interessante Gesprächs-runden, Trivial Persuit und Scrabble, stille Momente genießen, in Ruhe nachdenken, Fremdsprachen lernen, Radio hören, Zeitung lesen, Kreuzworträtsel, Meeresrauschen

TV-Sendungen: Talk-Shows, Musik-Sendungen und Konzerte, Justiz-Dramen, Krimis mit kognitiven Problemlösungen, Kommissar Columbo, englische Detektive, Agatha Christi, Theateraufführungen von „Faust" oder „Hamlet", Wissenschaft und Technik, Polit-Magazine, Tagesschau

Prominente: Marcel Reich-Ranicki, Loriot, Woody Allen, Klaus Kinkel, Harald Schmidt, Oskar Lafontaine, Doris Schröder-Köpf, Otto Waalkes, Wolfgang Schäuble, Alice Schwarzer, Amadeus Mozart, Sigmund Freud, Günter Jauch, Erich Böhme, Dieter Hildebrandt, Margaret Thatcher, Papst Johannes Paul II., Ulrich Tormin, Vera Birkenbihl

Karikatur: der zerstreute Professor, der Klassenstreber, der verrückte Wissenschaftler, das allwissende Superhirn, Mr. Spook, Data, R2 D2

Besondere Werte: logische Argumentation, strukturiertes Denken, lustige Wortspiele, anspruchsvolle Konversation, gute Musik, kreative Wortwahl, günstiges Preis-/Leistungs-verhältnis, technische Funktionalität, geistige Präzision

Lernaufgabe: mit offenen Augen durch die Welt gehen, Worte in Taten verwandeln, sich bewußt bewegen und dabei den eigenen Körper spüren

Wie begegnen Sie dem auditiven Typ?

▶ Machen Sie sich bewußt, wer von Ihren Bekannten zur Gruppe der Auditiven gehören könnte. Fragen Sie sich, was diese Menschen von anderen unterscheidet. Welche Merkmale sagen Ihnen, daß Sie es mit einem Auditiven zu tun haben?

▶ Analysieren Sie, wie einzelne Vertreter dieses Typus ihr Leben organisieren: Wie sieht es in der Wohnung aus? Welches Auto fährt die Person? Welchen Lebenspartner hat sie sich ausgewählt? Wie kleidet sie sich? Wie spricht sie? Welche Werte sind ihr wichtig?

▶ Versuchen Sie den betreffenden Menschen wirklich zu verstehen, wohlwollend und mit Sympathie im Herzen. Hören Sie die Welt mit seinen Ohren und entwickeln Sie dabei ein Gefühl von Respekt für seine Werte.

▶ Machen Sie sich nicht über ihn lustig und versuchen Sie nicht, Ihr Wissen auszunutzen. Gebrauchen Sie Ihre Erkenntnisse, um besser zu kommunizieren, um Konflikte auf intelligente Weise zu lösen und um eine neue Grundlage der Verständigung zu schaffen.

▶ Wenn Sie mit dem auditiven Typen Kontakt haben, besinnen auch Sie sich auf dieses Orientierungssystem. Betätigen Sie den entsprechenden Finger (Daumen) als sinnlichen Anker und erinnern Sie Ihre Erfahrungen, die Sie auf Ihrer Reise durch die Dimensionen der Erkenntnis in der auditiven Realität gesammelt haben.

▶ Verbessern Sie den Kontakt durch Senden und Empfangen von Signalen aus der auditiven Welt. Seien Sie ganz Ohr. Hören Sie genau zu, was er zu Ihnen sagt. Achten Sie auf jedes Wort.

▶ Wählen Sie auch Ihre eigenen Worte mit Bedacht. Verzichten Sie auf nichtssagende Floskeln. Achten Sie auf die innere Logik Ihrer Aussagen. Sprechen Sie mit wohlklingender Stimme. Stellen Sie intelligente Fragen.

▶ Verzeihen Sie Ihrem auditiven Gesprächspartner den fehlenden Blickkontakt. Dies ist kein Ausdruck von Unhöflichkeit, sondern eine Nebenwirkung der starken Konzentration auf die gesprochenen Worte. Intensiver Blickkontakt könnte beim Zuhören stören und ihn vom Wesentlichen, dem Inhalt Ihrer Aussagen, ablenken.

▶ Achten Sie neben dem Sprachgebrauch jedoch hin und wieder auf die Bewegungen seiner Augen – in welche Richtung blickt dieser Mensch, wenn er beim Denken oder Sprechen in seinem Gedächtnis Informationen abruft?

▶ Falls Sie der Meinung sind, daß Sie selber eine starke auditive Neigung haben, dann machen Sie sich diesen Charakterzug mit all seinen Konsequenzen bewußt. Würdigen Sie Ihre Fähigkeit zur komplexen Kognition, doch achten Sie darauf, daß Sie den anderen Kanälen in Zukunft ebenfalls genug Beachtung schenken.

Mein Übungserfolg: ○○○○○○○○○○○○○○○○○○○○○

Der kinästhetische Typ: „Ich fühle die Wirklichkeit"

Kennen Sie die TV-Sendung „Ein Fall für Zwei"? Diese Krimi-Serie handelt von der Zusammenarbeit des schlauen Anwalts Dr. Frank mit dem drahtigen Privatdetektiv Matula. Sie ist ein typisches Beispiel für die Art von Teamwork, die entsteht, wenn ein Auditiver und ein Kinästhet ein gemeinsames Ziel verfolgen: Dr. Frank denkt, während Matula handelt. Auch Asterix und Obelix sind ein auditiv-kinästhetisches Gespann, wobei hier nicht nur die Gewichtsverhältnisse anders verteilt sind.

Der Kinästhetiker hat seine eigenen körperbezogenen Orientierungs-Strategien entwickelt, um sich in seiner Umwelt zurechtzufinden. Nun möchte ich Sie einladen, die kognitive Welt der sprachlichen Intelligenz zu verlassen und in die handfeste Realität der körperlichen Präsenz zu wechseln.

Ein kinästhetisch-orientierter Mensch spürt die Welt um ihn herum. Dafür braucht er eine gute Verbindung zu seinem Körper. Ihm ist auf intuitive Weise präsent, daß er sein Leben auf diesem Planeten in Kontakt mit seinem Körper verbringen muß. Er weiß, daß ihm körperliches Wohlbefinden eine unersetzliche Quelle persönlicher Kraft zur Verfügung stellen kann. Sein Gefühl für die Realität wurzelt in seiner Physiologie. Während der Visuelle Ihnen freundliche Blicke schenkt, und der Auditive ein paar wohlklingende Worte sagt, wird Sie der Kinästhet mit einem kräftigen Händedruck oder einer herzlichen Umarmung begrüßen.

Der kinästhetische Typ achtet auf Bewegungen. Sowohl innere Bewegungen, die er in seinem Körper wahrnehmen kann, als auch motorische Aktivität,

Der Kinästhet orientiert sich an den Gefühlen, die er in seinem Körper spüren kann.

die in der Außenwelt stattfindet, sind für ihn starke Reize. Der Kinästhetiker erlebt und erinnert Situationen anhand von gefühlsmäßigen Zuständen. Oft interessiert es ihn herzlich wenig, welche Worte die anderen Menschen verwenden, und noch viel weniger interessiert es ihn, wie sie gekleidet sind. Für ihn zählt die zwischenmenschliche Atmosphäre, die in der gemeinsamen Kommunikation entsteht. Der Kinästhetiker orientiert sich an dem Gefühl, das durch die Botschaften seiner Gesprächspartner in ihm ausgelöst wird. Er handelt impulsiv, treibt die Aktivitäten voran und bringt den Stein ins Rollen. Nur selten neigt er zur Faulheit, meistens fühlt er sich dann am wohlsten, wenn er ordentlich was geschafft hat. Auch nach Feierabend widmet er sich der Befriedigung seiner körperlichen Bedürfnisse. Er geht ins Fitneß-Center, spielt Squash, hebt Gewichte und schwitzt in der Sauna, und dann legt er sich gemütlich vor den Fernseher, ißt Chips und trinkt Bier. Erst die Arbeit, und dann das Vergnügen!

Wenn Sie einen kinästhetischen Typen von etwas überzeugen wollen, müssen Sie ihn den handfesten Nutzen am eigenen Leibe erfahren lassen. Um etwas als sinnvoll zu erkennen, muß er erleben, was man damit machen kann. Sein Motto heißt nicht: „We will see!", und schon gar nicht: „We can talk about it!", sondern: „Let's do it!" Taten zählen mehr als Worte, der Kinästhet will die Dinge in die Hand nehmen. Wenn er etwas sieht, das ihm gefällt, erzeugt dieser visuelle Reiz den unwiderstehlichen Drang, das Objekt der Begierde zu berühren. Er will wissen, wie es sich anfühlt, wenn er es mit seinen Fingern betastet.

Beim Kleidungskauf hat der anspruchsvolle Kinästhet schon so manchen Verkäufer zur Weißglut getrieben. Um ein passendes Jacket zu finden, mußte er vorab mindestens siebenundvierzig andere betasten und davon dreizehn anprobieren. Dabei sucht er nicht mit den Augen, sondern zunächst mit den Fingern, und sobald er einen wohligen Stoff aufgestöbert hat, wird er die Paßform des Kleidungsstückes mit dem ganzen Körper überprüfen wollen. Bei der Anprobe guckt er nur flüchtig in den Spiegel, statt dessen bewegt er gewissenhaft alle Gliedmaßen, um ein realistisches Gefühl für die neuen Sachen entwickeln zu können. Worte sind geduldig, sehen ist

Wenn Sie den Kinästheten von etwas überzeugen wollen, müssen Sie ihm eine leibhaftige Erfahrung vermitteln.

unbefriedigend, nur die eigene Erfahrung zählt. Im Gegensatz zum visuellen Typen würde das Motto „Look, but don't touch" den Kinästhetiker in eine tiefe Frustration führen.

Wenn Sie dem Kinästheten etwas beibringen wollen, verschwenden Sie keine Zeit für aufwendige Erklärungen. Sagen Sie ihm in kurzen Worten was er tun soll und dann lassen Sie es ihn selber ausprobieren – „Learning by doing"! Ein echter Kinästhet braucht die motorische Erfahrung, um sich später aktiv an die getätigten Vorgänge erinnern zu können. Wenn Sie ihm zum Beispiel erklären wollen, wie ein bestimmtes Computerprogramm funktioniert, sollten Sie sich nicht darauf beschränken, es ihm nur zu zeigen. Fordern Sie ihn auf, sich selbst an die Tastatur zu setzen! Motivieren Sie ihn, mit den eigenen Fingern auf das Keyboard zu tippen, damit sein Körper die entsprechende Erfahrung durchleben kann. Auf diese Weise entwickelt er ein positives Gefühl für das Programm, und in Zukunft wird er sich auf magische Weise an alle zur Bedienung notwendigen Handgriffe erinnern können.

Wenn Sie sich in eine kinästhetische Frau verlieben und ihr gefallen möchten, brauchen Sie keine großen Reden zu schwingen. Um sie zu überzeugen, müssen Sie Ihren Körper sprechen lassen. Spielen Sie mit Nähe und Distanz! Achten Sie darauf, sie nicht einzuengen, und lassen sie ihr genug Raum, um sich frei zu entfalten. Spüren Sie das liebevolle Gefühl, das sich allmählich zwischen Körpern und Seelen entwickelt. Erlauben Sie zärtliche Umarmungen, herzliche Wärme und nehmen Sie wahr, wie Sie zusammen im gleichen Rhythmus atmen. Empfinden Sie die romantische Atmosphäre ganz bewußt, und lassen Sie sie fühlen, wie sehr Sie die gemeinsame Zeit genießen.

Den kinästhetischen Typ erkennen Sie recht schnell an seiner Kleidung. Er bevorzugt lockere Sachen, in denen man sich wohlfühlen kann. Nur ungern trägt er Krawatten, denn sein Körper mag es nicht, wenn der Hals in einer Schlinge steckt. Falls er doch eine Krawatte anlegen muß, neigt er dazu, den Knoten im Laufe des Tages zu lockern, um wenigstens den Druck von der Kehle zu nehmen.

Der Kinästhet mag es bequem, er bevorzugt lockere Kleidung und trägt nur ungern Krawatten.

Der Kinästhet möchte sich frei bewegen können. Er kann nicht verstehen, warum visuelle Menschen ihren Körper peinigen, indem sie ihn in unbequeme Outfits zwängen. Ebensowenig kann er nachvollziehen, wieso auditive Zeitgenossen bereit sind, den dreifachen Preis für ein Kleidungsstück zu zahlen, nur weil ein kleiner Schriftzug auf dem Etikett Markenqualität verspricht. Der Kinästhet mag es bequem, sportlich und in der kalten Jahreszeit soll es kuschelig sein. Lieber Flanell und Baumwolle als synthetische Edelstoffe. Im Winter trägt er auch zum Anzug warme Stiefel, und im Sommer am liebsten Sportschuhe, manchmal alte Cowboy-Boots oder feste Halbschuhe mit besonders kräftigen Sohlen. Guter Kontakt zum Boden spielt eine wichtige Rolle im erdverbundenen Leben des Kinästheten.

Im Straßenverkehr mag er große, geräumige Fahrzeuge mit vielen PS unter der Haube, lieber einen soliden Mercedes als einen schicken BMW. Auch Geländewagen mit breiten Reifen gefallen ihm, ebenso die praktischen Kombis, denn oft genug gibt es so viel zu transportieren. Es ist ihm meist nicht so wichtig, das Fahrzeug zu waschen oder es aufzuräumen, Hauptsache es fährt gut und man hat einen gemütlichen Innenraum. Cabrios üben auf den Kinästhetiker ebenfalls einen starken Reiz aus; allerdings weniger, um die visuellen Neider durch elegante Optik zu beeindrucken, sondern um das aufregende Fahrgefühl zu genießen. Ein echter Kinästhetiker weiß es zu schätzen, an einem heißen Sommertag den kühlen Fahrtwind auf der Haut zu spüren.

Der Kinästhet trägt nur ungern eine Brille, nicht aus Eitelkeit, sondern weil das Gestell auf seiner Nase die Bewegungsfreiheit beeinträchtigt und weil die Bügel auf die Ohren drücken. Falls er sich eine Brille kaufen muß, wählt er nicht selten eine Sportbrille, mit flexiblen Bügeln, oder er entscheidet sich für ein ganz leichtes Gestell, das man kaum spürt, das aber gleichzeitig robust sein soll – wenn man den ganzen Tag in Bewegung ist, kann es schließlich mal passieren, daß der Fremdkörper von der Nase rutscht und auf den Boden fällt.

Sie erkennen einen echten Kinästheten an seiner lebhaften Gestik und an der intensiven Körpersprache.

Sie können einen echten Kinästhetiker ziemlich leicht an seiner intensiven Körpersprache erkennen. Seine Art, sich auszudrücken, geschieht hauptsächlich über die Gestik, oft ist der gesamte Körper in Bewegung. Auch die Mimik wird lebhaft eingesetzt, allerdings keinesfalls so kontrolliert, wie der visuelle Empfänger seiner Botschaften vielleicht glauben mag. Der Kinästhet kommuniziert authentisch, ungefiltert, intensiv, manchmal geradezu wild und ungestüm. Er braucht beide Hände, um einen Sachverhalt verständlich darzustellen und erlebt die inhaltliche Thematik seiner Redebeiträge mit dem ganzen Körper. Wenn Sie einen Kinästheten nach dem Weg fragen, muß seine gesamte Physiologie diesen Weg mental durchlaufen, bevor er Ihnen seine gestikulierenden Beschreibungen darbieten kann.

Ein weiteres Erkennungsmerkmal ist die konsequente Orientierung anhand körperlicher Bedürfnisse. Der Kinästhet vergißt selten, wann es Zeit ist, zu schlafen, etwas zu trinken, oder feste Nahrung zu sich zu nehmen – nicht, weil er dauernd auf die Uhr schaut, sondern weil er guten Kontakt zu seinem biologischen Rhythmus pflegt. Diese Eigenart kann ihm den Ruf einbringen, ein triebhaftes Leben zu führen.

Kennen Sie Klaus Kinski? Falls Sie diesen Schauspieler in das Modell der Wahrnehmungstypen einordnen sollten, werden Sie ihm garantiert den kinästhetischen Stempel aufdrücken. Natürlich ist die animalische Triebhaftigkeit des gewöhnlichen Kinästhetikers selten so ausgeprägt wie bei diesem Enfant Terrible, doch eine Spur Kinski werden Sie in jedem echten Kinästheten entdecken können. Sobald er ein starkes körperliches Bedürfnis spürt, wird er keinen Moment zögern, alles andere stehen und liegen zu lassen, um dann auf direktem Wege seinem instinktiven Impuls nachzugehen. Während der Visuelle immer noch nach einem schönen Plätzchen für das Picknick Ausschau hält, und der Auditive in Gedanken über die Bedeutung des Waldes für das biologische Öko-System reflektiert, hat der kinästhetische Ausflügler wahrscheinlich schon zwei oder drei Scheibchen der leckeren Sandwiches verdrückt.

Wenn ein selbstbewußter Kinästhet den Raum betritt, kann sich die Atmosphäre schlagartig verändern. Seine Anwesenheit strahlt eine körperliche Präsenz aus. Das archetypische Territorialempfinden wird aktiviert. Auch wenn das wache Auge des visuellen Beobachters sofort erkennt, daß die eintretende Gestalt keinesfalls edel gekleidet ist, und wenn der auditive Zuhörer nach den ersten Sätzen beginnt, über den offenkundig limitierten Wortschatz zu schmunzeln – das Unbewußte der anderen Menschen respektiert die archetypische Kraft, die von der physischen Präsenz des Kinästheten ausstrahlt. Viele Profisportler sind sehr eindrucksvolle Vertreter der kinästhetischen Welt. Die Interviews von Boris Becker zeichnen sich dadurch aus, daß Boris zunächst seinen Körper spürt, und dann aufrichtig sagt, was er fühlt, während er denkt. Der Kinästhet ist eine ehrliche Haut. Es fällt ihm außerordentlich schwer, die Unwahrheit zu sagen, weil er sich nur dann wohlfühlt, wenn er sein inneres Erleben authentisch ausdrücken kann. Die Standpunkte, die von ihm vertreten werden, sind keinesfalls abgehoben, sondern greifbar und bodenständig, haben Hand und Fuß.

Viele Kinästheten besitzen eine starke körperliche Ausstrahlung. Sie können einen Raum physisch dominieren.

Da er seine Botschaften fühlen möchte, bevor er sie als gesprochene Sätze formuliert, redet der kinästhetische Mensch meist recht langsam. Er spricht mit einer tiefen, kräftigen und resonanzvollen Stimme. Frauen mit tiefen Stimmen gelten bekanntlich als sexy – diese Volksweisheit kommt nicht von ungefähr, denn die tiefe Tonlage zeigt an, daß guter Kontakt zum Körper besteht. Wenn ein Kinästhet die volle Resonanz seiner Stimme entwickeln kann, wird er es tagtäglich genießen, die angenehmen Vibrationen zu spüren, die beim Sprechen im Körper entstehen. Seine Worte kommen aus dem Bauch, er denkt, was er fühlt, und er sagt, was er denkt. Ob man in der Kommunikation das eine oder andere Wort vielleicht hätte treffender wählen können, spielt für sein Empfinden keine wesentliche Rolle. Deshalb tritt der Kinästhet hin und wieder ins soziale Fettnäpfchen. Seine spontanen Äußerungen passen nicht immer in das harmonische Bild des visuellen Zuhörers, die rauhen Ausdrücke können einer plastischen Vorstellung von der zukünftigen Zusammenarbeit manchmal tiefe Risse und Kerben zufügen. Und manch ein Auditiver lauscht den kinästhetischen Ausführungen ein Weilchen und beginnt dann, ungläubig mit dem Kopf zu schütteln – derartig ungehobelte Satzgebilde irritieren seine empfindlichen Ohren, er fühlt sich verbal auf die Füße getreten, und steht jetzt vor der Wahl, entweder beleidigt oder belustigt zu sein.

Der Kinästhet gilt als ehrliche Haut. Er möchte sein inneres Erleben authentisch ausdrücken.

Der kinästhetische Kommunikationsstil ist rauh, aber herzlich. Die eigene Meinung wird direkt zum Ausdruck gebracht. Wer einmal im Hafen oder auf dem Bau gearbeitet hat, kennt den handgreiflichen Umgangston, den nur Kinästhetiker untereinander pflegen können. Man flachst was das Zeug hält, macht derbe Scherze, oft auch unterhalb der Gürtellinie, doch im Grunde ist es völlig egal, was inhaltlich gesagt wird, solange das Feeling rüberkommt. Falls doch mal Mißverständnisse entstehen, klopft man sich gegenseitig auf die Schulter, um die Beziehungsebene wieder zu klären. Ein gelackter visueller Schön-Redner wird sich in der kinästhetischen Welt ebensowenig durchsetzen können wie ein abgehobener auditiver Analytiker. Handfeste Ansagen bewirken hier mehr, als eine lautmalerische oder komplizierte Umschreibung des bestehenden Sachverhalts. Wer mit echten Kinästhetikern wirkungsvoll kommunizieren will, muß lernen, die Dinge auf den Punkt zu bringen.

Beruflich bevorzugt der kinästhetische Typ Tätigkeiten, bei denen er seinen Körper aktiv einsetzen kann, wie zum Beispiel im Sport, in der Produktion oder im Handwerk. Doch gleichzeitig erzeugt die kinästhetische Präferenz auch archetypische Führungsqualitäten. Bei unseren Vorfahren hatte der Kämpfer mit dem kräftigsten Körperbau die besten Chancen, um sich als Anführer zu behaupten. Der stärkste Löwe ist der natürliche Chef im Rudel. Auch unser ehemaliger Bundeskanzler Helmut Kohl ist, ebenso wie Bill Clinton und Boris Jelzin, ein außerordentlich stattliches Exemplar der menschlichen Spezies. Seine langjährige Alleinherrschaft in der deutschen Politik verdankte er wohl nicht zuletzt auch seinem kinästhetischen Durchsetzungsvermögen.

Unter den Kinästheten gibt es zwei Arten der körperlichen Spezialisierung: Zum einen den ruhigen, gemütlichen Typ, der seinen Körper am liebsten spürt, wenn er ihn ganz entspannt genießen kann; er liebt Bequemlichkeit und gutes Essen und verfügt deshalb nicht selten über eine beträchtliche Leibesfülle. Dann gibt es den aktiven, sportlichen Typ, der seinen Körper am besten spürt, wenn er sich ausgiebig bewegen kann. Der sportliche Kinästhet ist ein gern gesehener Gast bei jedem Umzug. Während der auditive Helfer noch darüber grübelt, was wann in welcher Reihenfolge transportiert werden soll, hat der Kinästhet schon drei Kartons aus dem fünften Stock in den Umzugswagen getragen. Schwitzen gilt als ein Zeichen von Lebendigkeit. Der aktive Kinästhet wird schnell nervös, wenn es nichts mehr zu tun gibt. Er braucht den motorischen Ausgleich.

Der sportliche Kinästhet braucht ständig Bewegung. Er hat Freude an motorischer Aktion.

Im Urlaub kann er sich so richtig austoben, ein Berg will bestiegen und ein See will durchschwommen werden. Natürlich hat man Surfbrett und Taucherausrüstung dabei, auch Tennisschläger und Mountainbike konnte man unmöglich zu Hause lassen. Allerdings braucht man keine Golfschläger mitzunehmen, denn das ist ein Sport für visuelle Rentner; aber beim Drachenfliegen, da steigt der kinästhetische Adrenalinspiegel in ungeahnte Höhen.

Mit dem ruhigen Typus hingegen können Sie einen herrlich entspannten Urlaub erleben. Ein solcher Kinästhet liebt es, ganze Tage im Bett zu verbringen. Nicht nur, um zu schlafen, sondern auch, um sich inmitten einer Vielzahl von Genußmitteln auszubreiten und sich dabei pudelwohl zu fühlen. Schließlich ist das eigene Bett der beste Platz für ein gemütliches Picknick, und innerhalb von kürzester Zeit wird sich das Ruhelager in ein behagliches Schlachtfeld verwandeln. Bei solch einem Anblick würde jeder Visuelle einen schmerzlichen Schock erleiden, und manch ein Auditiver würde sich fragen, wer in diesem Chaos wohl das Sagen hat – der Mensch oder sein Trieb? Zwischen Chipstüten, leeren Bierflaschen, Weintrauben, Käse, Pralinen und den Resten der angelieferten Pizza werden sich irgendwo wahrscheinlich auch noch ein kuscheliger Bademantel, ein paar Comics, eine Wärmflasche und natürlich die Fernbedienung des TV-Gerätes befinden.

Fernsehen dient dem echten Kinästhetiker weniger als informatives Medium, sondern vielmehr als angenehmes Accessoire von ritualisierter Bequemlichkeit. Solange man sich wohlfühlt, kann die Programmgestaltung relativ flexibel gehalten werden, allerdings mag man keine Talkshows, ehrlich gesagt, findet man sie stinklangweilig – nur rumsitzen, langes Geschwafel und nix passiert. Statt dessen liebt man die Sportschau, und natürlich harte Actionfilme, wo so richtig was abgeht!

Actionfilme repräsentieren die kinästhetische Welt in klassischer Weise. Arnold Schwarzenegger, Sylvester Stallone, Hulk Hogan und Jean-Claude van Damme sind Männer mit starken Muskeln, tiefen Stimmen und außerordentlichen Fähigkeiten, wenn es darum geht, handfeste Probleme zu lösen. Wenn Sie sich den Kinästheten als Karikatur vorstellen wollen, dann denken Sie an Comic-Figuren wie Popeye, den Spinatessenden Seemann und

Fernsehen dient dem Kinästhetiker als angenehmes Accessoire von ritualisierter Bequemlichkeit.

seinen muskelbepackten Gegenspieler. Fast alle Zeichentrick- oder Slapstick-Filme bieten dem Zuschauer eine sehr kinästhetische Form von Humor. Man lacht über motorische Fehlleistungen, Menschen stolpern über ihre eigenen Füße, ein Tisch bricht zusammen, Torten werden geworfen und irgend jemand fällt auf die Nase.

Der kinästhetische Typ

Erkennungsmerkmale: kräftiger Händedruck, intensive Körpersprache, lockere Kleidung, gemütliche Umgebung, tiefe Stimme, langsame Bauchatmung, aktive Hände, Augen oft nach unten gerichtet, besonders nach unten rechts

Sprache: körperliche Begrifflichkeiten, Ausdruck von Bewegung, Gefühlen und Empfindungen: „Mir läuft ein Schauer über den Rücken.", „Dies ist eine handfeste Angelegenheit.", „Er hat sich vor Freude auf die Schenkel geklatscht."

Stimme: meist langsam, resonanzkräftig, voll und tief, aus dem Bauch heraus

Kleidung: bequem, sportlich, leger, weiche Stoffe, sportliche Schuhe, kräftige Sohlen, gern ohne Krawatte oder mit gelockertem Knoten, manchmal abgetragene Sachen, verschlissen aber gemütlich, manchmal jenseits jeglicher Mode

Typische Berufe: Handwerker, Baulöwe, Transportwesen, Operation-Manager, gewerbliche Führungskraft, Sportlehrer, Profi-Sportler, Bergsteiger, Taucher, Kranführer, Hafenarbeiter, Stahlbranche, Gärtner, Koch, Fernfahrer, charismatische Führungsposition

Freizeit und Urlaub: Joggen, Fitneß-Center, Skifahren, Tanzen, Wandern, Segeln, Extrem-Sport, Faulenzen, Schlafen, am Strand liegen, Frühstück im Bett, gemütliches Beisammensitzen

TV-Sendungen: Actionfilme wie „Terminator", „Stirb langsam" oder „Rambo", Western mit harten Männern, Täglich Ran, Sportschau, Kung Fu-Filme, Wrestling-Shows, Action Comics, „Tom und Jerry", „Bugs Bunny"

Prominente: Arnold Schwarzenegger, Reinhold Messner, Mike Tyson, Gerhard Schröder, Helmut Kohl, Boris Jelzin, Bill Clinton, Tina Turner, Uwe Seeler, Boris Becker, Steffi Graf, Hulk Hogan, Jean-Claude van Damme, John Wayne, Clint Eastwood, Nina Hagen, Bud Spencer, Hackl Schorsch

Karikatur: Obelix, Popeye, Superman, Hägar, Donald Duck, Tarzan

Besondere Werte: Wohlbefinden, Bodenständigkeit, persönliche Erfahrung, Bewegung und Sport, Bequemlichkeit, körperliche Kraft, Durchhaltevermögen, Natürlichkeit, lockere Atmosphäre, frische Luft, gutes Essen

Lernaufgabe: den Körper stärker mit der Großhirnrinde vernetzen, die eigenen Erfahrungen sprachlich reflektieren, Eleganz entwickeln, die Welt mit offenen Augen betrachten

Wie begegnen Sie dem kinästhetischen Typ?

▶ Fragen Sie sich, wer aus Ihrem Kollegen- und Bekanntenkreis wohl zur Gruppe der Kinästheten gehört?! Vermutlich sind Ihnen während des Lesens bereits einige Ideen gekommen. Vervollständigen Sie diese Liste nun systematisch und denken Sie dabei an konkrete Personen.

▶ Dann reflektieren Sie gezielt über deren Vorlieben und Eigenarten: Woran erkennen Sie die kinästhetische Neigung? Was unterscheidet diese Personen von anderen Menschen? Holen Sie alle relevanten Informationen aus Ihrem Gedächtnis und beginnen Sie, Ihr Gefühl für die Kinästheten in passende Worte zu kleiden. Welche Merkmale lassen Sie wissen, daß Sie einem Kinästheten gegenüberstehen?

▶ Analysieren Sie, wie einzelne Personen aus dieser Gruppe ihr Leben organisieren: Wie sieht es in der Wohnung aus? Welches Auto fährt die Person? Welchen Lebenspartner hat sie sich ausgewählt? Wie kleidet sie sich? Welche Werte sind ihr wichtig? Wie bewegt sie sich? Wie ist ihr Händedruck? Was macht sie in ihrer Freizeit?

▶ Versuchen Sie den betreffenden Menschen wirklich zu verstehen, wohlwollend und mit Sympathie im Herzen. Empfinden Sie die Welt durch seinen Körper und entwickeln Sie ein Gefühl von Respekt für seine Werte.

▶ Machen Sie sich nicht über ihn lustig und versuchen Sie nicht, Ihr Wissen auszunutzen. Gebrauchen Sie Ihre Erkenntnisse, um besser zu kommunizieren, um Konflikte auf intelligente Weise zu lösen und um eine neue Grundlage der Verständigung zu schaffen.

▶ Wenn Sie mit dem kinästhetischen Typen in Kontakt treten, besinnen Sie sich auf Ihre Körperlichkeit. Betätigen Sie den entsprechenden Finger (Mittelfinger) als sinnlichen Anker und erinnern Sie Ihre Erfahrungen, die Sie auf Ihrer Reise durch die Dimensionen der kinästhetischen Welt gesammelt haben.

▶ Verbessern Sie den Kontakt durch Senden und Empfangen von Signalen aus der kinästhetischen Realität. Suchen Sie Körperkontakt. Spüren Sie die Aura, die Sie beide umgibt. Achten Sie weniger auf die gesprochenen Worte, sondern auf die Atmosphäre der Kommunikation. Setzen Sie Ihre Hände ein, um Sachverhalte darzustellen.

▶ Achten Sie während der Kommunikation auf den Sprachgebrauch und auf die Bewegungen seiner Augen – blickt er häufiger nach unten, wenn er beim Denken oder Sprechen in seinem Gedächtnis Informationen abruft?

▶ Falls Sie der Meinung sind, daß Sie selber eine stark kinästhetische Neigung haben, dann machen Sie sich diesen Charakterzug mit allen Konsequenzen bewußt. Erkennen Sie die Stärken Ihrer körperlichen Präsenz und würdigen Sie den guten Kontakt zu Ihrem Körper, doch achten Sie darauf, daß Sie den anderen Kanälen in Zukunft ebenfalls genug Beachtung schenken.

Mein Übungserfolg: ○○○○○○○○○○○○○○○○○○○○

Die Kombination der sinnlichen Systeme

Ergibt die Beschreibung der drei Wahrnehmungstypen vor Ihrem persönlichen Erfahrungshintergrund einen Sinn? Fügt sich das Bild allmählich zusammen? Konnten Sie bereits ein Gespür für den kinästhetischen Typus entwickeln? Können Sie auditiv-orientierte Zeitgenossen in Ihrem persönlichen Bekanntenkreis identifizieren? An wen denken Sie, wenn Sie sich einen Visuellen vorstellen? Wissen Sie, wie Sie sich verhalten müssen, um mit einem bestimmten Wahrnehmungstypen in direkten Kontakt zu treten?

Was würden Sie beispielsweise tun, um einen Vollblut-Kinästhetiker von etwas zu überzeugen? Genau, Sie würden ihn zunächst eine positive Erfahrung machen lassen und ihm dann auf die Schulter klopfen. Das Leben kann ganz einfach sein! Oder etwa doch nicht? Wenn man die Plattheiten, die typologische Modelle mit sich bringen, auf die Spitze treiben will, könnte man folgende Behauptung aufstellen: Visuelle Frauen sind blond und gutaussehend, auditive Frauen sind intelligent und sparsam, kinästhetische Frauen sind sexy und warmherzig. Doch wie gesagt – die Charakterstrukturen der drei klassischen Typen werden Sie im realen Leben nur sehr selten so ausgeprägt vorfinden, denn echte Menschen verfügen über komplexe Orientierungs-Strategien. Das Unbewußte ist grundsätzlich darum bemüht, die eigene Wahrnehmung durch möglichst viele Sinnessysteme zu validieren. Solch extreme Persönlichkeitsmuster, wie sie hier beschrieben wurden, entstehen erst dann, wenn ein Mensch sich tatsächlich auf nur einen Sinneskanal spezialisiert und sich angewöhnt, den anderen Informationssystemen keine oder nur sehr wenig Beachtung zu schenken.

Neben den drei klassischen Typen gibt es Mischtypen, die sich auf zwei große Systeme spezialisiert haben.

Falls Sie diesen Wahrnehmungsfilter mit Ihrer eigenen Erfahrung verbinden, werden Sie jedoch schnell eine Intuition für die allgemeinen Kennzeichen entwickeln. Im Laufe Ihrer praktischen Beobachtungen werden Sie lernen, Kleidungsstil, Körpersprache und persönliche Vorlieben als Ausdruck von sinnlichen Präferenzen zu verstehen. Vermutlich werden Sie in Ihrer Umwelt einige Zeitgenossen entdecken, die sich den drei klassischen Typen einwandfrei zuordnen lassen. Darüber hinaus werden Sie bestimmt auch einige Mischtypen entdecken: visuelle Kinästhetiker, auditive Kinästhetiker oder die auditiv-visuellen Typen.

Misch-Typen entstehen, wenn zwei Systeme beachtet werden und das dritte System vernachlässigt wird. Sie sind im Alltag mindestens ebenso häufig vertreten wie die drei klassischen Typen. Theoretisch könnten Sie auch einen Menschen entdecken, der es versteht, alle seine Sinnessysteme mit ebenso hoher Intelligenz und zugleich optimal ausgependelt einzusetzen. In der Praxis ist mir so ein Mensch jedoch noch nicht begegnet. Wir alle haben unsere Schwachpunkte. Es gibt immer zumindest ein System, das noch nicht optimal entwickkelt ist, weil es bisher zu wenig kreative Beachtung erfuhr.

Die soziale Orientierung mit Hilfe des Modells der Wahrnehmungstypen hat sich in der Praxis als außerordentlich nützlich erwiesen. Es ermöglicht eine bewußte Kommunikation und kann Ihnen helfen, Ihr Gegenüber gezielt anzusprechen. Außerdem ist es ein nützliches Instrument, um unnötigen Mißverständnisen vorzubeugen. Doch gleichzeitig birgt es die Gefahr, den Menschen als ganzheitliches Wesen aus den Augen zu verlieren, denn wie jede Typenlehre verführt auch dieses Modell zum sogenannten „Schubladen-Denken". Deshalb kann man gar nicht oft genug betonen, daß jeder Mensch – trotz seiner Vorliebe für ein oder vielleicht zwei Systeme – die Wirklichkeit auf allen fünf Frequenzen erlebt!

*S*innessysteme **werden durch äußere Einflüsse stimuliert. Jeder ausreichend starke Reiz aktiviert die passenden Wahrnehmungsfilter.**

Unsere Sinneskanäle werden durch äußere Einflüsse stimuliert; und sobald ein Kanal durch geeignete Reize angesprochen wird, fließt unsere Aufmerksamkeit dorthin. Wenn im Restaurant das Essen serviert wird, schalten fast alle Gäste auf den gustatorischen Kanal, nur einige Vielredner bevorzugen es auch in diesem Moment, die Realität weiterhin über den auditiven Kanal zu repräsentieren. Natürlich interessiert uns auch, wie das Essen aussieht, deshalb schalten wir den visuellen Kanal dazu. Außerdem riechen wir das Essen, indem wir den olfaktorischen Kanal aktivieren. Dann macht man es sich bequem – kinästhetischer Öko-Check – und stimmt sich mit einem kurzen auditiven Pacing-Ritual wie zum Beispiel „Auf Ihr Wohl!" oder „Guten Appetit!" auf das gemeinsame Essen ein.

Sinnliche Stimulanz bewirkt geistige Aktivität, und jeder Mensch reagiert entsprechend seiner psychischen Struktur auf die angebotenen Reize. Was geschieht beispielsweise im Kino? Dort werden sich alle Menschen auf den visuellen Kanal konzentrieren. Allerdings wird ein auditiver Typ auch den

Dialogen der Schauspieler ein besonderes Maß an Aufmerksamkeit schenken. Der kinästhetische Typ wird wahrscheinlich sehr schnell bemerken, wie weich oder hart man in den Kinosesseln sitzt. Die meisten Menschen schalten das olfaktorische System aus, sobald sie sich im Kino befinden, weil sie sonst bemerken würden, daß die Luft im Raum immer stickiger wird. Selbst die Tatsache, daß die Sitznachbarin links vorne ein aufregendes Parfum benutzt, ist nur ein dürftiger Ersatz für frischen Sauerstoff. Manchmal trifft man auch gustatorische Typen, die finden jeden Film gut, solange es im Kino Bier zu trinken und Popcorn gibt.

Jeder Mensch hat seine eigene Art, sich in der Realität zu orientieren und seinen Sinnen zu vertrauen. Die Bevorzugung von bestimmten Sinneskanälen ist sowohl kontextabhängig als auch in der persönlichen Lerngeschichte begründet. Sie birgt daher ein ernstzunehmendes Konflikt-Potential. Wenn eine visuelle Frau mit einem auditiven Mann verheiratet ist, können die beiden sich nicht wirklich verstehen, solange Sie nicht lernen, sich auf die Präferenzen des anderen einzustellen. Sie wünscht sich, daß er ihr **zeigt**, wie begehrenswert sie ist. Während er darauf wartet, daß sie ihm **sagt**, was für ein toller Kerl er ist. Solange man nicht weiß, welche **Form** von Kommunikation der Partner benötigt, steht gegenseitige Frustration auf der Tagesordnung. Erst wenn man lernt, die Andersartigkeit des Partners zu schätzen und zu respektieren, entstehen Synergie-Effekte, und der gewohnte Streit wird plötzlich überflüssig. Das Modell der Wahrnehmungstypen ist ein sehr nützliches Werkzeug, um den Kontakt mit Ihren Mitmenschen intelligent zu gestalten. Sie können die Denkgewohnheiten der anderen erkennen und sich in der Kommunikation darauf einstellen.

Die Abwesenheit von sinnlicher Intelligenz birgt ein enormes Konflikt-Potential. Viele Frustrationen entstehen durch Mißverständnisse.

Ihr Wissen um die Sinnestypen können Sie in jeder Kommunikation einsetzen: bei der Führung von Mitarbeitern, im Verkauf, vor Gericht, im Privatleben, als Freund oder Ehepartner, im Konflikt-Management. Wenn Sie schnell erkennen, auf welchem Kanal Sie Ihren Gegenüber erreichen und überzeugen können, verbessern Sie Ihre sozialen Fähigkeiten. Sie können Mißverständnisse aufklären und dafür sorgen, daß man sich nicht gegenseitig frustriert, sondern voneinander lernt. Das Wissen um die sinnlichen Präferenzen verbessert die Chance, daß echter zwischenmenschlicher Austausch stattfinden kann.

Die individuelle Mischung

▶ Trainieren Sie Ihre Fähigkeit, die bevorzugten Wahrnehmungsstrategien Ihrer Mitmenschen gezielt zu erkennen. Übertragen Sie Ihr Wissen von den drei Wahrnehmungstypen in Ihren Alltag und diagnostizieren Sie visuelle, auditive und kinästhetische Typen.

▶ Erkennen Sie auch Mischtypen: visuelle Kinästhetiker, auditive Kinästhetiker und die auditiv-visuellen Typen. Vielleicht entdecken Sie sogar einen Menschen, der seine Orientierung gleichmäßig ausgerichtet hat und alle seine Sinne harmonisch einzusetzen versteht.

▶ Beobachten Sie die Menschen in Ihrer Umgebung ganz bewußt und finden Sie heraus, auf welche Weise sich diese Personen im Leben orientieren. Untersuchen Sie deren Vorlieben, Gewohnheiten und Wahrnehmungsstrategien. Welches Sinnessystem wird bevorzugt eingesetzt?

▶ Falls Sie die Chance dazu haben, analysieren Sie die Wohnung, den Arbeitsplatz, den Kleiderschrank und den Freundeskreis Ihrer Mitmenschen – ohne böse Absichten und ohne dabei aufdringlich zu sein, sondern mit Respekt und gesundem Interesse.

▶ Achten Sie bei der Analyse auf sinnliche Details und feine Unterschiede. Wie hat dieser Mensch sich eingerichtet? Was trägt er für Kleidung? Beobachten Sie, mit Hilfe welches Sinnessystems er sein Leben organisiert und anhand welcher Kriterien er seine Entscheidungen trifft.

▶ Fragen Sie andere Menschen nach deren Hobbys, Freizeitgestaltung, Vorlieben und Abneigungen. Versuchen Sie zu verstehen, wie deren innere Wertesysteme und die Organisation ihrer Sinnlichkeit zusammenhängen.

▶ Während Ihr Gegenüber die gestellten Fragen beantwortet, achten Sie genau auf seine Augenbewegungen und auf die sinnliche Metaphorik seiner Sprache. Im nächsten Teil des Buches werde ich Ihnen aufzeigen, wie Sie diese beiden diagnostischen Verfahren einsetzen können.

▶ Die hohe Kunst der sinnlichen Kommunikation besteht darin, sich mit Hilfe der Diagnose ganz gezielt auf das bevorzugte System des Gegenüber einzustellen. Sie erleichtern den Austausch von Informationen und fördern das zwischenmenschliche Verständnis ganz erheblich, wenn es Ihnen gelingt, Ihre eigenen Wahrnehmungsfilter harmonisch auf das System Ihres Gesprächspartners abzustimmen.

▶ Trainieren Sie Ihre eigene Flexibilität im Einsatz Ihrer Sinnessysteme. Wechseln Sie bewußt zwischen einzelnen Systemen hin und her, und lernen Sie die fünf Dimensionen der menschlichen Erkenntnis differenziert wahrzunehmen. Üben Sie den gezielten Wechsel der sinnlichen Perspektive!

▶ Sobald Sie bewußt zwischen den unterschiedlichen Systemen wechseln können, beginnen Sie, sich in der Kommunikation gezielt auf Ihren Gesprächspartner einzustellen. Überzeugen Sie Ihre Mitmenschen auf mühelose Weise, indem Sie sich in deren Welt hineinfühlen und deren Sprache sprechen!

Mein Übungserfolg: ○○○○○○○○○○○○○○○○○○○○○○

Vielleicht fragen Sie sich jetzt, welchem Typ Sie sich selber zuordnen würden? Einige Menschen haben auf diese Frage nach der Selbsteinschätzung sofort eine spontane Idee. Sie schauen kurz nach oben und sagen: „Ich sehe mich ganz klar als Visuellen!" Andere verkünden mit wohlklingender Stimme: „Ich würde sagen, daß man mich als Auditiven bezeichnen könnte." Wieder andere spüren in sich hinein, um dann festzustellen: „Ich fühle, daß ich ein Kinästhetiker bin." Einige Zeitgenossen zögern bei der Selbsteinschätzung sehr lange, um dann zu verkünden, daß sie sich nicht einordnen können, weil sie keinem Typ entsprechen, sondern alle ihre Sinne benutzen. Falls dies bei Ihnen der Fall sein sollte, gewinnen Sie vielleicht neue Erkenntnisse durch den folgenden kleinen Psycho-Test, den Sie nun durchführen können. Dieser Test besitzt zwar keinerlei diagnostische Zuverlässigkeit, er ist jedoch ein weiteres interessantes Puzzlestück bei der spielerischen Diagnose von sinnlichen Vorlieben.

Der folgende Test kann Ihnen helfen, sinnliche Vorlieben systematisch zu identifizieren.

Falls Sie Lust haben, Ihre Spekulationen über die Vorlieben Ihrer Freunde und Bekannten ebenfalls zu überprüfen, können Sie diesen Test auch gern von weiteren Personen ausfüllen lassen. Dafür müssen Sie die entsprechenden Buchseiten einfach auf einen Fotokopierer legen. Achten Sie jedoch darauf, daß Sie den Test nicht als falsch-verstandenes Beweismittel für einfältiges Schubladen-Denken oder gar für manipulative Rechthaberei mißbrauchen. Der Umgang mit dem Wissen von den Wahrnehmungstypen sollte durch Respekt, Toleranz und einem positiven Humor geprägt sein. In einem solchen zwischenmenschlichen Klima können Sie das Typen-Modell zu einem außerordentlich nützlichen Werkzeug entwickeln. Je mehr Sie sich mit diesem Diagnose-System auseinandersetzen, desto treffsicherer werden Sie in der sinnlichen Kommunikation mit Ihren Mitmenschen.

Test: Welcher Typ bin ich?

Anleitung:

Lesen Sie jede Frage einzeln durch und entscheiden Sie, welche der drei Antwortmöglichkeiten für Sie wie stark zutrifft. Sie können bei jeder Frage genau zehn Punkte vergeben. Verteilen Sie die zehn Punkte so, wie es Ihrem Charakter entspricht. Sollten Sie sich ganz klar für eine Antwort entscheiden und die anderen beiden gänzlich ausschließen, so geben Sie dieser Antwort alle zehn Punkte.

Bei vielen Fragen werden Ihnen vermutlich jedoch alle drei Antworten in gewissem Maße zusagen – dann verteilen Sie die zehn Punkte in der senkrechten Spalte so, wie Sie es für sich als passend empfinden; beispielsweise geben Sie Antwort a) 3 Punkte, Antwort b) 6 Punkte und Antwort c) 1 Punkt.

Auf diese Weise trainieren Sie sich darin, auch jenseits des „Schubladen-Denkens" Ihren Präferenzen angemessen und wohldosiert Ausdruck zu verleihen. Sobald Sie alle Fragen durch die Zuordnung von Punkten beantwortet haben, finden Sie auf Seite 139 eine Tabelle für die Auswertung Ihrer Ergebnisse.

1. Wenn Sie in den Urlaub fahren, dann möchten Sie

1

a) Land und Leute sehen und ein schönes Zimmer in einem Hotel mit Ambiente, am liebsten mit Blick aufs Meer oder auf die Berge

3

b) endlich mal in Ruhe nachdenken, viel lesen, die Stille genießen, schöne Musik hören und interessante Gespräche mit netten Menschen führen

6

c) sich einfach nur wohlfühlen, die Wärme der Sonne spüren, baden, am Strand rumliegen oder aktiv Sport treiben

2. Wenn Sie sich über längere Zeit stark konzentrieren müssen, dann brauchen Sie besonders

0

a) absolute Ruhe und keinerlei Störgeräusche

10

b) einen klaren Blick für das Ziel Ihrer Aufgabe

0

c) eine ruhige Atmosphäre und eine entspannte Sitzposition

3. Wenn Sie sich richtig entspannen möchten, dann können Sie das am besten

1

a) vor dem Fernsehgerät

3

b) in der warmen Badewanne

6

c) bei angenehmer Musik

4. Wenn Sie sich Kleidung kaufen, dann achten Sie besonders darauf,

2

a) daß Sie darin gut aussehen und daß Farben und Stil zu Ihrer Erscheinung passen

2

b) daß die Materialien und die Verarbeitung qualitativ hochwertig sind und daß der Preis stimmt

6

c) daß Sie sich in den Sachen wirklich wohlfühlen – dann sind die Farbe und der Schnitt nicht so entscheidend

5. Wenn Sie in der Lotterie gewinnen und sich ein neues Auto aussuchen dürfen, dann wählen Sie

10

a) einen schicken Porsche in Ihrer Lieblingsfarbe

0

b) einen technisch ausgereiften Audi, wo auch bei den Unterhaltskosten das Preis-/Leistungs-Verhältnis stimmt

0

c) einen komfortablen Mercedes mit bequemen Ledersitzen, Sitzheizung und viel Platz im Innenraum

6. Wenn Sie ein Restaurant besuchen, dann achten Sie – neben der guten Qualität der Speisen – besonders auf:

4

a) eine gemütliche und warmherzige Atmosphäre

3

b) ein sauberes und ästhetisches Ambiente

3

c) einen interessanten Gesprächspartner am Tisch

7. In Ihrer Freizeit

5

a) treiben Sie Sport, arbeiten im Garten oder Sie kochen zuhause. Außerdem sitzen Sie gern mit Freunden zusammen

0

b) gehen Sie gern ins Kino, fotografieren reizvolle Motive, oder Sie bummeln an den Schaufenstern entlang. Außerdem sitzen Sie gern im Café und beobachten Leute

5

c) lesen Sie gern ein gutes Buch, hören schöne Musik oder Sie gehen gern ins Konzert. Mit Ihren Freunden und Bekannten führen Sie viele interessante Gespräche

8. Wenn Sie plötzlich an einen bestimmten Menschen denken, dann kommt Ihnen als spontane Erinnerung zuerst in den Sinn:

0

a) der Name

10

b) das Gesicht

0

c) ein Gefühl zu dieser Person

9. Wenn Sie jemanden begrüßen, dann

4

a) achten Sie darauf, wie sich sein Händedruck anfühlt

3

b) schauen Sie ihm in die Augen und lächeln freundlich

3

c) sagen Sie ein paar passende Worte und hören, was er Ihnen antwortet

10. Wenn Sie sich fragen, mit welchen Menschen Sie den besten Kontakt pflegen, dann sind es überwiegend

3

a) lockere Typen, mit denen man Pferde stehlen kann

2

b) interessante und gebildete Menschen, mit denen man intelligente Gespräche auf einem gewissen Niveau führen kann

5

c) attraktive Personen, mit denen man sich überall sehen lassen kann

11. Wenn Sie im Team arbeiten, ist es Ihnen wichtig,

4

a) daß man sich gut versteht und alle Probleme offen besprochen werden können

3

b) daß alle das gleiche Ziel vor Augen haben und sich als Partner betrachten

3

c) daß man sich wohlfühlt und alle bereit sind, Hand in Hand zusammenzuarbeiten

12. Wenn Sie plötzlich den Beruf wechseln müßten – in welchen Aufgabengebieten hätten Sie die besten Erfolgschancen:

0

a) als Fotograf, Modeberater oder Grafiker

10

b) als Handwerker, Sporttrainer oder Koch

0

c) als Schriftsteller, Controller oder Techniker

13. Wenn Sie in einer Fernsehshow mitmachen könnten, dann würde Sie dabei am meisten reizen

a) ein Quiz, wo es darum geht, Namen und Begriffe zu erraten

b) eine Sport-Show, wo Sie auf die Torwand schießen, um die Wette laufen oder mit Ringen werfen

c) eine Modenschau, wo die neuesten Klamotten präsentiert werden und Sie von lauter schönen Menschen umgeben wären

14. Ihr Traumpartner

a) sieht gut aus und hat eine tolle Figur

b) ist ein guter Zuhörer und ein interessanter Gesprächspartner

c) hat ein warmes Herz und eine angenehme Ausstrahlung

15. Wenn Sie eine wichtige Entscheidung treffen müssen, dann

a) hören Sie sich zunächst alle relevanten Argumente gewissenhaft an und dann stellen Sie sich einige kritische Fragen, bis Sie schließlich zu einer stimmigen Antwort kommen

b) wägen Sie die verschiedenen Standpunkte zunächst gegeneinander ab und dann vertrauen Sie Ihrem Gefühl zu der Sache

c) betrachten Sie alle Faktoren der Problematik ganz genau und dann sorgen Sie dafür, daß vor Ihrem geistigen Auge ein klares Bild entsteht

16. Wenn Ihre Freunde Sie charakterisieren sollen, würden sie sagen,

a) daß Sie ein intelligenter „Verstandes-Mensch" sind, der Probleme gut analysieren kann und über ein großes Wissensgebiet verfügt

b) daß Sie ein attraktiver „Augen-Mensch" sind, der eine gepflegte Erscheinung darstellt und stets den Überblick hat

c) daß Sie ein lebendiger „Gefühls-Mensch" sind, der viel in Bewegung ist und einen guten Kontakt zu seinen körperlichen Empfindungen hat

Auswertung:

Übertragen Sie Ihre Punktzahlen in die folgende Tabelle. Dort sehen Sie, welcher sinnlichen Alternative Sie wie viele Punkte gegeben haben.

Frage-Punkte

1. a) vis ...1..
    b) aud ..3..
    c) kin ...6.

2. a) aud ..0.
    b) vis ..10.
    c) kin ...0.

3. a) vis ..1..
    b) kin ...3...
    c) aud ..6.

4. a) vis ..2..
    b) aud ..2...
    c) kin ...6.

5. a) vis ..10.
    b) aud ..0..
    c) kin ..0..

6. a) kin ..4..
    b) vis ..3..
    c) aud ..3..

7. a) kin ...5..
    b) vis ...0..
    c) aud ..5..

8. a) aud ..0..
    b) vis ..10.
    c) kin ...0..

9. a) kin ..4..
    b) vis ..3..
    c) aud ..3..

10. a) kin ..3..
    b) aud ..2..
    c) vis ..5..

11. a) aud ..4..
    b) vis ..3..
    c) kin ..3..

12. a) vis ...0.
    b) kin ..10.
    c) aud ..0.

13. a) aud ..0.
    b) kin ..10.
    c) vis ..0.

14. a) vis ..4..
    b) aud ..3..
    c) kin ..3..

15. a) aud ..10.
    b) kin ..0..
    c) vis ..0..

16. a) aud ..2..
    b) vis ..4..
    c) kin ..4..

Anschließend zählen Sie Ihre Punkte in den drei Kategorien zusammen. Dann wissen Sie, wie Ihre sinnlichen Präferenzen laut Testergebnis verteilt sind.

Gesamtergebnis:

Visuelle Präferenz: ..56. **Punkte**

Auditive Präferenz: .44. **Punkte**

Kinästhetische Präferenz: .61. **Punkte**

Die Kategorie, in der Sie die meisten Punkte gesammelt haben, entspricht Ihrem bevorzugten Sinnessystem; hier liegen Ihre Stärken. Das System, in dem Sie die wenigsten Punkte haben, zeigt Ihnen, wo sich Ihre Lernaufgaben und Ihre zukünftige Entwicklungsrichtung befindet.

Sinnliche Wortwahl

Nun möchte ich Ihnen das zweite diagnostische Instrumentarium vorstellen. Dafür betrachten wir den Zusammenhang zwischen Wahrnehmung und Sprache – wir fokussieren also auf die Disziplin der „Neuro-Linguistik". Wenn ein Mensch denkt und in seinem Gehirn bestimmte Informationen abrufen will, muß er auf seine Sinnessysteme zurückgreifen. Dieser innere Vorgang spiegelt sich auch in den Worten, die er wählt, um seine Gedanken auszudrücken.

Die Art des Denkens zeigt sich im individuellen Sprachgebrauch. Wenn andere Menschen beginnen, Ihnen ihre Erlebnisse zu schildern, können Sie gleichzeitig eine ganze Menge über deren innere Prozesse erfahren, indem Sie die verwendeten Formulierungen hinsichtlich der sinnesspezifischen Sprachmuster analysieren. Die unbewußte Wortwahl geschieht nämlich nicht zufällig, sondern sie korreliert sehr stark mit der Art, wie der Mensch denkt und wie er seine Erfahrungen im Gehirn repräsentiert.

Viele Menschen verwenden sinnliche Metaphern, um ihre Gedanken zu formulieren. In Gesprächen kann man nicht selten hören: „Aha! Ich **sehe** jetzt, was Sie mir **aufzeigen** wollen. Wenn man es aus dieser **Perspektive betrachtet**, wird mir einiges **klar.**" Der visuelle Typ muß sich ein geistiges Bild machen können, um den Sachverhalt zu verstehen – und diese Tatsache offenbart sich in seiner Sprache.

Ganz im Gegensatz zu einem Zeitgenossen mit auditiven Präferenzen. Er meint dasselbe, hat jedoch eine andere Art, um sich seinen Reim darauf zu machen, und sagt dementsprechend: „Aha! Jetzt hat es bei mir **geklingelt**, so **stimmt** es! **Hört** sich gut an, was Sie **sagen.**"

Ein Kinästhetiker bevorzugt es nicht nur, in körperlichen Kategorien zu denken und seine Erfahrungen auf eine handfeste Art zu durchleben. Er drückt diese Einstellung auch durch seine Sprache aus: „Aha! Jetzt **begreife** ich Ihren **Standpunkt**, wenn man die Sache so angeht, **fühlt** sich das **rund** an. Das hat **Hand** und **Fuß.**" Er wählt eine kinästhetische Metapher, um nachzuvollziehen, was da gerade passiert ist. Nicht selten verfolgen mehrere Menschen die gleiche Absicht, wählen jedoch unterschiedliche Wege, um ihre Absicht zu kommunizieren.

Wie werden Entscheidungen getroffen?

Beim Denken, beim Sich-Erinnern und beim Sprechen verwendet jeder Mensch in seinem Gehirn ganz individuelle Strategien. Es sind seine persönlichen Muster der Informationsverarbeitung. Dabei benutzen verschiedene Menschen sehr unterschiedliche Strategien – sie können einfach gestrickt oder sehr komplex beschaffen sein.

Mentale Strategien werden blitzschnell durchlaufen; normalerweise obliegt ihre Koordination der Kontrolle des Unbewußten. Die bevorzugten Strategien sind wie neurologische Autobahnen in unserem Gehirn. Es sind innere Gewohnheiten, die meist völlig unbemerkt seit Jahren reproduziert werden. Solche inneren Strategien prägen unsere Art zu denken und Entscheidungen zu treffen. Wenn wir uns für etwas entscheiden wollen, wird unser Unbewußtes blitzartig eine Vielzahl sinnlicher Kriterien abrufen und miteinander vergleichen.

Ein typisches Beispiel für eine Entscheidungsstrategie wäre, sich zuerst über den visuellen Kanal ein Bild zu machen, es dann über den auditiven Kanal in Worten zu kommentieren und anschließend anhand des kinästhetischen Gefühls eine Entscheidung zu treffen. Ein Richter, der diese Strategie verfolgt, könnte dann folgendes sagen: „Wenn ich mir das Vorstrafenregister des Angeklagten **ansehe**, dann **frage** ich mich, wie das weitergehen soll. Ich habe fast das **Gefühl**, da müssen wir einen Riegel vorschieben."

Ein aufmerksamer Beobachter kann die Strategien anderer Menschen erkennen und seine Argumentation darauf abstimmen. Der Verteidiger des Angeklagten könnte dann folgendermaßen reagieren: „Euer Ehren, schauen Sie sich den Angeklagten an – ein wahres **Bild der Reue**! Man könnte **sagen**, daß er seine kriminelle Vergangenheit hinter sich gelassen hat, und deshalb sollte man seine Strafe mit einem guten **Gefühl** zur Bewährung aussetzen."

Die individuellen Eigenarten im Kopf des Menschen offenbaren sich in seiner Sprache auf verblüffende Weise. Als aufmerksamer Zuhörer können Sie anhand der bevorzugt verwendeten Worte heraushören, in welchem Sinnessystem andere Menschen denken und wie sie die Realität repräsentieren. Sie können herausfinden, in welchem System die meisten Differenzierungen geschehen und wo die individuellen Kriterien liegen, um Bewertungen vorzunehmen und Entscheidungen zu treffen. Dabei achten Sie besonders auf Formulierungen, die sinnesspezifische Worte enthalten. Wenn ein Mensch bevorzugt solche

Formulierungen gebraucht, hat er eine Vorliebe für dieses System und ist für derartige Reize besonders empfänglich.

Die sprachlichen Zugangshinweise verraten Ihnen, in welchen Systemen das Unbewußte der anderen Menschen die subjektiv relevanten Informationen verarbeitet. Sie erkennen, mit welcher Art von Informationen Sie Ihr Gegenüber versorgen müssen, um positiven Kontakt herzustellen und um gezielt Einfluß zu nehmen.

Sinnliche Vokabeln im persönlichen Sprachgebrauch sind verborgene Indikatoren für psychische Prozesse.

Auf den folgenden Übungsseiten habe ich Ihnen eine Sammlung von Beispielen zusammengestellt, die auf eine sinnesspezifische Codierung von Informationen hindeuten. Sinnliche Sprachmuster sind dann besonders aussagekräftig, wenn sie für Phänomene verwendet werden, die man ebensogut in anderen Systemen ausdrücken könnte. Äußerungen wie zum Beispiel **„Ich möchte zeigen"**, **„Ich möchte betonen"** oder: **„Ich möchte hervorheben"** beschreiben das gleiche Phänomen, allerdings in drei verschiedenen Sinnessystemen.

Der Visuelle kann es dann einsehen: **„Jetzt wird's klar!"**, der Auditive antwortet: **„Es hat bei mir geklingelt"** und auch der Kinästhetiker kann es plötzlich nachvollziehen: **„Ich hab's begriffen!"**

Sie können davon ausgehen, daß den meisten Menschen die eigenen Strategien relativ unbekannt sind. Viele Zeitgenossen wissen nicht, in welchem System sie die entscheidenden Informationen verarbeiten und welche Kriterien notwendig sind, damit sie offen werden, um ihre Meinung zu ändern und sich auf die Argumente des Gesprächspartners einzulassen. Das bewußte Erforschen der inneren Strategien ist oftmals wie das Betreten von psychologischem Neuland. Ihre ersten Schritte sollten Sie mit Respekt und einer gesunden Portion Neugier tätigen. Verzichten Sie zunächst darauf, die Betroffenen mit Ihren Beobachtungen zu konfrontieren – in den meisten Fällen erzeugen Sie lediglich Verwirrung und Mißtrauen. Erst wenn Sie selber einen soliden Erfahrungsschatz im Umgang mit diesem Wissen erworben haben, kann es sich zu einer wertvollen Grundlage für Ihre Souveränität im Kontakt mit Ihren Mitmenschen entwickeln. Mit diesem Wissen können Sie andere Menschen besser verstehen. Sie können unnötige Konflikte vermeiden, und Sie können Ihre Argumentations-Strategien gezielt ausrichten, um andere Personen souverän zu überzeugen.

Erforschen Sie die sinnliche Wortwahl

▶ Analysieren Sie den sinnlichen Sprachgebrauch Ihrer Mitmenschen. Achten Sie bei Gesprächen ganz genau auf die unbewußt gewählten Formulierungen. Gewöhnen Sie sich an, sinnesspezifische Vokabeln als solche zu erkennen. Entwickeln Sie eine Intuition für die sinnliche Metaphorik der gesprochenen Sprache. Erkennen Sie, welcher Mensch welche Metaphern bevorzugt.

▶ Bringen Sie Ihre Beobachtungen in Zusammenhang mit Ihrem Wissen über die Wahrnehmungs-Typen. Überprüfen Sie, ob die beiden diagnostischen Systeme zu ähnlichen Ergebnissen führen.

▶ Auch wenn Sie selber sprechen, können Sie Ihre Sprache beobachten und dabei Ihre eigenen Präferenzen erkennen.

▶ Verbessern Sie Ihre verbale Flexibilität, indem Sie Ihre Wortwahl der Sprache Ihrer Gesprächspartner anpassen. Diese Fähigkeit kann Ihnen dabei helfen, sich bewußt auf bevorzugte Sinneskanäle einzustellen, unnötigen Mißverständnissen vorzubeugen und eine harmonische Gesprächsatmosphäre zu erzeugen.

▶ Versuchen Sie, Ihre Mitmenschen ganz gezielt in deren Sprachgebrauch anzusprechen – wenn sich Ihr Gesprächspartner visuell orientiert, bestätigen Sie ihn mit den Worten: „Das sehe ich genauso!"; wenn Sie sich mit einem Auditiven unterhalten, stimmen Sie ihm zu und sagen: „Das klingt sehr interessant"; und wenn Ihnen ein Kinästhet gegenübersteht, begegnen Sie ihm mit einem kraftvollen „Das hat Hand und Fuß!".

Mein Übungserfolg: ○○○○○○○○○○○○○○○○○○○○

Trainingsprogramm zur sinnlichen Sprache

Um Ihren sinnlichen Wortschatz zu trainieren, habe ich Ihnen auf den folgenden Seiten einige Listen mit sinnlichen Vokabeln zusammengestellt. Lassen Sie sich während des Lesens von der sinnlichen Vielfalt der deutschen Sprache inspirieren.

Anschließend nehmen Sie sich etwas Zeit und ergänzen meine Auflistungen mit Formulierungen aus Ihrem eigenen Wortschatz. Falls Ihnen nicht sofort weitere Worte einfallen, beobachten Sie den Sprachgebrauch Ihrer Mitmenschen. Sie können sicher sein, daß Ihnen bereits nach kurzer Zeit eine ganze Reihe sinnlicher Formulierungen auffallen werden.

Visuelle Sprache:
Der Mensch sieht Wirklichkeit!

Ich blicke voll durch – sie sieht den Silberstreifen am Horizont – ihm geht ein Licht auf – das ist klar – sie ist eine strahlende Schönheit – bei Licht besehen – durchsichtige Argumentation – übersichtliche Raumaufteilung – dunkle Gestalten – das kann man ja nicht mit ansehen – schauen wir mal – sich die eigenen Probleme angucken – es in einem anderen Licht betrachten – das ist Schön-Malerei – ins Zwielicht geraten – ich möchte darauf hinweisen – er ist ein Schatten seiner selbst – mir erscheint das nebulös – bei näherem Licht betrachtet – Licht am Ende des Tunnels – das ist unübersehbar – Einblick gewähren – ich bin der Ansicht – noch grün hinter den Ohren – das kann ich nicht einsehen – da seh ich schwarz – er ist ein Schwarzmaler – sie sieht ihn durch die rosarote Brille – im Angesicht von – in Aussicht auf – das sind ja schöne Ausichten – ich sehe kein Land – das bringt Farbtupfer ins Bild – eine neue Perspektive – eine klare Linie – es fällt wie Schuppen von den Augen –

. . . .

. . . .

. . . .

. . . .

. . . .

. . . .

. . . .

. . . .

. . . .

. . . .

. . . .

. . . .

. . . .

. . . .

. . . .

. . . .

Auditive Sprache:
Der Mensch hört Wirklichkeit!

Etwas lauthals verkünden, das hört sich gut an – klingt nicht schlecht – taube Nuß – ohrenbetäubend – mit Pauken und Trompeten – gehorcht aufs Wort – unüberhörbar – im Einklang sein – die Engel singen hören – kleiner Mann im Ohr – laß' mal hören – mach 'ne Ansage – wir wollen uns darauf einstimmen – da wird er hellhörig – das klingt vielsagend – böse Zungen behaupten – das Gras wachsen hören – stumm wie ein Fisch – die Stille ertragen – ich höre wohl nicht recht – das ist unerhört – sich von etwas lossagen – jammervoll – Totenstille – Hochstimmung – eine Predigt halten – bei dir piept es – von Tuten und Blasen keine Ahnung – bei mir hat's geklingelt – sein Ohr leihen – Gehör schenken – nur mit halbem Ohr hinhören – ein offenes Ohr haben – etwas zu Sprache bringen – Wortwechsel – Krach haben – Unstimmigkeiten – nicht zu Wort kommen – etwas verschweigen – wortkarg sein – die Sprache verlieren – bestimmen wollen – Einstimmigkeit – sein – gutheißen – Jawort geben – darin stimmen wir überein –

. . . .

. . . .

. . . .

. . . .

. . . .

. . . .

. . . .

. . . .

. . . .

. . . .

. . . .

. . . .

. . . .

Kinästhetische Sprache:
Der Mensch fühlt Wirklichkeit!

Das Wort ergreifen – das Schweigen brechen – wortbrüchig werden – etwas hervorheben – etwas nachvollziehen – ihm wird warm ums Herz – Kloß im Hals – Druck im Kopf – immer locker bleiben – ich habe weiche Knie – mir stockt das Blut in den Adern – man wirft ihm Knüppel zwischen die Beine – das macht mir Bauchschmerzen – kalte Füße bekommen – ihm bricht der Schweiß aus – Gefühl der Leere – der Atem stockt – ihr bleibt die Spucke weg – ihr ist eine Laus über die Leber gelaufen – ihr läuft ein Schauer über den Rücken – ich schwebe – es wird schon gehen – mir dreht sich der Magen um – in die Ecke gedrängt – ich fühle mich beengt – in ein tiefes Loch fallen – sich einfach fallen lassen – wo drückt der Schuh – packen wir's – ich fühle mich wohl – das stehen wir durch – Wut im Bauch – in den Griff bekommen – etwas erfassen – etwas handhaben – das berührt mich – es belastet mich – es schmettert ihn nieder – er ist zerstreut – ein harter Typ – ihm die Hölle heiß machen – das fühlt sich rund an – halt' die Ohren steif – das möchte ich aufgreifen – der Griff in die Scheibe – reiß' dich zusammen – halt' mich fest – mit beiden Beinen fest auf dem Boden stehen – du bist schwer von Begriff – sich die Sonne auf den Pelz brennen lassen – Fingerspitzengefühl – ...

. . . .

. . . .

. . . .

. . . .

. . . .

. . . .

. . . .

. . . .

. . . .

. . . .

. . . .

Olfaktorische Sprache:
Der Mensch riecht Wirklichkeit!

Das stinkt mir – den kann ich nicht riechen – die Nase rümpfen – der Duft der großen weiten Welt – das ist dufte – er hat eine Säufernase – eine anrüchige Person – ich rieche den Braten – wir müssen uns erst beschnuppern – der Stallgeruch des Unternehmens – er ist ein Naseweis – immer der Nase nach – sie hat den richtigen Riecher – das riecht nach Ärger – da drin ist dicke Luft – eine frische Brise – da weht ein frischer Wind – etwas anbrennen lassen – meine Nase verrät mir – ich habe die Nase voll – sie steckt ihre Nase überall rein – er ist ein Nasenbär – Geld stinkt nicht – er ist muffig – da habe ich eine Nase für – mmh das duftet hier – du riechst gut heute – die Luft ist rein – ...

. . . .

. . . .

. . . .

. . . .

. . . .

. . . .

. . . .

. . . .

. . . .

. . . .

. . . .

. . . .

. . . .

. . . .

Gustatorische Sprache:
Der Mensch schmeckt Wirklichkeit!

Ein echter Leckerbissen – wie im Schlaraffenland – ein gefundenes Fressen – sich die Finger lecken – das ist absolute Sahne – er ist süß – das ist geschmacklos – meine Süß-Maus – er hat mir einen reingewürgt – es kotzt mich an – Rache ist süß – ihre Schokoladenseite – er ist sauer – die bittere Wahrheit – ein bitterer Nachgeschmack – eine delikate Angelegenheit – das ist Geschmackssache – das schmeckt mir gar nicht – ich habe die Schnauze voll – sie ist übersättigt – schmackofatz – leckerschmecker – eine satte Nummer – ihm kommt die Galle hoch – er ist ein Schmarotzer – mir läuft das Wasser im Mund zusammen – das süße Leben – Fast Food – den mach' ich satt – sich laben – ein herber Typ – in den sauren Apfel beißen – das ist gepfeffert – die Suppe versalzen – das war köstlich – ein kleines Bonbon – er hat Blut geleckt – ...

. . . .

. . . .

. . . .

. . . .

. . . .

. . . .

. . . .

. . . .

. . . .

. . . .

. . . .

. . . .

. . . .

. . . .

Welchem Sinnessystem entspricht diese Aussage?

▶ In den beiden nachfolgenden Tabellen finden Sie zwei Listen mit typischen sinnlichen Aussagen. Unterstreichen Sie die entscheidenden Prozeßworte und benennen Sie das dazugehörige Sinnessystem.

Aussage	Sinnessystem
1. Er hat alles voll im Griff.	K
2. Es erscheint sehr übersichtlich.	V
3. Das klingt vielsagend.	A
4. Sie hat den Durchblick.	
5. Der ist taub auf beiden Ohren.	
6. Wir drehen uns im Kreis.	
7. Du bist schwer von Begriff!	
8. Es gibt Unstimmigkeiten.	
9. Das ist Ansichtssache.	
10. Das ist eine Frage des Geschmacks.	
11. Das klingt wie Musik in meinen Ohren.	
12. Mir hüpft das Herz vor Freude.	
13. Sie hat von Tuten und Blasen keine Ahnung.	
14. Ich habe eine klare Zukunftsperspektive.	
15. Wir müssen uns erst beschnuppern.	
16. Er bekommt kalte Füße.	
17. Das bringt etwas Farbe in die graue Finanzlage.	
18. Wir sind der Sache auf den Leim gegangen.	
19. Er lügt das Blaue vom Himmel.	
20. Ich stehe zu meinem Standpunkt!	
21. Das ist absolute Sahne!	
22. Sie hat mich wieder vollgedröhnt.	
23. Da ist ein Silberstreifen am Horizont.	
24. Böse Zungen behaupten, er höre das Gras wachsen.	
25. Dem werde ich kräftig einheizen.	
26. Meine innere Stimme sagt mir, daß es stimmt.	

V = visuell, A = auditiv, K = kinästhetisch, O = olfaktorisch, G = gustatorisch

Lösungen:
4:V, 5:A, 6:K, 7:K, 8:A, 9:V, 10:G, 11:A, 12:K, 13:A, 14:V, 15:O, 16:K, 17:V, 18:K, 19:V, 20:K, 21:G, 22:A, 23:V, 24:A, 25:K, 26:A

Strategien erforschen

▶ Erforschen Sie die inneren Strategien Ihrer Mitmenschen, indem Sie den sinnlichen Sprachgebrauch exakt analysieren. Achten Sie auf sinnesspezifische Sprachmuster, mit denen das Unbewußte Ihres Gesprächspartners ausdrückt, wie es komplexe Prozesse im Gehirn organisiert, und welche sinnlichen Schritte dabei in welcher Reihenfolge getan werden.

	Aussage	System
27.	Ich höre es mir an, damit ich mir ein Bild machen kann.	A-V
28.	Immer wenn ich diese Frau sehe und ihren Duft rieche, läuft mir ein warmer Schauer über den Rücken.	V-O-K
29.	Mein Gefühl zeigt mir, daß wir das näher betrachten sollten.	
30.	Wenn ich mir das noch länger anschauen muß, werde ich stinkig.	
31.	Bevor ich sage, daß wir es kaufen, brauche ich noch etwas Zeit, um mir Klarheit zu verschaffen.	
32.	Sagen Sie mir Ihre Meinung, damit ich ein Gefühl für den Sachverhalt bekomme.	
33.	Ich bin der Ansicht, daß bald etwas getan werden muß, um eine positive Resonanz für unser Produkt zu erzeugen.	
34.	Wenn ich mir Ihre Berichte ansehe, dann frage ich mich, was wir als nächstes bewegen sollten, um am Ende ins Schwarze zu treffen.	
35.	Normalerweise entscheide ich ganz nach meinem Geschmack. Wenn ich spüre, daß ich einer delikaten Angelegenheit gegenüberstehe, horche ich in mich hinein.	
36.	Im Angesicht aller Tatsachen entwickle ich dann ein Gefühl dafür, was ich tun muß, um alle relevanten Kriterien ins rechte Licht zu rücken.	
37.	Wenn ich fühle, daß ich meinen Augen nicht trauen kann, dann verlasse ich mich auf meinen Verstand.	
38.	Wenn ich mir sage, daß ich glücklich bin, und mich dabei im Spiegel betrachte, steigt manchmal ein warmes Gefühl in mir auf, und plötzlich betrachte ich die ganze Welt durch die rosarote Brille.	
39.	Bevor ich den Kopf hängenlasse, versuche ich immer wieder, mir meine inneren Stärken vor Augen zu führen, solange, bis mich neue Kraft durchströmt. Dann sage ich mir, daß ich es schaffen werde und wieder die Oberhand gewinne.	

Lösungen:
27:A-V, 28:V-O-K, 29:V-K, 30:V-O, 31:A-V, 32:A-K, 33:V-A, 34:V-A-K-V, 35:G-K-G-K, 36:V-K-V, 37:K-V, 38:A-V-K-V, 39:K-V-K-A-K

Der sinnliche Verkäufer

Wir Menschen verlassen uns in erster Linie auf unseren bevorzugten Sinneskanal, um uns in der Welt zu orientieren. Gerade bei wichtigen Entscheidungen vertrauen wir besonders dem Sinnessystem, in dem wir uns am sichersten fühlen. Diese Tatsache ist von entscheidender Bedeutung, wenn Sie jemanden von etwas überzeugen wollen. Insbesondere im Verkauf von Produkten und Dienstleistungen spielt der Sprachgebrauch eine wesentliche Rolle. Um Ihre verbale Flexibilität zu trainieren, habe ich Ihnen drei Verkaufssituationen konzipiert.

1. Umwelt-Technik

Stellen Sie sich vor, Sie arbeiten im Außendienst eines innovativen Unternehmens im Bereich „Umwelt-Technik". Sie bieten Ihren Kunden eine Weltneuheit – den Öko-Regenerator! Ein Produkt der Extraklasse!

Es handelt sich dabei um eine geniale Maschine, mit der jeglicher Hausmüll auf ökologische Weise recycled werden kann. Durch eine seitliche Öffnung wird der Müll in den Öko-Regenerator eingeworfen. Ein Knopfdruck, und der Abfall ist zerkleinert. Ein automatisches Sortierverfahren ermöglicht es, die einzelnen Elemente voneinander zu trennen und in verschiedenen Kammern einzulagern. Natürliche Reststoffe werden zu Humus weiterverarbeitet. Zusätzlich besitzt dieser Wunderautomat eine Verbrennungskammer, um Metall und ähnliche Materialien sofort einzuschmelzen. Ein Aggregat speichert die entstehende Energie und führt sie den angeschlossenen Endverbrauchern zu. Auf der Oberseite befinden sich vier Herdplatten, die mit der gewonnenen Energie betrieben werden können...

... nutzen Sie Ihre Phantasie und erfinden Sie weitere Qualitätsmerkmale, wie diese „Eier-legende-Woll-Milch-Sau" beschaffen sein könnte. Anschließend entwickeln Sie sinnliche Verkaufsstrategien, um einen potentiellen Käufer vom Erwerb dieses Gerätes zu überzeugen. Tun Sie so, als ob Sie dieses Produkt einem visuellen, auditiven und kinästhetischen Typen verkaufen würden. Genießen Sie die Übung und finden Sie Spaß an Ihren Formulierungen. Gerade im Verkauf kommt es darauf an, daß Sie mit Ihrer positiven Einstellung nicht nur die Ratio, sondern auch die Herzen Ihrer Kunden gewinnen.

Argumentation für den visuellen Typ:

„Damit Sie sich ein **Bild** von diesem Produkt machen können, möchte ich Sie bitten, sich dieses **formschöne** Gerät genau **anzuschauen**. Sie **sehen** auf den **ersten Blick**, welche Eleganz dieses Produkt **ausstrahlt**. Des weiteren ..."

Argumentation für den auditiven Typ:

„Haben Sie schon von unserem neuen Öko-Generator **gehört**? Lassen Sie mich einige Vorteile **aufzählen**: Seine außerordentlich **leise** Funktionsweise ... Wenn Sie über die ökologische Situation **nachdenken**, können Sie sich **sagen**, daß ..."

Argumentation für den kinästhetischen Typ:

„Mit diesem **soliden** Gerät **landen** Sie einen **Volltreffer**. Sie werden schnell **begreifen**, warum der Öko-Regenerator auch in Ihrer Küche **stehen** sollte. Die **robuste** Verarbeitung, seine einfache **Handhabung** und vor allem das **gemütliche Flair** dieser sympathischen Maschine ..."

Mein Übungserfolg: ○

2. Immobilien

Sie sind Immobilienmakler und haben die Aufgabe, eine wunderbare Villa zu verkaufen. Beschreiben Sie Ihr Objekt in den Worten des Visuellen, des Auditiven und des Kinästheten. Dann überlegen Sie, welche Einwände von den einzelnen Typen kommen könnten, und wie Sie darauf am besten reagieren.

Mein Übungserfolg: ○

3. Reisebüro

Stellen Sie sich vor, Sie arbeiten in einem Reisebüro. Denken Sie darüber nach, welche Urlaubsform die drei Typen bevorzugen würden. Außerdem stehen zwei Pauschalangebote auf Ihrer Provisionsliste: eine zweiwöchige Luxus-Kreuzfahrt in der Karibik und ein sechswöchiger Erlebnistrip quer durch die USA. Wie müßten Sie argumentieren, um die drei Typen für diese Angebote zu begeistern? Welche speziellen Fragen könnten dabei auftauchen? In welcher Form würden Sie die Fragen beantworten?

Mein Übungserfolg: ○

Die Sprache der Augen

Nachdem wir uns ausführlich mit der gesprochenen Sprache beschäftigt haben, möchte ich Ihre Aufmerksamkeit nun auf die Sprache der Augen lenken. Ihre Augen sind wertvolle Sinnesorgane, die sehr viele Informationen in einem einzigen Augenblick aufnehmen können. Sie fungieren allerdings nicht nur als Empfänger, sondern sie senden auch eine Vielzahl von Signalen an Ihre Mitmenschen. Dabei spielt der Blickkontakt eine wichtige Rolle. Wenn beispielsweise jemand Ihren Blicken ausweicht, so ahnen Sie, daß irgend etwas nicht in Ordnung ist, ohne daß dabei ein einziges Wort gesprochen werden muß. Wenn Sie hingegen mit jemandem intensiven Blickkontakt pflegen, so fühlen Sie, daß sich zu diesem Menschen eine intensive Beziehungsebene aufbaut.

Psychologische Untersuchungen zeigen, daß in einer Gruppe von Menschen, die als Team eine gemeinsame Aufgabe bewältigen müssen, die Summe der Blickkontakte zwischen den einzelnen Team-Mitgliedern mit der Intensität der Beziehungen, die zwischen ihnen herrschen, korrespondiert. Personen, die wenig Blickkontakt pflegen, werden von anderen oft als unhöflich oder sogar als „kontaktgestört" erlebt. Wer hingegen mit seinen Blicken souverän kommunizieren kann, erwirbt die Sympathien und den Respekt seiner Mitmenschen. Dabei ist es wichtig, daß Sie während Ihrer Kommunikation auf eine ehrliche Weise

Die Qualität Ihrer Blickkontakte beeinflußt Ihren sozialen Erfolg in starkem Maße.

Signale der Freundlichkeit senden. Solche Signale, wie zum Beispiel Ihr Lächeln in Verbindung mit einer offenen Körperhaltung, begünstigen den zwischenmenschlichen Kontakt und werden interkulturell auf dem gesamten Erdball verstanden.

Auch beim Flirten spielen Ihre Augen eine entscheidende Rolle. Das sinnliche Spiel dieser kokettierenden Kontaktaufnahme wird von vielen Menschen als mehr oder weniger bewußte Bereicherung der Lebensqualität empfunden. Wenn Sie das sinnliche Spiel aufnehmen und mit sympathischen Menschen flirten, brauchen Sie keinerlei sexuelle Interessen zu verfolgen – im Gegenteil, konkrete sexuelle Absichten führen oftmals dazu, daß sich das sinnliche Spiel verkrampft und unnötige Mißverständnisse entstehen. Der harmlose Flirt geschieht einfach aus Freude an der Kommunikation, er ist nicht an Geschlechter, Altersguppen oder Nationalitäten gebunden. Flirten bedeutet lediglich die Anbahnung einer charmanten Kommunikation. Dabei sendet und empfängt das Unbewußte Signale auf der Beziehungsebene: „Hallo – hier bin ich! Wer bist du? Gefalle ich dir? Du interessierst mich! Schenkst du mir noch etwas mehr von deiner Aufmerksamkeit? Es bringt mir Spaß, mit dir in Kontakt zu sein!"

Kleine Kinder flirten auf faszinierende Weise mit allen Lebewesen, die ihre Aufmerksamkeit erregen. Ältere Herrschaften hingegen flirten meist sehr unauffällig und würdevoll, oftmals nach seltsamen Regeln einer alten Schule. Fast alle Menschen sind in irgendeiner Weise für die verführerischen Signale einer liebevollen Kommunikation empfänglich. Der Kauf einer Bahnfahrkarte oder eines Flugtickets bekommt eine andere Qualität, wenn die attraktive Dame hinter dem Schalter Ihnen freundliche Blicke zuwirft. Viele Verkäufer flirten meisterhaft mit ihren Kunden, wenn es darum geht, hochwertige Produkte zu präsentieren. Chinesen flirten auf andere Weise als Afrikaner oder Europäer, doch das belebende Spiel mit den geheimnisvollen Blicken ist auf dem gesamten Planeten bekannt. Selbst Tiere kennen ihre Art des Flirtens! Falls Sie jemals das Vergnügen hatten, mit einer selbstbewußten Katze zu spielen, werden Sie sich sicherlich mit Freude an dieses Erlebnis erinnern.

_B_licke sind wie lächelnde Schwerter! Genießen Sie das geschmeidige Spiel Ihrer Blicke beim absichtslosen Flirt.

Die Qualität Ihrer Blickkontakte bestimmt über einen wichtigen Faktor Ihrer sozialen Intelligenz. Gerade wenn Sie sich nicht als visuellen Typen sehen, möchte ich Sie ermutigen, Ihre Blicke ganz bewußt als ausdrucksstarkes Medium in der Kommunkation einzusetzen. Ihre Augen liefern den Mitmenschen eine ganze Palette interessanter Informationen. Nicht umsonst bezeichnet man sie als „Fenster zur Seele". Der Ausdruck der Augen signalisiert dem aufmerksamen Beobachter, in welchem Zustand sich der andere befinden könnte. Ob die Augen traurig schauen, ob sie müde wirken oder ob sie glücklich strahlen – sie sind ein sehr authentischer Ausdruck des emotionalen Zustands. Außerdem kann man am Blick eines Menschen erkennen, ob er seine aktuelle Aufmerksamkeit gerade präsent nach außen oder dezent nach innen richtet.

Wenn sich der Mensch in der Außenwelt orientiert, wirken seine Augen fokussiert, sie sind mit einem Objekt in der Außenwelt verbunden. Der Fokus kann in der Nähe oder in der Ferne liegen, doch stets ist er auf ein bestimmtes Objekt gerichtet; dabei wirkt der Mensch wach und präsent. Falls er sich jedoch in seiner Innenwelt orientiert, verlieren die Augen den Fokus, er starrt wie in Trance ins Leere. Wenn der Blick dabei zum Beispiel am morgendlichen Frühstückstisch auf eine Tasse mit dampfendem Kaffee gerichtet ist, so kann man als aufmerksamer Beobachter doch sehr deutlich erkennen, daß der Mensch diese Kaffeetasse nicht wirklich ansieht, sondern statt dessen mit seiner Innenwelt beschäftigt ist – in diesem Moment befindet man sich in einer leichten Alltags-Trance.

Augen ohne Fokus zeigen dem aufmerksamen Beobachter, daß sich der Gegenüber in Trance befindet.

Solche leichten Trance-Zustände finden im Alltag sehr viel öfter statt als allgemein bekannt. Im Auto an der roten Ampel, im Büro über den Aktenordnern brütend, im Konferenzraum während einer langweiligen Besprechung – wir Menschen haben die Neigung, *„heimlich in Trance zu fallen"*. Manchmal schaut man dabei auf seine Hände und spielt mit den Fingernägeln, manchmal sitzt man scheinbar regungslos und denkt an den Feierabend, manchmal beschäftigt man sich innerlich mit einem vermeintlich schwierigen Problem, das gelöst werden möchte – nicht wenige Menschen verbringen sogar den größten Teil ihrer Arbeitszeit in Trance!

Dabei ist es allerdings wichtig zu wissen, daß der Trance-Zustand nichts „Schlimmes" oder gar „Unmoralisches" darstellt. Im Gegenteil, es ist ein völlig natürlicher und entspannter Zustand, in dem man sich nicht nur innerlich erholt, sondern wo man auch kreativ über die Geschehnisse des Alltags nachdenken kann. Deshalb möchte ich Ihnen empfehlen, die leichten „Alltags-Trancen" sowohl bei Ihnen selber als auch bei Ihren Mitmenschen schnell als solche zu erkennen, sie zu erlauben, zu begrüßen und intelligent mit ihnen umzugehen. Gönnen Sie sich und Ihren Mitmenschen das kurze Bad in der erholsamen Trance. Schmunzeln Sie innerlich, wenn Sie jemanden in Trance ertappen. Verzeihen Sie die kurze geistige Abwesenheit. Wir alle brauchen solche kleinen unauffälligen Pausen. Geben Sie dem Betreffenden etwas Zeit, um sich zu orientieren, und dann helfen Sie ihm, um sich wieder auf positive Weise in der Gegenwart zurecht zu finden.

Sprechen Sie die Sprache der Augen!

▶ Achten Sie im Kontakt mit anderen Menschen bewußt auf die Sprache der Augen. Pflegen Sie aktiven Blickkontakt und dosieren Sie Ihre Blicke so, daß eine harmonische Kommunikation entsteht.

▶ Experimentieren Sie mit der Häufigkeit, der Dauer und der Qualität Ihrer Blicke. Achten Sie auf die Intensität der Gefühle, die bei Ihnen im Körper entstehen. Beobachten Sie, wie die anderen Menschen ihre Gefühle Ihnen gegenüber ausdrücken.

▶ Senden Sie Signale der Freundlichkeit. Lächeln Sie. Zeigen Sie eine offene Körperhaltung. Setzen Sie Ihre Hände bewußt ein.

▶ Flirten Sie! Beteiligen Sie sich am allgegenwärtigen Spiel der vielsagenden Blicke und genießen Sie das sinnliche Feedback, das Sie dabei von den anderen bekommen.

▶ Erkennen Sie spontane Trance-Zustände im Alltag. Achten Sie darauf, wo sich der Blick Ihres Gegenübers fokussiert – ist er präsent in der Außenwelt oder orientiert er sich gerade in seiner Innenwelt?

▶ Experimentieren Sie mit Fragen, die geeignet sind, andere Menschen in eine kleine Trance zu versetzen. Lassen Sie den anderen Menschen genug Zeit, um innere Antworten auf ihre Fragen zu finden.

▶ Nutzen Sie das Modell der Augenbewegungen. Achten Sie darauf, in welche Richtung die anderen Menschen schauen, während sie sprechen und nachdenken. Verknüpfen Sie diese Beobachtungen mit Ihren Hypothesen über deren sinnlichen Präferenzen. Stimmt die bevorzugte Blickrichtung mit den allgemeinen Kennzeichen und dem Gebrauch der sinnlichen Vokabeln überein?

Mein Übungserfolg:　　　○○○○○○○○○○○○○○○○○○○○

Was bedeuten die Augenbewegungen?

Nun kennen Sie bereits eine Reihe von Gründen, warum es für eine intelligente Kommunikation wichtig ist, genau auf die Augen der anderen Menschen zu achten. Sie können den leeren Blick ohne Fokus als Signal für einen leichten Trance-Zustand erkennen, und Sie können beginnen, Ihre Gesprächsführung bewußt mit solchen Zuständen zu verknüpfen. Dafür möchte ich Ihnen jetzt ein weiteres Werkzeug vorstellen, mit dem Sie herausfinden können, in welchem Sinnessystem Ihr Gegenüber seine Trance verbringt, und wo er die nötigen Informationen sucht, um sich wieder in der Außenwelt zu orientieren.

Neben den allgemeinen Kennzeichen und der sinnlichen Wortwahl gibt es noch ein weiteres Werkzeug, um die inneren Prozesse anderer Menschen zu erkennen. Richard Bandler und John Grinder, die beiden Begründer des NLP, entdeckten einen systematischen Zusammenhang von verschiedenen Augenbewegungen und gleichzeitig ablaufenden Denkprozessen. Das Muster der Augenbewegungen kann Ihnen weitere Zugangshinweise liefern, um Informationen über die inneren Strategien Ihrer Gesprächspartner zu gewinnen. Als aufmerksamer Beobachter können Sie sehen, in welchem System der andere seine Informationen verarbeitet, während er denkt.

Auf den folgenden Seiten möchte ich Ihnen an einem Beispiel zeigen, wie Sie durch Fragen und Appelle die Wahrnehmung eines Menschen in bestimmte Sinnessysteme lenken können. Um die gestellten Fragen ernsthaft beantworten zu können, muß der befragte Mensch innerlich Kontakt zu den entsprechenden Sinnessystemen herstellen. Mit anderen Worten: Er geht für einen kurzen Moment in Trance. Er richtet seine Aufmerksamkeit nach innen, um dort die benötigten Informationen abzurufen. Dabei wird er gleichzeitig in die beschriebene Richtung blicken.

Doch Vorsicht! Vielleicht wird er darüber hinaus auch in andere Richtungen blicken. Trance-Prozesse haben ihre eigene Zeit. Manchmal dauern sie eine ganze Weile, doch oftmals passieren sie blitzschnell – der Mensch geht nach innen, orientiert sich und kommt wieder zurück in die Außenwelt.

$\mathcal{D}$as Modell der Augenbewegungen kann Ihnen zeigen, in welchem System Ihr Gegenüber Informationen verarbeitet.

Menschen verfügen über erstaunlich komplexe Strategien, um die im Gehirn codierten Informationen abzurufen. Manchmal werden mehrere Systeme hintereinander abgefragt. Die Augenbewegungen können lediglich als Hinweis betrachtet werden, sie haben „keinerlei Beweiskraft". Das Modell der Augenbewegungen ist kein Schema, um jemanden zu überlisten. Es kann nicht als Instrument zum detektivischen Überführen benutzt werden und schon gar nicht als Lügendetektor. Die Augenbewegungen geben Aufschluß über die eingesetzten Sinnessysteme; sie zeigen jedoch nicht die darin abgebildeten Inhalte.

Bei Linkshändern wurde beobachtet, daß die Muster spiegelverkehrt vorhanden sein können. Auch bei normal-organisierten Rechtshändern kann es unzählige Strategien geben, die sich scheinbar über die Muster hinwegsetzen. So kann ein visueller Mensch zum Beispiel nach oben blicken, wenn er nach einem bestimmten Musikstück gefragt wird, weil er sich zunächst an das Aussehen der CD erinnert, um anschließend in Kontakt mit der auditiven Information zu gelangen.

Das Sinnessystem, mit dem ein Mensch in seinen Gedächtnisspeicher einsteigt, um Informationen zu finden, wird als „Leitsystem" bezeichnet. Danach kann er mittels Synästhesien in andere Systeme überwechseln. Die Augenbewegungen zeigen nur die offensichtliche Benutzeroberfläche. Dahinter verbergen sich komplexe neurologische Prozesse, die mit blitzartiger Geschwindigkeit ablaufen und enorme Synästhesien aufweisen können.

Synästhesien fungieren als Schnittstellen zwischen den Systemen. Eine Freundin von mir erschuf eine äußerst prägnante Synästhesie, als sie nach ihrer Mexiko-Reise, von der sie gerade zurückgekehrt war, befragt wurde. Sie fiel für einen Moment in eine kleine Trance, dann begannen ihre Augen zu leuchten und sie rief:

„Schreiende Farben, sie springen dir ins Gesicht!"

Diese begeisterte Wortschöpfung verknüpft alle drei großen Systeme miteinander, sie stimulierte die auditive, visuelle und die kinästhetische Phantasie gleichermaßen. Die Synästhesie entsprang dem spontanen Ausdruck ganzheitlicher Sinnlichkeit. Die besondere Beschaffenheit der Synästhesien erklärt, warum verschiedene Menschen in unterschiedliche Richtungen blicken, um die gleichen Informationen abzurufen. Deshalb empfehle ich Ihnen, dieses Modell mit Respekt einzusetzen und im Zweifelsfall Ihre Annahmen immer wieder durch geeignete Fragen zu überprüfen. Erst wenn alle drei diagnostischen Verfahren in eine klare Richtung weisen, erhalten Sie valide Informationen über die sinnlichen Präferenzen des betreffenden Menschen.

Also, wenn Sie Ihre Mitmenschen wirklich verstehen wollen, nutzen Sie alle Ihre Sinne, und seien Sie sich in der Kommunikation darüber bewußt, daß die anderen ihre Wahrnehmung ganz anders organisiert haben als Sie selber. Erforschen Sie die unterschiedlichen sinnlichen Strategien. Öffnen Sie die Pforten Ihrer Wahrnehmung, im Kontakt mit Ihrer Umwelt und Ihren Mitmenschen. Nutzen Sie Ihre Intuition, um allgemeine Kennzeichen zu identifizieren, hören Sie die sinnlichen Sprachmuster und beobachten Sie die Augenbewegungen. Tun Sie all dies systematisch, gewissenhaft, mit Liebe und Humor, und vergessen Sie dabei nicht, aller Typen-Modelle zum Trotze, die Einzigartigkeit jedes Menschen zu respektieren.

In welchem System denkt Ihr Gegenüber?

▸ Eine einfache Methode, um herauszufinden, in welchem Sinnessystem Ihr Gesprächspartner seine Informationen abruft, ist das Beobachten der Augenbewegungen. Sie können sich angewöhnen, diesen interessanten Vorgang während jeder Kommunikation bewußt zu verfolgen.

▸ In welchem Sinnessystem denkt Ihr Gesprächspartner jetzt gerade? Welche Zusammenhänge können Sie zwischen Ihren Fragen und den Augenreaktionen Ihres Gegenüber erkennen? Machen Sie mit diesem Modell Ihre eigenen Erfahrungen, um die Gültigkeit zu überprüfen und zu verifizieren.

▸ Um in die Diagnose der Augenbewegungen systematisch einzusteigen, empfehle ich Ihnen, sich zunächst einen geduldigen Übungspartner zu suchen. Stellen Sie ihm gezielte Fragen, und beobachten Sie, auf welche Weise er seine Augen bewegt, während er nach einer passenden Antwort sucht.

▸ Auf den letzten Seiten dieses Kapitels habe ich Ihnen einige Fragen zusammengestellt, die Sie nach Belieben erweitern können. Sie können bei dieser Übung ganz systematisch vorgehen. Lassen Sie Ihrem Gegenüber ausreichend Zeit, um in Trance zu gehen, und authentische Antworten zu finden, die sein individuelles Erleben tatsächlich repräsentiert.

▸ Stellen Sie zuerst Fragen, bei denen der andere visuelle Erinnerungen abrufen muß. Danach fragen Sie nach Vorstellungen, die Ihren Partner inspirieren, neue Bilder in seiner Phantasie zu konstruieren.

▸ Anschließend wechseln Sie in den auditiven Bereich. Unterscheiden Sie auch in diesem System zwischen tatsächlich erinnerten und in der Phantasie konstruierten Klängen. Außerdem stellen Sie Fragen, die einen inneren Dialog hervorrufen, um sie zu beantworten.

▸ Danach gehen Sie dazu über, kinästhetische Fragen zu stellen, indem Sie den anderen in Kontakt mit seinen Empfindungen und Gefühlen bringen.

▸ Dann beginnen Sie, in ungeordneter Weise Fragen zu stellen, bei denen Ihr Gegenüber zwischen allen Systemen hin und her wechseln muß. Dabei können Sie Ihre Beobachtungen validieren und überprüfen, ob das Modell der Augenbewegungen auch auf diesen Probanden zutrifft.

Mein Übungserfolg: ○○○○○○○○○○○○○○○○○○○○

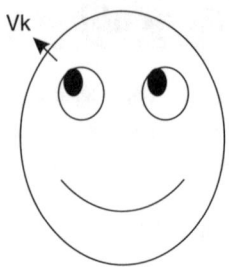

Visuell-konstruiert (oben rechts)

Beim Blick nach oben rechts konstruiert der Mensch vor seinem geistigen Auge Bilder, die er so in der Realität noch nicht gesehen hat: „Stellen Sie sich bitte einmal vor, Ihre Wohnung hätte knallrote Tapeten, die Türen wären versilbert, und Ihr Kühlschrank wäre zwei Meter hoch, zwei Meter breit und hätte hellblau getönte Glastüren. Außerdem wäre die Wohnung voll von prächtigen Pflanzen. Welche Bilder würden Sie dazu an die Wände hängen?"

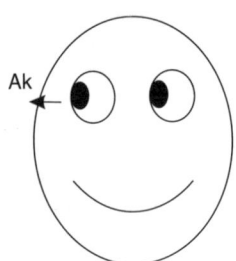

Auditiv-konstruiert (Mitte rechts)

Beim Blick nach rechts außen konstruiert der Mensch in seinem inneren Ohr auditive Phänomene. Er kombiniert Klänge oder Worte, die er in der Realität so noch nie gehört hat: „Stellen Sie sich bitte einmal vor, Sie hören im Radio immer abwechselnd ein Stück von den Rolling Stones und eins von Luciano Pavarotti. Zwischendurch meldet sich der Radiomoderator und erzählt Ihnen, Pavarotti sei jetzt bei den Stones eingestiegen und singt nur noch mit Mick Jagger im Duett, außerdem lernt er von Keith Richards, wie man Gitarre spielt. Zur Zeit befinden sich alle im Studio, und nächstes Jahr wollen Sie gemeinsam auf Tournee gehen – in welchem Tonfall müßte der Moderator diese Nachricht sagen, damit Sie ihm glauben würden?"

Kinästhetisch (unten rechts)

Beim Blick nach unten rechts stellt der Mensch Kontakt zu seinen kinästhetischen Wahrnehmungen her – Gefühle, Körperempfindungen, Tastsinn, Rückmeldungen über Zustand der Muskeln und Stellung der Gliedmaßen. Er schaltet eine analoge Feedbackschleife zu sich selber, spürt in sich hinein und orientiert sich anhand von körperlichen Empfindungen: „Wie fühlt es sich an, wenn Sie in der Badewanne liegen? Woran merken Sie, wenn Ihr Badewasser genau die richtige Temperatur aufweist? Liegen Sie eigentlich lieber im Bett oder in der Badewanne? Haben Sie einen Lieblingssessel? Auf welche Weise können Sie Ihren Körper am besten entspannen?"

Visuell-erinnert (oben links)

Beim Blick nach oben links erinnert der Mensch Bilder, die er tatsächlich einmal gesehen und in seinem Gedächtnis abgespeichert hat: „Wie viele Zimmer hat Ihre Wohnung? Welches Zimmer müßte mal wieder aufgeräumt werden? In welchem Zimmer befinden sich die meisten Stühle? Welches Zimmer hat das beste Licht? Wo ist das Licht morgens, wo ist es abends? In welchen Zimmer haben Sie den schönsten Ausblick?"

Auditiv-erinnert (Mitte links)

Beim Blick nach links außen erinnert der Mensch Klänge, Worte oder Gedanken, die er tatsächlich einmal gehört und in seinem Gedächtnis abgespeichert hat: „Welche Geräusche hören Sie, wenn Sie abends im Bett liegen? Sind es die gleichen wie morgens? Wie klingt Ihr Wecker? Mit wem sprechen Sie morgens als erstem? Was hat diese Person heute morgen zu Ihnen gesagt? In welchem Tonfall hat sie mit Ihnen gesprochen?"

Auditiv-digital (unten links)

Beim Blick nach unten links geht der Mensch in einen inneren Dialog. Er schaltet eine digitale Feedbackschleife zu sich selbst und orientiert sich mit Hilfe verbaler Gedanken. „Wenn Sie sich innerlich fragen, was Ihnen an Ihrer Wohnung gefällt und was Ihnen daran nicht so gut gefällt – wo können Sie spontan die meisten Argumente nennen? Was spricht dafür, daß Sie in dieser Wohnung noch einige Jahre wohnen werden, und was würde dafür sprechen, daß Sie doch besser umziehen? Bitte finden Sie Argumente für beide Varianten Ihrer persönlichen Zukunft, und wägen Sie diese kritisch gegeneinander ab. Welche Argumente klingen überzeugender?"

> Das Modell der Augenbewegungen zeigt Ihnen, in welchem System Ihr Gegenüber Informationen abruft.

Was sagen die Augen?

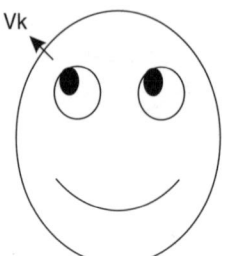

Visuell-konstruiert (oben rechts)
▶ Wie sehen Sie in zwanzig Jahren aus?
▶ Stellen Sie sich vor, Ihr Auto hätte Flügel!
▶ Wie würde Ihr Lebenspartner aussehen, wenn er eine afrikanische Mutter und einen chinesischen Großvater hätte?
▶ …

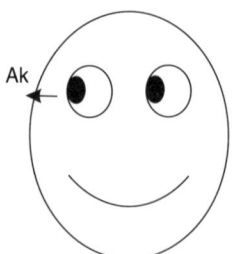

Auditiv-konstruiert (Mitte rechts)
▶ Wie klingt es, wenn die Beatles „Hoch auf dem gelben Wagen" singen würden?
▶ Wie würde Ihre Stimme klingen, wenn Sie eine Oktave höher sprechen würden?
▶ Wie klingt es, wenn Ihr Chef Sie morgen früh mit einem geträllerten Liedchen begrüßen würde?
▶ …

Kinästhetisch (unten rechts)
▶ Woher wissen Sie, ob die Schuhe, die Sie tragen, wirklich bequem sind?
▶ Wie fühlte sich das Lenkrad Ihres ersten Autos an?
▶ Wie empfinden Sie Ihren Körper, wenn Sie in einer Sauna/Badewanne liegen?
▶ …

Hinweis: Die Augenrichtungen auf den Abbildungen entsprechen der Blickrichtung Ihres Gesprächspartners, wenn Sie ihm frontal gegenübersitzen würden.

Visuell-erinnert (oben links)

▶ Welchen Film haben Sie als letzten im Kino gesehen? Welche Szene hat Sie am meisten beeindruckt?

▶ Wann haben Sie das letzte Mal einen Sonnenuntergang beobachtet?

▶ Welche Farbe hatte Ihr erstes Auto?

▶ ...

▶ ...

Auditiv-erinnert (Mitte links)

▶ Welches Geräusch macht die Tür von Ihrem Auto?

▶ Welchen Klang hat die Klingel an Ihrer Haustür?

▶ Wie klingt die Stimme Ihres Chefs, wenn er gute Laune hat?

▶ ...

▶ ...

Auditiv-digital (unten links)

▶ Entscheiden Sie, was Ihnen besser gefällt: drei Monate bezahlter Urlaub oder eine Gehaltszulage von 20.000 DM am Ende des Jahres?

▶ In welchem Tonfall sprechen Sie mit sich selbst, wenn Sie sich motivieren wollen?

▶ Wem trauen Sie mehr: Ihrem Steuerberater oder Ihrem Rechtsanwalt? Finden Sie mindestens drei Kriterien, die Ihre Entscheidung begründen.

▶ ...

▶ ...

Tips für die Analyse der Augenbewegungen

Vermutlich werden Sie nicht immer sofort die gewünschten Reaktionen erhalten. Menschen sind wie Wundertüten – man weiß nie, was aus denen so 'rauskommt! Der souveräne Umgang mit diesem Modell erfordert etwas Übung. Dabei können Ihnen die folgenden Hinweise helfen:

▶ **Ist Ihre Fragestellung präzise genug?**
Wenn Sie zum Beispiel fragen: „Wie stellst du dir einen Vogel vor, der singt?", dann werden Sie wahrscheinlich mehrere Reaktionen erhalten. Indem Sie von „**vorstellen**" sprechen, aktivieren Sie das visuelle System. Der andere wird daraufhin nach oben schauen und sich ein Bild von dem Vogel machen. Gleichzeitig fordern Sie Ihren Gesprächspartner auf, herauszufinden wie es klingt, wenn der Vogel **singt**. Dazu muß er das auditive System aktivieren. Er wird seine Augen seitwärts bewegen.
Um die Übung präzise durchzuführen, sollten Sie deshalb konsequent visuelle, kinästhetische und auditive Fragen voneinander trennen. In diesem Beispiel könnte Ihre Frage lauten: „Wie **hört** sich ein **singender** Vogel an?"

▶ **Können Sie die Augenbewegungen nicht Ihrer Frage zuordnen?**
Sollten Sie trotz einer eindeutigen Frage weiterhin mehrdeutige Reaktionen erhalten, dann fragen Sie Ihren Partner, was er gerade innerlich getan hat. Erinnern Sie die Idee der Synästhesien? „Schreiende Farben – Sie springen dir ins Gesicht!"
Menschen durchlaufen zuweilen sehr komplexe Strategien, um bestimmte Informationen abrufen zu können. Vielleicht muß Ihr Gesprächspartner sich vorher ein Bild machen oder ein Gefühl erzeugen, um an eine bestimmte auditive Information zu gelangen.

▶ **Erhalten Sie auf einige Fragen gar keine Reaktionen?**
Das kann bedeuten, daß Ihr Partner seine Information so blitzartig abruft, daß sich der Suchvorgang Ihrer Wahrnehmung entzieht. In diesem Fall müssen Sie ihm schwierigere und vor allem inspirierende Fragen stellen, die von ihm verlangen, seine Aufmerksamkeit für eine gewisse Zeitspanne nach innen zu richten und dabei in Trance zu gehen. Außerdem müssen Sie dafür sorgen, daß Ihr Gesprächspartner Ihnen vertraut, damit er sich innerlich entspannen kann.

▶ **Nicht alle Worte kennzeichnen ein bestimmtes System!**
Es gibt natürlich auch Worte, die keinem speziellen Repräsentationssystem zugeordnet sind, wie zum Beispiel: denken, verstehen, wissen, verändern, glauben, kennen, wünschen, erforschen, ...

... bei all Ihren Interventionen gilt die Regel: Wenn Sie eindeutige Reaktionen wollen, müssen Sie klare Botschaften senden! Falls das, was Sie bisher getan haben, nicht funktioniert, dann versuchen Sie es auf andere Weise!

Intelligentes Body-Management

Tennis-Profis berichten, daß der Gewinn eines Matches oft weniger durch spielerisches Können, sondern vielmehr durch die mentale Einstellung und den unerschütterlichen Glauben an den Erfolg entschieden wird. Karateka durchstoßen Ziegelsteine mit der bloßen Hand, indem sie den Geist konzentrieren und sich selbst wissen lassen, daß ihr trainierter Körper die Materie besiegt. Wie ist das möglich? Welche Kräfte vermögen solch beeindruckende Leistungen zu vollbringen? Ist da Magie im Spiel?

Die scheinbar magische Wechselwirkung zwischen Körper und Geist ist eine entscheidende Schnittstelle im ganzheitlichen Verständnis der Sinnlichen Intelligenz. Sie wird beim Coaching von Leistungssportlern mit ebenso erstaunlichem Erfolg genutzt wie bei der Heilung von körperlichen Krankheiten. Zahlreiche wissenschaftliche Untersuchungen haben bewiesen, daß Medikamente ohne Wirkstoffe, die sogenannten „Placebos", in vielen Fällen verblüffende Heilungserfolge bewirken können. Der menschliche Geist kann den Körper heilen, ohne dabei auf stoffliche Arzneimittel angewiesen zu sein. Dieses scheinbar magische Phänomen läßt sich nicht wegdiskutieren, es ist ebenso beeindruckend wie rätselhaft. Wissenschaftler in aller Welt versuchen mit einem enormem Aufwand von Untersuchungen, dem Geheimnis unserer geistigen Kräfte auf die Spur zu kommen; allerdings scheint die einzig gesicherte Antwort auf die Frage „Wie funktioniert diese magische Geistheilung?", bisher in der

> *Es gibt eine scheinbar magische Verbindung zwischen Körper und Geist.*

Annahme zu bestehen, daß die ganzheitliche Intelligenz des menschlichen Organismus über weitaus größere Fähigkeiten verfügt, als wir normalerweise glauben. Doch welche Rolle spielt eigentlich der Glaube im komplexen Wechselspiel von Körper und Geist?

Es ist allgemein bekannt, daß ein starker Glaube enorme Kräfte mobilisieren kann. Es gab sogar Kulturen, in denen die Krieger glaubten, daß nur ein Tod im Kampf ihnen einen Platz an Odins Tafel ermöglicht. Obwohl auch sie den Tod fürchteten, immunisierte der starke Glaube die Krieger gegen die Todesangst.

Der Glaube kann Berge versetzen! Mahatma Gandhi wurde zum Vorbild für Millionen von Menschen, indem er fest daran glaubte, daß er durch gewaltfreien Widerstand gewinnen würde. Als Reinhold Messner als erster Mensch den höchsten Berg der Erde ohne Sauerstoff-Geräte besteigen wollte, mußte er seinen strapazierten Körper durch mentale Manöver immer wieder davon überzeugen, die für den erfolgreichen Aufstieg nötigen Energien freizusetzen. Sein Körper bezwang den Mount Everest, doch ohne die Kraft seines Geistes hätte er dieses Ziel niemals erreichen können. Wer fähig ist, seinen Körper mental zu motivieren, kann seine Leistungsfähigkeit um ein Vielfaches steigern.

Ein starker Glaube entsteht durch die fruchtbare Zusammenkunft von Denken und Fühlen, von Kognition und Emotion. Der Glaube ist sicherlich ein wichtiger Schlüssel zu den geheimen Kräften unseres Geistes, doch er wirft auch weitere ungeklärte Fragen auf. In sogenannten „Feuerlauf-Seminaren" lernen die Teilnehmer in kurzer Zeit, über glühende Kohlen zu gehen. – Die meisten Füße bleiben dabei völlig unversehrt – solange ihre Besitzer fest daran glauben, daß sie es tun können. Wie ist das möglich?

Die mentale Steuerung durch den emotional gestärkten Geist hat offensichtlich einen entscheidenden Einfluß auf die Organisation unser körperlicher Ressourcen. Was ein Mensch über sich selbst und seinen Körper glaubt, kann seinen physischen Zustand und dessen Leistungsfähigkeit in entscheidendem

Was glauben Sie über sich und Ihren Körper? Dieser Glaube beeinflußt Ihr tägliches Leben!

Maße verändern. Auch wenn Sie nicht über glühende Kohlen gehen und keine Berge besteigen wollen – Ihr Glaube hinsichtlich Ihres Körpers hat einen direkten Einfluß auf Ihr tägliches Leben. Nicht nur Ihre allgemeine Fitneß, sondern auch Ihr Wohlbefinden, Ihre Konzentrationsfähigkeit und vor allem Ihre Resistenz gegen Krankheiten bedingen sich durch die mentale Einstellung, mit der Sie die Signale Ihres Körpers interpretieren. Die Frage nach dem Glauben hat in diesem Zusammenhang also weniger einen religiösen Charakter, sondern vielmehr einen praktischen Einfluß auf Ihre alltäglichen Erlebnisse. Er prägt die Qualität Ihrer Wahrnehmung ebenso wie die daraus resultierenden Einstellungen, mit denen Sie den Dingen des täglichen Lebens begegnen.

Auf den folgenden Seiten möchte ich Sie anregen, den mentalen Fokus Ihrer Wahrnehmung auf eine neue Weise auszurichten und dabei die Intelligenz Ihres Körpers zu stimulieren. Diese Form der Bewußtmachung führt Sie zu einem intelligenten Umgang mit Ihren körperlichen Ressourcen – Sie entwikkeln Ihre persönliche Form von „Body-Management". Dabei achten Sie zum einen darauf, Ihren Körper zu stärken, indem Sie ihn gut behandeln, und zum anderen gestalten Sie die Kommunikation zwischen Ihrem Geist und Ihrem Körper auf eine konstruktive Weise. Sie können sich viele Leiden ersparen, wenn Sie Ihren Geist darin trainieren, in einer intelligenten Form mit Ihrem Körper zu kooperieren; und Sie können Ihre geistige Leistungsfähigkeit enorm verbessern, wenn Sie lernen, Ihre körperlichen Ressourcen zu stärken und bewußt damit umzugehen.

Was glauben Sie über Ihren Körper?

▶ Machen Sie sich bewußt, mit welcher Einstellung Sie normalerweise an Ihren Körper denken. Durch welche Wahrnehmungsfilter betrachten Sie Ihre physische Existenz? Fokussieren Sie besonders auf Stärken und Pluspunkte, oder sehen Sie in erster Linie die Schwächen und Unzulänglichkeiten?

▶ Mit welchen Gefühlen denken Sie an Ihren Körper? Empfinden Sie Freude, Stolz und Dankbarkeit über die guten Dienste, die Ihr Körper Ihnen jeden Tag leistet? Oder ist er Ihnen gleichgültig, solange er ordentlich funktioniert? Oder empfinden Sie sogar Scham, Ärger und Groll gegen den physischen Aspekt Ihrer Existenz?

▶ Sobald Sie sich das Muster Ihrer Gefühle, Gedanken und Glaubenssätze bewußt gemacht haben, können Sie beginnen, es auf intelligente Weise zu verändern. Dafür fragen Sie sich, was Ihnen an Ihrem Körper gefällt!? Worauf sind Sie stolz? Welche Gründe gibt es, um Dankbarkeit und Freude gegenüber Ihrem Körper zu empfinden?

▶ Machen Sie sich bitte einmal richtig bewußt, welche wunderbaren Dienste Ihr Körper tagtäglich leistet! Was bedeutet es, zweihundert harte Arbeitstage im Jahr ohne Murren zu überstehen und die vielleicht achtzig Kilo Ihres Körpergewichtes seit Jahrzehnten durch diese Welt zu tragen?

▶ Wie sehr wissen Sie es zu schätzen, daß Ihre Verdauungsorgane fast jede Form von Nahrung, ganz gleich ob gesund oder ungesund, zuverlässig assimilieren und die Schadstoffe regelmäßig wieder ausscheiden?

▶ Wie viele Krankheiten haben Sie in Ihrem Leben bereits erfolgreich überstanden? Danken Sie Ihrem Körper dafür, daß er fähig ist, Sie immer wieder zu heilen; und unterstützen Sie ihn zukünftig bei dieser magischen Aufgabe durch liebevolle Gedanken, positive Glaubensmuster und durch intelligentes Verhalten.

Mein Übungserfolg: ○○○○○○○○○○○○○○○○○○○○○

Bringen Sie sich in die Ressource-Physiologie!

Ebenso wie der Geist den Körper beeinflußt, prägt natürlich auch der körperliche Zustand Ihre geistige Verfassung. Es gibt Situationen, in denen die psychische Leistungsfähigkeit leidet, weil der Mensch einen ungesunden Lebenswandel pflegt; weil er zu viel ißt, trinkt oder raucht, weil er zu wenig schläft oder sich nicht genug bewegt. Vielleicht erinnern Sie gewisse Tage, an denen Sie übernächtigt waren, wo der Alkohol der nächtlichen Feier noch in Ihrem Blutkreislauf zirkulierte und Ihr Kopf sich anfühlte, als wäre Ihr Gehirn eine tumbe Masse Blei? Wenn Sie an solchen Tagen eine wichtige Verhandlung führen müßten, hätten Sie vermutlich schlechte Karten in der Hand, denn in solch einem Zustand kann es verdammt schwierig sein, durch souveräne Gesprächsführung ein gutes Ergebnis zu erzielen.

Können Sie sich an Zeiten erinnern, wo Sie eine schwere Grippe hatten oder durch andere Krankheiten ans Bett gefesselt waren? Während solcher Zeiten konnten Sie vermutlich beobachten, wie sich Ihre Lebenseinstellung drastisch verändert hat. Die Antriebskräfte lassen nach, Unlustgefühle entstehen und man kann selbst die schönsten Ereignisse nicht mehr richtig genießen. Den Anforderungen der Außenwelt begegnet man vorsichtiger, Risiken werden vermieden. Sollte der geschwächte Zustand andauern, wird auch das Selbstwertgefühl sinken, dafür steigt das allgemeine Angstniveau. Der Gedanke an schwierige berufliche Situationen oder private Konflikte kann plötzlich Panik auslösen, man zweifelt an den eigenen Fähigkeiten. Wenn Sie auf Entgegenkommen, Rücksichtnahme oder Pflege angewiesen sind, sehen Sie die Welt mit anderen Augen, und Sie schätzen Ihre soziale Position anders ein. Wenn Sie sich hingegen gesund, ausgeschlafen, frisch, potent und kraftvoll fühlen, steigt Ihr Selbstwertgefühl ebenso wie Ihre sozialen und beruflichen Möglichkeiten. Körperliche Fitneß ist ein echter Joker in allen Lebenslagen.

Eine körperliche Krankheit kann auch die geistige Verfassung enorm beeinträchtigen!

Der Wechsel von der sogenannten „Problem-Physiologie" in die powervolle „Ressource-Physiologie" ist jedoch nicht nur ein körperlicher Vorgang. Indem Sie Ihre physische Energie stärken, verändern Sie zugleich Ihren psychischen Zustand. Der allgemeine Energieschub motiviert Ihr Unbewußtes, die Welt durch andere, positivere Wahrnehmungsfilter zu betrachten. Obwohl Ihre Umwelt sich nicht verändert hat, erleben Sie die Dinge nun auf eine bessere

Weise. Selbst schwierige Situationen, die Sie in einer schlechten Verfassung als qualvolle Überforderung empfunden hätten, bekommen plötzlich positive Aspekte und Sie fühlen sich auf reizvolle Weise herausgefordert. Guter Kontakt zur Ressource-Physiologie bedeutet ein Stück ganzheitliche Intelligenz, denn er vermittelt Ihnen gesundes Selbstvertrauen, optimistische Zuversicht und einen schnellen Zugang zu Ihren Leistungsreserven.

Wie gelangen Sie in Ihre Ressource-Physiologie?

▶ Machen Sie sich bewußt, durch welche Einflüsse Sie in besonders positive Zustände gelangen können?! Welche Tätigkeiten, Situationen, Orte oder Personen helfen Ihnen dabei, Ihre persönlichen Kräfte zu mobilisieren?

▶ Finden Sie ebenfalls heraus, welche Einflüsse Sie in Zukunft vermeiden sollten, um nicht in negative Zustände zu gelangen!?

▶ Identifizieren Sie die konkreten Auslöser, die Ihr Unbewußtes motivieren, in die Problem- bzw. in die Ressource-Physiologie zu wechseln. Je besser Sie diese negativen und positiven Anker kennen, desto eleganter und sicherer können Sie sich durch die Klippen eines anstrengenden Tages steuern.

▶ Denken Sie kreativ über die Auslöser Ihrer unterschiedlichen Zustände nach! Experimentieren Sie damit, und erforschen Sie auch, wie Ihr Unbewußtes auf Ihre zahlreichen Anker reagiert – was geschieht beispielsweise, wenn Sie zu lange in der Badewanne liegen? Wie fühlen Sie sich, nachdem Sie mit Ihren Eltern telefoniert haben? Welche Nahrungsmittel stärken Sie, welche schwächen Sie? Wie wirken bestimmte Kleidungsstücke auf Ihre psycho-physiologische Verfassung?

▶ Achten Sie darauf, daß Sie sich im Alltag mit möglichst vielen positiven Ankern umgeben, und versuchen Sie, negative Anker aus Ihrem Leben zu entfernen.

▶ Wenn Sie eine wichtige Aufgabe erledigen müssen, können Sie sich gezielt in einen ressourcevollen Zustand bringen, indem Sie positive Anker aktivieren. Viele Leistungssportler nutzen diesen Effekt mit Hilfe von Talismännern und Maskottchen.

▶ Falls Sie mehr über die magische Wirkung der allgegenwärtigen Anker erfahren möchten, lesen Sie in meinem Buch „NLP in Action" im Kapitel „Die Macht der Anker".

Mein Übungserfolg:　　　　○○○○○○○○○○○○○○○○○○○○

Der Fluß der Emotionen

Geist und Körper beeinflussen sich wechselwirksam, denn sie sind Teile des gleichen kybernetischen Systems. Der ganzheitlich intelligente Mensch wird sich nicht nur auf seinen Geist konzentrieren, er wird auch lernen, seinen Körper angemessen zu behandeln und seine physischen Ressourcen zu aktivieren. Außerdem brauchen Sie lebendigen Kontakt zur Welt der Emotionen. Die Intelligenz der Gefühle ist nicht nur ein wertvoller Wegweiser im zwischenmenschlichen Austausch, sondern beeinflußt auch andere Lebensbereiche, wie zum Beispiel Ihre Motivation und Ihre Gesundheit. Ein wesentlicher Aspekt der Sinnlichen Intelligenz besteht in der Fähigkeit, den natürlichen Fluß der Emotionen über den Körper auszudrücken. Diese Form der spontanen Selbst-Aktualisierung führt zu einer lebendigen Gefühlswelt und kann enorme Energien freisetzen.

Wer es versteht, seine Gefühle angemessen zu zeigen, erwirbt nicht nur die Sympathie seiner Mitmenschen, sondern tut auch etwas für sein inneres Gleichgewicht. Wer dagegen versucht, seine Emotionen dauerhaft zu unterdrücken, schadet der Gesundheit seines Organismus und blockiert den natürlichen Energiefluß. Solche Blockaden erzeugen sowohl frustrierende Lebensgefühle als auch somatische Krankheiten. Es gibt Leute, die werden ernsthaft krank, weil ihr Geist auf destruktive Weise mit ihrem Körper kommuniziert. Dabei blockieren negative Gedanken den freien Fluß der Emotionen. Positive Gefühle bekommen keinen Raum, um sich zu entfalten, emotionale Impulse werden durch negative Geisteskraft unterdrückt.

Wer versucht, seine Emotionen zu unterdrücken, schadet seinem Gleichgewicht.

Wenn dieser Zustand längere Zeit andauert, behindert der destruktive Geist das körperliche Gleichgewicht irgendwann so sehr, daß den blockierten Impulsen keine andere Wahl bleibt, als die sogenannten „psycho-somatischen Symptome" zu erzeugen. Die unterdrückten Emotionen manifestieren sich dann beispielsweise als Magengeschwür, Allergien oder Herzleiden. Inzwischen gibt es zahlreiche Kliniken, die sich darauf spezialisiert haben, körperliche Beschwerden durch psychische Interventionen zu behandeln, und ich bin davon überzeugt, daß die Medizin der Zukunft in einem noch viel größerem Maße erkennen wird, wie enorm stark der Einfluß unserer Psyche auf den körperlichen Zustand tatsächlich ist.

Emotionen möchten fließen!

▶ Welche Emotionen begegnen Ihnen in Ihrem Alltag? Halten Sie hin und wieder für einen Moment inne und fragen Sie sich: „Wie fühle ich mich jetzt?"

▶ Falls Sie beispielsweise bemerken, daß Sie sich ärgern, fressen Sie Ihren Ärger nicht einfach in sich hinein! Die Wut muß raus! Suchen Sie sich ein intelligentes Ventil, wo Sie sich abreagieren können, ohne Schaden anzurichten.

▶ Falls Sie sich glücklich fühlen, zögern Sie nicht, Ihr Glück mit anderen zu teilen! Verbreiten Sie gute Laune, verschenken Sie hier und da ein freundliches Lächeln, loben Sie Ihre Mitarbeiter und verteilen Sie aufrichtige Komplimente. Ihre Mitmenschen werden es Ihnen danken, und vielleicht kommt die positive Energie gerade dann zu Ihnen zurück, wenn Sie sie dringend benötigen!?

▶ Falls Sie sich sorgen, üben Sie sich darin, mutig zu sein! Stellen Sie sich Ihrer Angst, indem Sie sich den Auslöser bewußt machen. Fragen Sie sich, was im schlimmsten Fall passieren könnte, schätzen Sie die Wahrscheinlichkeit des Katastrophen-Szenarios realistisch ein und dann beginnen Sie, sich intelligent zu verhalten, indem Sie gezielte Sicherheitsvorkehrungen durchführen. Die meisten Alltagsängste verschwinden, sobald Sie sich ihnen bewußt stellen und sich auf intelligente Weise mit Ihnen auseinandersetzen.

▶ Gewöhnen Sie sich an, alle Ihre Emotionen bewußt wahrzunehmen. Achten Sie im Laufe eines Tages immer wieder darauf, welche emotionalen Impulse in Ihnen aufkeimen möchten. Machen Sie sich diese Impulse frühzeitig bewußt, geben Sie ihnen ausreichend Raum zur Entfaltung, und entscheiden Sie dann auf intelligente Weise, wie Sie damit umgehen möchten.

Mein Übungserfolg: ○○○○○○○○○○○○○○○○○○○○

Die Botschaften der Physiologie

Haben Sie jemals darüber nachgedacht, wie sehr sich die Qualität Ihrer inneren Zustände auch über Ihren Körper ausdrückt? Die aufmerksamen Beobachter unter Ihren Mitmenschen wissen oftmals viel mehr über Sie, als Ihnen selber bewußt ist. Die menschliche Psyche hat die unwiderstehliche Neigung, ihre aktuelle Befindlichkeit über die Physis mitzuteilen. Egal ob Freude, Wut, Angst oder Trauer – Ihre Gefühle möchten sich ausdrücken!

Das spontane Spiel von Mimik und Gestik informiert den aufmerksamen Beobachter ständig über die aktuellen Emotionen seiner Mitmenschen. Ebenso manifestiert sich Ihre Lebenseinstellung in der Beschaffenheit Ihres physischen Körpers. Die frustrierten Gesichtszüge einer verbitterten Person wirken selbst auf den ungeschulten Laien ebenso vielsagend, wie die sympathischen Lachfalten einer lebenslustigen Frohnatur. Falls Sie jemals mit einem kompetenten Körpertherapeuten gearbeitet haben, wissen Sie vermutlich, wie beeindruckend es sein kann, wenn dessen geschultes Auge die Struktur Ihres Körpers so präzise interpretiert, als würde er in einem offenen Buch lesen.

Wie innen, so außen! Was emotional geschieht, offenbart sich auch körperlich. Homo Sapiens ist ein soziales Wesen. Der evolutionäre Erfolg unser Spezies basiert auf der Fähigkeit, mit unseren Artgenossen außerordentlich wirkungsvoll zu kommunizieren. Die gesprochene Sprache ist, evolutionsgeschichtlich betrachtet, noch relativ jung. Die unmittelbare Kommunikation über die Körpersprache ist sehr viel älter und somit tief in unseren genetischen Verhaltensprogrammen verankert. Für das gemeinsame Überleben in einer urzeitlichen Umwelt, ohne die Möglichkeit der sprachlichen Kommunikation, war es überaus nützlich, wenn die anderen Mitglieder einer Menschenhorde möglichst gut darüber informiert waren, was in dem Einzelnen vorging.

Der spontane Ausdruck von Gefühlen ist ein altes genetisches Programm, das auch unser modernes Leben prägt. Es hat nicht nur eine entscheidende gesundheitliche Funktion, sondern ist auch ein wichtiger sozialer Signalgeber, der jedoch meist unbewußt wirkt. Emotional-aufgeladene Informationen werden in unserem Nervensystem bevorzugt verarbeitet. Dies geschieht besonders in einem evolutionsgeschichtlich älteren Teil unseres Gehirns, dem sogenannten „Limbischen System".

> *Die* Kommunikation durch Körpersprache ist tief in unserer Genetik verankert.

Es interpretiert die einkommenden Sinnesreize durch einen emotionalen Filter und läßt uns wissen, wie wir unsere aktuelle Individualität erleben.

Als Ergebnis nicht nur psychische Reaktionen, sondern auch sichtbare körperliche Veränderungen. Manchmal sind sie sehr fein und nur für das geschulte Auge erkennbar, manchmal sind sie ganz offensichtlich, indem wir zum Beispiel lachen oder weinen. Mimik, Gestik und Körperposition kommentieren unentwegt unsere aktuelle Befindlichkeit. Das gesamte menschliche psycho-physiologische System funktioniert nicht wie ein statisches Ding, sondern wie ein dynamischer Prozeß. Wir Menschen sind keine leblosen Maschinen, sondern äußerst empfindsame Wesen. Wir reagieren ständig auf die Geschehnisse um uns herum, und unser Körper zeigt die Reaktionen mehr oder weniger deutlich, ohne daß dies den meisten Menschen bewußt ist.

Entschlüsseln Sie die Botschaften der Physiologie!

▶ Die konsequente Optimierung Ihrer sinnliche Intelligenz erfordert die ganzheitliche Beobachtung Ihrer Mitmenschen. Dazu gehört, daß Sie sich in den täglichen Gesprächssituationen darüber bewußt sind, daß die Physiologie Ihres Gesprächspartners Sie ständig über seine aktuelle psychische Verfassung informiert.

▶ Nehmen Sie sich etwas Zeit, um diese interessante Erkenntnis bewußt zu verinnerlichen. Gewöhnen Sie sich an, die körperliche Befindlichkeit Ihres Gegenübers als interessanten Spiegel seiner inneren Prozesse zu betrachten. Wenn Sie den anderen sehr aufmerksam wahrnehmen, werden Sie eine ungeahnte Vielzahl aufschlußreicher Veränderungen entdecken können.

▶ Beobachten Sie auch, wie die ständige Veränderung der Physiologie Ihres Gesprächspartners durch das Feedback, das Sie ihm meist unterschwellig vermitteln, beeinflußt wird.

▶ Sie können Ihr Gegenüber in eine unangenehme „Problem-Physiologie" bringen, indem Sie ihm negatives Feedback geben und ihn beleidigen, angreifen, verärgern oder ihm schlechte Nachrichten übermitteln. Achten Sie jedoch darauf, daß Sie ihn danach wieder in eine positive „Versöhnungs-Physiologie" führen!

▶ Trainieren Sie sich vor allem darin, Ihr Gegenüber in eine powervolle „Ressource-Physiologie" zu führen, indem Sie ihm positives Feedback geben und ihn loben, bestätigen, gratulieren oder ihn mit positiven Nachrichten versorgen. Die Fähigkeit, andere Menschen während der Kommunikation in Kontakt mit ihren Ressourcen zu bringen, ist eine Schlüsselkomponente der sozialen Intelligenz.

Mein Übungserfolg: ○○○○○○○○○○○○○○○○○○○○○

Neben den dynamischen Körpersignalen gibt es natürlich auch stabile Strukturen in unserem psycho-physiologischem System. Erwachsene Menschen verhalten sich nicht wie Blätter im Wind. Wir alle haben unsere festen Gewohnheiten, unsere Verhaltensprogramme, unsere Prinzipien, Einstellungen und Wertesysteme. Außerdem haben wir ein gewisses Quantum an persönlicher Kraft, das uns hilft, negatives Feedback zu relativieren, Frustrationen zu transformieren und Mißerfolge zu bewältigen. Je energetischer dieses Reservoir von persönlicher Kraft beschaffen ist, desto höher ist die Chance, daß Sie die täglichen Herausforderungen in einer ressourcevollen Physiologie meistern können.

Um Ihre energetischen Reserven anzureichern, brauchen Sie guten Kontakt zu Ihrem Körper und eine daraus resultierende, intelligente Lebensführung. Außerdem beeinflußt die Art, wie Sie Ihre Körpersignale wahrnehmen, interpretieren und bewerten, Ihre psychische Verfassung. Hier stellt sich wiederum die Frage, was Sie über Ihren Körper glauben, welche mentalen Konzepte Sie bezüglich seiner Bedürfnisse und seiner Leistungsfähigkeit verfolgen. Diese Konzepte existieren im Gehirn eines jeden Menschen, doch nur die wenigsten Menschen setzen sich bewußt damit auseinander.

Mit meinen Ausführungen zum intelligenten Body-Management möchte ich Sie motivieren, Ihre Gewohnheiten im Umgang mit Ihrem Körper systematisch zu überprüfen und dabei eine ressourcevolle Basis-Physiologie zu entwickeln. Der Körper bildet die unverzichtbare Wurzel Ihrer Sinnlichen Intelligenz. Er ist die Quelle Ihrer persönlichen Energie. Ihr energetisches Potential entscheidet über die Startposition, aus der Sie den Anforderungen des Lebens entgegentreten. Intelligentes Body-Management kann Sie in Ihre persönliche Pool-Position bringen.

Stärken Sie Ihr energetisches Potential, indem Sie positive Gewohnheiten entwickeln.

In früheren Zeiten war dies das wichtigste Kriterium des biologischen und sozialen Erfolges. Körperliche Kraft war nicht nur überlebensnotwendig, sondern bestimmte auch über die Position in der sozialen Hackordnung. Wer sich stark genug fühlte, forderte den Hordenführer zum Kampf heraus. Konnte er den Kampf gewinnen, war er der neue Anführer. So einfach war das!

In der Tierwelt gilt noch heute das Recht des Stärkeren – Chef im Ring ist, wer sich körperlich durchsetzen kann. In unserer zivilisierten Welt haben sich die sozialen Selektionskriterien natürlich gewandelt, doch ein gesundes physiologisches Gleichgewicht auf hohem energetischem Niveau ist auch in modernen Zeiten eine wertvolle Trumpfkarte für Ihren dauerhaften Erfolg. Nur wenn Ihr Körper mitspielt, werden Sie auf diesem Planeten ein glückliches und erfülltes Leben verbringen können.

Wie bewerten Sie die Signale Ihres Körpers?

Auf den folgenden Seiten möchte ich Ihnen eine Reihe von Ideen zur mentalen Steuerung Ihres physischen Körpers vorstellen. Die praktische Umsetzung der angeführten Ideen kann Ihnen helfen, die Wahrnehmung Ihres eigenen Körpers auf nützliche Weise zu organisieren und die Kommunikation mit Ihren unbewußten Kräften zu verbessern. Eine wichtige Rolle spielt in diesem Zusammenhang die Bewertung, die Sie Ihren Wahrnehmungen beimessen. Jede spontane Reaktion resultiert aus einer Bewertung der aktuellen Situation. Diese Bewertung können Sie steuern, indem Sie einen neuen kognitiven Rahmen erschaffen. Von der Fähigkeit, einen kognitiven Rahmen gezielt zu erschaffen und zu verändern, handelt das Kapitel „Auf der mentalen Spielwiese" in meinem Buch „NLP in Action". Dort wird der intelligente Umgang mit dem NLP-Werkzeug „Framing und Reframing" ausführlich beschrieben. Ich möchte Ihnen auch hier einen Geschmack für diese nützlichen Manöver der kognitiven Umstrukturierung vermitteln, denn sie bilden eine wichtige Komponente im harmonischen Zusammenspiel von Körper und Geist.

Kennen Sie das mulmige Gefühl, wenn Ihr Geist Höchstleistungen vollbringen soll, und Ihr Körper glaubt, Sie dafür mit einer heftigen Dosis Adrenalin überschütten zu müssen? Diesen ambivalenten Zustand kennen viele Menschen als „Lampenfieber", es ist eine besondere Form von körperlicher Alarmbereitschaft als Reaktion auf eine bevorstehende Bedrohung.

Falls Sie zum Beispiel vor einer Rede oder vor einem TV-Auftritt Lampenfieber wahrnehmen, können Sie Ihre Wahrnehmung der damit verbundenen Anspannung und Erregung unterschiedlich bewerten. Sie könnten sich sagen „Oh Gott, jetzt habe ich schreckliches Lampenfieber – das wird mich völlig blockieren, ich werde stottern und wirres Zeug reden. Alle werden merken, daß ich Angst habe. Sie werden über mich lachen. Ich habe schon immer gewußt, daß ich ein Versager bin!"

Wie können Sie Ihr Lampenfieber managen, obwohl Ihr Körper Sie mit einer heftigen Dosis Adrenalin überschüttet?

Durch eine derartige Einstellung werden Sie sich selbst in einen armseligen Zustand hypnotisieren. Sie verlieren nicht nur Ihr psychisches Selbstvertrauen, sondern signalisieren Ihrem Körper auch, daß er all die Symptome produzieren soll, die Ihren Erfolg verhindern. Ihre Zunge wird schwer und Ihr Ausdrucksvermögen versiegt. Dafür steigt Ihre Schweißproduktion plötzlich enorm an, Ihr Herzrhythmus gerät außer Kontrolle und Ihr Gehirn verweigert Ihnen den Zugriff zur Benutzung der Großhirnrinde, jenem Teil des menschlichen Gehirns, der bewußtes Denken ermöglicht. Als Ergebnis manövrieren Sie sich mit hoher Wahrscheinlichkeit in das sogenannte „Black-out" – Ihr Gehirn meldet „Error", und Ihr Körper kennt nur noch einen Impuls: die Flucht! Ihr Geist hat die Signale Ihres Körpers auf eine destruktive und keinesfalls intelligente Weise interpretiert. Sie haben sich selber sabotiert.

Statt dessen könnten Sie Ihrem erregten und angespannten Körper durch einen ermutigenden Kommentar helfen, indem Sie sich sagen „Tja, Lampen-fieber, das kennen alle Menschen, selbst die Profis. Es ist eine normale Reaktion meines Körpers auf die bevorstehende Herausforderung, schön ruhig bleiben und tief durchatmen, Du kannst es." Durch dieses mentale Manöver verbessern Sie Ihren physiologischen Zustand.

Sie können Ihren inneren Dialog auch offensiv gestalten, indem Sie das Lamperfieber positiv bewerten und es in Form einer motivierenden Botschaft begrüßen: „Ja, jetzt werde ich wach, das ist gut! Mein Körper reagiert auf die anstehende Herausforderung, indem er Adrenalin ausschüttet und mir ein aktiviertes Potential von Energie zur Verfügung stellt. Diese Energie mobilisiert alle meine Kräfte. Indem ich Körpersprache aktiv einsetze und meine Lippen, meine Zunge und meinen Atem bewußt spüre, kann ich diesen enormen Energieschub für meinen Auftritt nutzbar machen. Ich werde es schaffen und ich werde meinen Erfolg genießen!"

𝒩utzen Sie Ihr Lampenfieber und begrüßen Sie das motivierende Adrenalin mit einem echten Power-Reframing!

Durch dieses Power-Reframing erzeugen Sie eine Ein-stellung, die es Ihrem Körper erlaubt, die freigewordenen Energien zielgerichtet einzusetzen. Sie lenken das ausge-schüttete Adrenalin in eine konstruktive Richtung. Jetzt kooperiert der Geist mit dem Körper. Das natürliche, genetisch verankerte Streß-Reaktions-Programm wird nicht bekämpft, sondern begrüßt und als nützlich erkannt. Muskulatur, Kreislauf, Atem und Gehirn werden synchronisiert. Ihr Geist schafft optimale Bedingungen, um sich über den Körper frei auszudrücken. Sie können all das sagen, was Sie sich vorgenommen haben und Sie erlauben sich außerdem, Ihren charismatischen Redefluß so richtig zu genießen. Dies sind die besten Voraussetzungen für einen erfolgreichen Auftritt.

Der Körper als Quelle der Kraft

Auch wenn sich viele Menschen im Alltagsgeschehen nicht darüber bewußt sind – der Geist kommuniziert ständig dem Körper! Ähnlich wie ein Reiter, der die Zügel seines Pferdes mehr oder weniger fest in den Händen hält, bewegt sich dieses psycho-physiologische Gespann durch die Koordinaten von Zeit und Raum. Besonders interessant beim Verständnis dieser lebenslangen Kooperation ist die Tatsache, daß jeder Mensch nicht nur hin und wieder, sondern permanent, in jedem Moment, mit seinem eigenen Körper Signale austauscht. Hier stellt sich die Frage, wie wir als intelligenter Reiter unser physisches Pferd behandeln?! Als guten Freund und lebendigen Gefährten? Oder als bloßes Trans-

Körper und Geist bewegen sich wie Pferd und Reiter im ewigen Fluß von Raum und Zeit.

portmittel, das lediglich im Krankheitsfall durch Arztbesuch und Laborergebnisse auf seine Funktionstüchtigkeit hin überprüft wird?

Der aktuelle Zeitgeist der Jahrtausendwende und der damit verbundene, allgegenwärtige Leistungsdruck bewirken, daß viele Menschen sich daran gewöhnen, ihr Pferd erbarmungslos voranzutreiben, ohne dessen Bedürfnisse nach Nahrung, Pflege und Ruhephasen zu respektieren. Doch was geschieht mit einem Pferd, das über lange Zeiträume hinweg schonungslos geritten wird? Es wird zunächst Verschleißerscheinungen aufweisen, allmählich schwächer werden und schließlich ganz zusammenbrechen.

Interessanterweise verfügt der menschliche Körper jedoch über erstaunliche Ressourcen, die bei entsprechend intelligenter Kommunikation mit den unbewußten Kräften, die für Ihren energetischen Haushalt zuständig sind, auf gesunde Weise mobilisiert werden können. Der Körper ist die Quelle Ihrer Lebensqualität; nicht umsonst bezeichnen die buddhistischen Mönche den Körper als Tempel des Geistes. Nur wenn sich Ihr Körper in einem guten Zustand befindet, kann sich Ihr Geist frei entfalten. Für Sie, als einen ganzheitlich-intelligenten Menschen, bedeuten solche Erkenntnisse, daß Sie sich regelmäßig den Bedürfnissen Ihres Körpers widmen und dafür sorgen, daß er sich in einem energetischen und balanciertem Zustand befindet. So erzeugen Sie einen intelligenten Umgang mit Ihren körperlichen Ressourcen.

Die hier dargestellten Ideen implizieren ein humanistisches und auf Entwicklung ausgerichtetes Menschenbild. Es sind Erfahrungswerte, die sich als Grundlage exzellenter Kommunikation mit dem eigenen Körper vielfach bewährt haben. Bei der Umsetzung sollten Sie sorgsam darauf achten, daß Sie die Kräfte Ihres Körpers nicht überfordern. Ein langfristig erfolgreiches Body-Management muß Stück für Stück entwickelt werden. Es ist ein organischer Prozeß und basiert auf einem gesundem Empfinden für Ihren energetischen Haushalt. Ihre mentale Inspiration sollte aus einer sensiblen Wahrnehmung für Ihre energetische Balance erwachsen. Die Realität Ihres Körpers bewegt sich in einem Kraftfeld zwischen Anspannung und Entspannung, Aktivität und Ruhe, Eindruck und Ausdruck. Solange Sie – oder Ihre unbewußten Kräfte – Ihre physische Realität erfolgreich ausbalancieren, braucht Ihr Körper keine Symptome zu erzeugen. Mit anderen Worten: Sie bleiben gesund.

Krankheit resultiert aus einer Störung des gesunden Gleichgewichtes und der Ausgleich der Störung kostet den Körper enorm viel Energie. So kann jeder Mensch als dynamisch-energetisches System verstanden werden; souveräne Steuerung durch intelligentes Body-Management erfordert neben kommunikativen Fähigkeiten auch ein intuitives Vertständnis der menschlichen Ökologie; insbesondere im Hinblick auf langfristige Erfolge.

Die Kommunikation mit dem eigenen Körper ist eine oft vernachlässigte Tatsache, obwohl sie in jedem Moment unseres Lebens stattfindet. Um diesen allgegenwärtigen Prozeß aktiv zu gestalten, benötigen Sie ein gewisses Potential von bewußter Energie – es muß von Ihnen aktiv aufgebaut und kontinuierlich gepflegt werden. Ich möchte Sie motivieren, die Kommunikation mit den verantwortlichen Instanzen in Ihrer Psyche, die für körperliche Vorgänge zuständig sind, bewußter und geschickter zu gestalten. Diese Kommunikation können Sie insbesondere dann pflegen, wenn Sie das Gefühl haben, daß Sie sich langweilen. Die „Lange Weile" entsteht aus Sicht der Wahrnehmungspsychologie immer dann, wenn das menschliche Gehirn nicht ausreichend mit attraktiven Reizen versorgt wird. Solange Sie darauf angewiesen sind, sich nur mit äußeren Reizen versorgen zu können, entsteht eine fremdbestimmte Abhängigkeit von der Außenwelt.

Gewinnen Sie echte Eigenbestimmung, indem Sie Zeiten der Langeweile nutzen, um Ihre inneren Impulse wahrzunehmen!

Indem Sie Ihren inneren Reichtum erschließen, befreien Sie sich aus der Fremdbestimmung. Sie gewinnen echte Eigenbestimmung, sobald Sie nicht mehr darauf angewiesen sind, von Ihrer Umwelt etwas geboten zu bekommen – im Gegenteil, Ihr Innenleben wird plötzlich so reich, daß Sie Ihr sinnliches

Entertainment ganz leicht aus sich selber schöpfen können und es liebend gerne mit anderen teilen. Sie gelangen in eine pralle Welt von sinnlichem Überfluß.

Auf dem bewußten Wege zur ganzheitlichen Intelligenz brauchen Sie sich nie wieder zu langweilen, da Ihre geschulten Sinne Ihnen einen direkten Zugriff auf Ihre Lebensqualität ermöglichen. In jenen Momenten, wo andere Personen sich langweilen würden, öffnen Sie einfach die Schleusen Ihrer Wahrnehmung und erfreuen sich an den unzähligen Prozessen, die ständig in Ihrem Körper stattfinden. Gleichzeitig wissen Sie, daß Sie damit Ihre Gesundheit und Ihr Wohlbefinden fördern, indem Sie sich und andere darüber informieren, wo Ihre aktuellen Bedürfnisse liegen.

Achten Sie auf Ihre inneren Signale

▶ Um Ihren Körper durch mentale Manöver souverän managen zu können, müssen Sie zunächst ihre Wahrnehmung trainieren. Besinnen Sie sich im Laufe Ihres Alltags immer wieder auf die Übungen, die Sie in diesem Buch kennengelernt haben.

▶ Wenn Sie Ihre Sinne trainieren, achten Sie nicht nur auf äußere Reize, sondern auch auf Signale, die von innen kommen. Lernen Sie, Ihre inneren Impulse als wesentlichen Bestandteil der momentanen Realität zu respektieren.

▶ Manchmal ist der Ausdruck des Körpers klar und offensichtlich, manchmal bewirkt er nur sehr feine Veränderungen. Um den aktuellen Zustand Ihrer Physiologie aufmerksam beobachten zu können, brauchen Sie manchmal etwas Geduld. Wenn Sie nicht sofort Signale empfangen, atmen Sie mehrmals tief durch und warten Sie ab, welche Impulse dadurch entstehen.

▶ Ihr Körper sendet Ihnen in jedem Moment eine enorme Vielzahl von Informationen. Nutzen Sie Ihre Phantasie und Ihre Kreativität, um Signale auf unterschiedlichen Ebenen zu empfangen. Sie können sich zum Beispiel für innere Sensationen wie Lust und Unlust, Spannung und Entspannung, Temperatur oder Gleichgewicht sensibilisieren.

▶ Sobald Sie etwas Außergewöhnliches wahrnehmen, lenken Sie den Fokus Ihrer Aufmerksamkeit dorthin. Dadurch verstärken Sie das Signal. Geben Sie dem Impuls genug Raum, damit er sich Ihnen ganz deutlich mitteilen kann.

▶ Anschließend können Sie beginnen, Ihre Wahrnehmung in Worte zu kleiden. Dadurch ordnen Sie Ihr Gefühlsleben. Doch bevor Sie Ihre Impulse mit verbalen Etiketten versehen, sollten Sie sicherstellen, daß Sie den Kern der Botschaft verstanden haben.

Mein Übungserfolg: ○○○○○○○○○○○○○○○○○○○○○

Warum fühlt der Mensch Erschöpfung?

Wenn in Ihrem Bürohaus die Alarmanlage angeht, es lautstark klingelt, rote Warnlampen aufblitzen – wie verhalten Sie sich dann? Versuchen Sie als erstes, die Sirenen und Warnleuchten abzuschalten? Verfluchen Sie die blinkende Alarmanlage, während Sie versuchen die Kabel aus der Steckdose zu ziehen? Wohl kaum! Statt dessen versuchen Sie, die Ursache der Störung ausfindig zu machen und den Schaden dann zu beheben. Und im nachhinein sind Sie vermutlich froh, daß Ihre Alarmanlage so gut funktioniert und Sie rechtzeitig gewarnt wurden, um größeren Schaden abzuwenden.

Ihre Fähigkeit, Schmerzen zu empfinden, ist die Alarmanlage Ihres Körpers. Alle Ihre Wahrnehmungen dienen einer möglichst optimalen Orientierung. Durch Ihr kinästhetisches Sinnessystem bekommen Sie wertvolle Rückmeldungen über die aktuellen Bedürfnisse Ihres Organismus.

Die Art, wie wir Menschen Schmerz empfinden, ist im Laufe der Evolution gewachsen. In einem natürlichen Lebensraum führen diese Signale automatisch dazu, daß sich der Mensch so verhält, daß er seinen Körper wieder ins Gleichgewicht bringt. Bei Tieren ist dieser Effekt klar erkennbar. Wenn ein Hund sich eine Pfote verletzt, erzeugt sein Nervensystem Schmerzen in der verletzten Pfote. Dies führt dazu, daß er seine Pfote schont und in den nächsten Tagen auf nur drei Beinen läuft. So können die biologischen Selbstheilungskräfte das verletzte Gewebe ungestört wieder erneuern und die Pfote heilt. Der Schmerz war also ein nützliches Signal, das den Hund veranlaßt hat, genau das Richtige zu tun, um seine Verletzung zu kurieren.

Ihre Fähigkeit, Schmerz zu spüren, ist ein sensibles Signalsystem, um Ihren Körper intelligent zu steuern.

Menschliche Krankheitssymptome verfolgen eine ähnliche Absicht. Sie wollen den Menschen veranlassen, sich so zu verhalten, daß auftretende Störungen möglichst gut kuriert werden können. Wir Menschen haben jedoch in vielen Fällen verlernt, unsere Körpersignale sinnvoll zu deuten. Wir leben in einer technisierten Zeit, der natürlichen Körper-Intelligenz wird nicht mehr viel Beachtung geschenkt. Die Möglichkeiten der modernen Medizin und all unser Wissen über bio-chemische Vorgänge bieten uns Möglichkeiten, um organische Signale künstlich zu unterbinden. Wir haben gelernt, die ehemals nützliche Alarmanlage zu betäuben oder sogar außer Kraft zu setzen. Mit Hilfe von Schmerztabletten können Sie schrille Sirenentöne in dumpfes unterschwelliges Pochen verwandeln und grellrotes Licht wie durch einen Graufilter entschärfen. Dann empfinden Sie die Signale der Alarmanlage nicht mehr als so lästig und können weiterarbeiten.

Für ein intelligentes Body-Management ist es jedoch wichtig, daß Sie die Botschaften der Signale Ihres Körpers verstehen lernen. Jedes Symptom entspringt einer positiven Absicht. Ihr Unbewußtes möchte Ihnen etwas mitteilen und Sie dabei unterstützen, Ihre aktuelle Lebensführung zu optimieren. Ihr Unbewußtes sendet Ihnen ständig Botschaften, in der Hoffnung, daß Sie die Signale verstehen und Ihr Verhalten entsprechend ausrichten. Wenn die bisherigen Botschaften jedoch nicht verstanden wurden, bleibt dem geplagten Organismus irgendwann keine andere Wahl, als harte Geschütze aufzufahren, wie zum Beispiel einen Herzinfarkt.

Damit es nicht so weit kommen muß, ist es intelligent, körperliche Symptome nicht nur als lästige Plagen zu bewerten, sondern die positive Absicht zu erforschen, die sich hinter dem Symptom verbirgt. Wenn Sie zum Beispiel zuviel gearbeitet haben, fühlen Sie sich erschöpft. Viele Führungskräfte kennen diese mehr oder weniger chronische Erschöpfung. Einige konsultieren deswegen sogar einen Arzt, einen Psychologen oder Coach.

Die meisten Führungskräfte wissen auch, daß chronische Erschöpfung zum sogenannten „Burn Out" führen kann. Wer seine Erschöpfung dauerhaft ignoriert, verliert irgendwann all seine Motivation. Trotzdem bitten viele Manager im Coaching um Interventionen, die dazu führen sollen, daß sie die Erschöpfung nicht mehr spüren. Anstatt die positive Absicht Ihrer Wahrnehmung zu beherzigen, wollen sie die Alarmanlage ausschalten. Diese kurzsichtige Mentalität wird sie jedoch langfristig in den Ruin führen. Dauerhafte Ignoranz von Erschöpfung hat einen ähnlichen Effekt wie chronischer Drogenkonsum. Der Mensch verbraucht seine physiologischen Reserven und überzieht sein energetisches Konto. Die Zinsen wachsen ihm über den Kopf, und irgendwann

Hinter jedem körperlichen Symptom verbirgt sich eine positive Absicht.

macht die Bank ihm einen Strich durch die Rechnung, nichts geht mehr, psycho-physiologischer Konkurs. Den Workoholic erwartet das Burn Out – der Mensch brennt aus, die Motivation sinkt gegen Null, alle Energien sind restlos aufgebraucht.

Typische Erschöpfungssymptome

- Körperliches Unbehagen
- Schlaflosigkeit
- Konzentrationsstörungen
- Verdauungsprobleme
- Schwindelgefühle
- Müdigkeit
- Gefühl, gehetzt zu werden

- Leichte Reizbarkeit
- Innere Unruhe
- Blasse Haut
- Pessimismus
- Kraftlosigkeit
- Andauernde Unlust
- Stimmungsschwankungen

Falls Sie häufiger solche Warnsignale bemerken, sollten Sie sich die folgenden Fragen stellen:

▶ Welche Botschaft könnte hinter diesen Signalen verborgen sein?

▶ Was möchte Ihr Organismus durch diese Symptome bei Ihnen bewirken?

▶ Welche Bedürfnisse wurden in der letzten Zeit nicht befriedigt?

▶ Was könnten Sie tun, um in Zukunft mit Ihren Energien besser zu haushalten?

▶ Was wünscht sich Ihr Körper von Ihnen?

Um den strapazierten Menschen vor dem totalen Burn Out zu bewahren, sendet das Unbewußte frühzeitig Signale, wie zum Beispiel Erschöpfungsgefühle. Es gibt einen Schutzmechanismus in unserem Körper, der rechtzeitig warnende Symptome erzeugt, um uns so vor wirklich üblen Erscheinungen wie Herzinfarkten oder Burn Out-Syndromen zu beschützen.

Die positive Absicht der Erschöpfung ist der Schutz vor dem Verlust der inneren Balance. Die natürliche Reaktion auf das Gefühl von Erschöpfung ist Ruhe. Im Zustand der Ruhe können sich Körper und Geist regenerieren. Die biologische Batterie wird wieder aufgeladen. Geschieht dies rechtzeitig, so fühlt sich der Mensch bald wieder fit und leistungsfähig. Dieses einfache Beispiel aus dem Alltag soll als Metapher dienen, um die positive Absicht von körperlichen Symptomen zu verdeutlichen. Ich möchte Sie anregen, Ihre physischen Leiden nicht zu verdammen, sondern sie als nützliche Botschaften Ihres Unbewußten zu verstehen. Wenn Sie das nächste Mal bemerken, daß es kratzt im Hals, und

Sie befürchten vielleicht eine Erkältung zu bekommen, dann greifen Sie nicht sofort zur Tablette. Statt dessen halten Sie einen Moment inne und fragen Ihren Körper, was Sie für ihn tun können, damit er darauf verzichten kann, Ihnen grippale Symptome zu bereiten.

Nutzen Sie die Intelligenz Ihres Körpers! Das archetypische Wissen um die bio-psychischen Zusammenhänge ist in jeder Zelle Ihres Körpers gespeichert; es schlummert in den Tiefen Ihres Unbewußten, Sie brauchen es nur zu aktivieren, indem Sie auf respektvolle Weise Kontakt herstellen.

Folgen Sie den Impulsen Ihres Körpers

▶ Die beste Vorbeuge gegen schlimme Krankheiten sind entspannte Zeiten, an denen Sie ganz einfach Ihren Körperimpulsen folgen. Diese Übung sollten Sie an einem Tag machen, an dem Sie Ihre Zeit relativ frei einteilen können, zum Beispiel am Wochenende oder im Urlaub.

▶ Beginnen Sie, die natürlichen Impulse Ihres Körpers wahrzunehmen. Schalten Sie dabei ganz bewußt den Verstand aus! Heute bestimmen nicht die Gedanken oder irgendwelche Gewohnheiten Ihren Tagesablauf, sondern nur Ihre körperlichen Bedürfnisse!

▶ Falls Sie sich müde fühlen, legen Sie sich einfach wieder ins Bett oder Sie kuscheln sich auf Ihr Sofa. Erlauben Sie sich, das zu tun, wozu Sie jetzt am meisten Lust haben.

▶ Wenn Sie hungrig sind, dann essen Sie, worauf Sie Appetit haben, ganz gleich, wieviel Kalorien Sie dabei aufnehmen – heute erlauben Sie Ihrem Unbewußten, diejenigen Nahrungsmittel auszuwählen, die gut für Sie sind.

▶ Achten Sie auch darauf, ob Sie Durst verspüren! Die meisten Menschen nehmen nicht genug Flüssigkeit zu sich. Trinken Sie möglichst viel Wasser, es reinigt Ihren Organismus von innen. Oftmals gilt: Sie sind nicht krank, Sie sind nur durstig!

▶ Falls Sie nach einiger Zeit der Erholung eine innere Unruhe verspüren, ziehen Sie sich einfach an und machen einen kleinen Spaziergang, möglichst in der Natur. Dabei kann sich Ihre innere Batterie allmählich wieder aufladen, die frische Luft vertreibt trübselige Gedanken und bringt Ihnen neue Inspiration für erwachende Impulse.

▶ Was immer Sie auch tun mögen an diesem Tag der Regeneration – genießen Sie den Luxus Ihrer heutigen Freiheit mit allen Sinnen! Öffnen Sie die Schleusen Ihrer Wahrnehmungskanäle, vergessen Sie Vergangenheit, Zukunft und alle Sorgen! Gönnen Sie sich ein Stück Lebensqualität und fließen Sie voll und ganz ins Hier und Jetzt!

Mein Übungserfolg: ○○○○○○○○○○○○○○○○○○○○○○○

Sinnlicher Körperkontakt

Der konsequente Weg zu einem ausgeglichenen Body-Management besteht aus vielen kleinen Schritten. Dabei gilt: Je mehr Zeit, Liebe und bewußte Zuwendung Sie heute investieren, desto besser wird der Kontakt zu Ihrem Körper morgen beschaffen sein. Je intelligenter Sie die Kommunikation zwischen Körper und Geist gestalten, desto leichter können Sie herausfinden, wie Sie auf dem besten Wege in eine powervolle Ressource-Physiologie gelangen.

Falls Sie hin und wieder in eine frustrierende Problem-Physiologie geraten, sollten Sie lernen, diesen Verlust von Lebensqualität frühzeitig zu bemerken, damit Sie Ihren Zustand durch ein geeignetes „Separator State-Manöver" schnell und effektiv verändern können. Dabei unterbrechen Sie das bisherige Muster Ihrer Wahrnehmung, indem Sie sich gezielt neuen Reizen aussetzen. Anstatt unnötig lange in der ressource-armen Problem-Physiologie zu verharren, werden Sie aktiv und tun etwas Intelligentes, etwas, das Ihnen hilft, Ihren Zustand zu wechseln. Vielleicht öffnen Sie ein Fenster, machen einen kurzen Spaziergang, essen eine Kleinigkeit, telefonieren mit einem Freund, nehmen ein erfrischendes Duschbad, putzen sich die Zähne – je nachdem, welches sinnliche Manöver gerade in die aktuelle Situation paßt – Sie versorgen sich aktiv mit neuen Sinnesreizen und gönnen sich eine motivierende Erfrischung. Um einen gezielten Separator zu setzen, brauchen Sie guten Kontakt zu Ihren momentanen Bedürfnissen; Sie müssen wissen, was Ihr Körper jetzt braucht, um aus der Problem-Physiologie wieder in die Ressource-Physiologie zu gelangen.

Setzen Sie einen gezielten Separator, indem Sie das einengende Muster Ihrer Wahrnehmung durch neue Reize unterbrechen.

Nachdem Sie sich durch ein wirkungsvolles Seperator State-Manöver aus der Problem-Physiologie befreit haben, beginnen Sie aufs neue, den mentalen Körperkontakt Schritt für Schritt aufzubauen. Der erste Schritt ist wirklich sehr einfach. Sie können ihn jederzeit und überall tun, ganz gleich wo Sie sich gerade befinden – Zuhause vor dem Fenster, auf der Autobahn im Stau, in der Wartehalle am Flughafen, oder im Büro an Ihrem Schreibtisch. Sie müssen sich nur immer wieder an diesen wertvollen, ersten Schritt erinnern: Spüren Sie Ihren Körper! Halten Sie einfach für einen Moment inne, und versuchen Sie, Ihren ganzen Körper bewußt wahrzunehmen. Atmen Sie tief durch. Spüren

Sie Ihre Muskulatur, Ihre Haut, Ihre Sinnesorgane und die einzelnen Körperteile. Konzentrieren Sie sich zum Beispiel auf das Körpergefühl in Ihren Füßen. Achten Sie auf Ihr Temperatur-Empfinden. Machen Sie kleine Bewegungen mit den Zehen und spüren Sie die Veränderungen. Seien Sie dabei geduldig und aufmerksam.

Dehnen Sie diese Bewußtheit dann auf den ganzen Körper aus. Spannen Sie einzelne Muskeln für einen kurzen Moment bewußt an und lösen Sie die Spannung dann wieder. Beobachten Sie die damit verbundenen Veränderungen in Ihrem gesamten Organismus. Solch kleine Manöver zur schrittweisen Bewußtwerdung können Sie unauffällig im Laufe jedes Tages tun. Es gibt viele Routine-Situationen oder Wartezeiten, in denen Sie sich nicht langweilen müssen, sondern Ihre wertvolle Zeit und Aufmerksamkeit statt dessen in Ihre Körperbewußtheit investieren können.

Spüren Sie Ihren Körper! Jetzt!

Der zweite wichtige Schritt auf dem Weg zum intelligenten Body-Management besteht darin, daß Sie bewußt auf Ihren Atem achten. Der Atem ist das Bindeglied zwischen Körper und Geist. Buddhistische Mönche versenken sich für lange Zeit in tiefe Meditation, indem sie mit ihrer Aufmerksamkeit ganz sanft auf dem eigenem Atem reiten. Durch geduldige Übung kann diese Qualität in der Wahrnehmung sogar zu einem wahrhaft erotischen Abenteuer werden. Erinnern Sie sich – atmen bedeutet leben pur!

Die konsequente Wahrnehmung des eigenen Atems führt zur wachsenden Bewußtwerdung des lebendigen Körpers. Der Atem bindet Ihre Aufmerksamkeit an das Hier und Jetzt, Ihr Geist berührt auf sanfte Weise die Realität des Körpers. Viele Menschen können sich nur für sehr kurze Zeit auf ihren Atem konzentrieren, weil ständig ungebetene Gedanken auftauchen und die Aufmerksamkeit hinforttragen. Dann beginnt der Mensch zu träumen und fällt in Trance. Der bewußte Kontakt wird unterbrochen, und der Mensch verliert sich irgendwo in den Weiten seines unbewußten Geistes.

Sobald Sie merken, daß Ihre Aufmerksamkeit abschweift und Sie sich plötzlich in Trance ertappen, sammeln Sie Ihre mentalen Kräfte und besinnen sich erneut auf Ihre Atmung. Wie gesagt: Der Weg zum bewußten Body-Management besteht aus vielen kleinen Schritten; bereits die Kunst der konsequenten Kontaktaufnahme erfordert Geduld und Ausdauer. Doch es lohnt sich! Also, unterbrechen Sie Ihre ungewollte Trance, starten Sie erneut und Sie nehmen wieder Kontakt auf, indem Sie einfach bewußt atmen.

Atmen Sie ... bewußt ... jetzt!

Manchmal kann es hilfreich sein, die Atemzüge zu zählen. Dieser alte Trick meditierender Mönche ist ein wirkungsvolles Mittel gegen unerwünschte Trance-Zustände. Das Zählen erinnert Ihren Geist an seine Aufgabe, es hält ihn wach und bringt ihn immer wieder zurück zur Atmung. Wenn Sie mögen, setzen Sie sich ein Ziel. Sie können als Einstieg zum Beispiel jeden Tag hundert bewußte Atemzüge zählen. Diese Investition in den Kontakt mit Ihrer mentalen Schnittstelle zwischen Körper und Geist können Sie ganz nebenbei tätigen, während Sie essen, duschen, spazierengehen, Auto fahren, im Büro sitzen oder anderen Menschen zuhören, ohne das Ihre innere Aktivität von jemandem bemerkt wird. Sie können Ihr Tagesziel auch in einzelnen Etappenzielen von je 20 bewußten Atemzügen erreichen. Im Laufe Ihrer Praxis können Sie es beliebig steigern. Als Resultat erhalten Sie wachsenden Kontakt zu Ihrem eigenen Körper.

Auch Ihre geistige Präsenz wird sich intensivieren; Sie trainieren gleichzeitig Ihre Konzentrationsfähigkeit. Wenn es Ihnen gelingt, im Laufe des Tages immer wieder kurz innezuhalten, einige tiefe Atemzüge bewußt zu tätigen und dabei einfach Ihren Körper zu spüren, haben Sie eine positive Gewohnheit geschaffen. Das Installieren von positiven Gewohnheiten ist eine wichtige Voraussetzung für ein dauerhaft erfolgreiches Body-Management. Dadurch entlasten Sie Ihr Bewußtsein. Viele wichtige Abläufe, auf die Sie sich früher konzentrieren mußten, laufen nun mühelos und ohne Ihre bewußte Steuerung. Sie funktionieren quasi per Autopilot und tun automatisch die richtigen Dinge. Dann sind Ihnen die Erkenntnisse Ihrer körperlichen Intelligenz in Fleisch und Blut übergegangen.

Ihr Unbewußtes wird über die positive Gewohnheit der bewußten Atmung ebenso erfreut sein. Dieses kontinuierliche Kontaktangebot zwischen Körper und Geist erleichtert auch seine Arbeit. Je mehr bewußte Aufmerksamkeit Sie Ihrem Körper schenken, desto weniger Energie muß Ihr Unbewußtes investieren, damit die Botschaften über Ihre körperlichen Bedürfnisse bis zu Ihrem Bewußtsein durchdringen können. Wäre der Kontakt zu Ihrem Körper nur schwach ausgeprägt, müßten die Symptome sehr heftig beschaffen sein, damit

Sie ihre Botschaften verstehen. Bei gutem Kontakt ist Ihr Unbewußtes beispielsweise nicht darauf angewiesen, Sie mit einer schweren Grippe zu konfrontieren, um eine notwendige Ruhepause zu erzwingen. Statt dessen reicht das kurze Gefühl einer leichten Schwäche, um Sie wissen zu lassen, daß Sie bald etwas Erholung brauchen.

> *W*enn Sie lernen, die Signale Ihres Körpers frühzeitig zu verstehen, bekommen Sie anstatt einer schweren Grippe nur einen Husten.

Sobald Sie beginnen, aktiven Kontakt zu pflegen, gewinnen Sie das Vertrauen der unbewußten Instanzen, die in Ihrem Organismus dafür verantwortlich sind, Ihre körperlichen Prozesse zu regeln. Gegenseitiges Vertrauen führt zur wachsenden Kooperationsbereitschaft. Sie werden nicht länger unter hartnäckigen Beschwerden leiden müssen, sobald Sie gelernt haben, die positiven Botschaften der Symptome frühzeitig zu erkennen. Dann können Sie beginnen, entsprechend respektvoll mit Ihrem Organismus umzugehen.

Gleichzeitig entdecken Sie Ihren Körper als Quelle von Genuß und Inspiration, und er wird es Ihnen danken, indem er Ihnen die benötigte Kraft in den entscheidenden Momenten zur Verfügung stellt. Erinnern Sie sich an die Metapher von Pferd und Reiter? Wenn der Reiter dem Pferd zeigt, daß er bereit ist, die Bedürfnisse seines Pferdes zu erforschen und zu respektieren, braucht das Pferd nicht mehr darum zu kämpfen, angemessen behandelt zu werden. Es beginnt, dem Reiter zu vertrauen und hört auf, unnötigen Widerstand zu leisten. So arbeitet ein magischer Pferdeflüsterer. Dabei entsteht Sympathie für den anderen, die Zusammenarbeit wird sich erheblich verbessern und schließlich wird es für beide eine echte Freude sein, miteinander zu reiten.

Wie zähmt man ein Menschentier?

Sobald Sie eine halbwegs stabile Körperbewußtheit und lebendigen Kontakt zu Ihrem Atem hergestellt haben, können Sie beginnen, systematisch zu beobachten, wie Sie mit Ihrem Körper sprechen. Sie können herausfinden, was Sie über ihn glauben und inwieweit Sie ihn respektieren. Dafür achten Sie auf den inneren Dialog, der ständig in Ihrem Kopf abläuft.

Erinnern Sie sich? Wir Menschen neigen dazu, unser Konzept von der Welt durch fortlaufende Verbalisierung aufrechtzuhalten. Ihren inneren Dialog haben Sie kennengelernt, als Sie das auditive Sinnessystem erforscht haben. Die Stimmen in Ihrem Kopf beschäftigen sich mit vielen verschiedenen Dingen, doch sie beeinflussen auch Ihren Umgang mit dem eigenen Körper. Ihr Körper sendet in jedem Moment eine Vielzahl von Signalen an Ihr Gehirn, die meist unbewußt empfangen und verarbeitet werden. Sie können lernen, diesen Prozeß hilfreich zu unterstützen und in einem gewissen Maße zu steuern, indem Sie herausfinden, in welcher Sprache Ihr Körper mit Ihnen kommuniziert. Trainieren Sie Ihre Wahrnehmung für die inneren Signale und sensibilisieren Sie Ihre Sinne darin, die Botschaften Ihres Körpers frühzeitig zu verstehen.

Ein wichtiger Aspekt des intelligenten Body-Managements ist auch der Umgang mit Lust und Schmerz. Diese beiden gegensätzlichen Wahrnehmungen bilden die ursprüngliche Orientierung unserer animalischen Vorfahren. Doch auch der moderne Mensch wird durch dieses Prinzip gesteuert. Wir alle versuchen, Schmerzen zu vermeiden oder zu reduzieren; diese Tatsache beeinflußt das menschliche Verhalten in weitreichendem Umfang, auch wenn wir uns darüber meist nicht bewußt sind.

Die Botschafterin des Schmerzes ist die Angst. Sie informiert uns darüber, daß potentielle Schmerzen drohen, und erinnert uns daran, achtsam zu sein, um sie zu vermeiden. Woran bemerken Sie eigentlich, wenn Sie Angst bekommen? Verspannen Sie sich innerlich? Schlägt Ihr Herz schneller? Bekommen Sie feuchte Hände? Werden Ihre Gedanken plötzlich problem-orientierter? Verlieren die inneren Bilder an Schärfe? Versuchen Sie, die frühen Anzeichen Ihrer Angst rechtzeitig zu bemerken, damit Sie intelligent damit umgehen können! Auch Angst ist eine sehr nützliche Empfindung, die Ihr Leben schützt und verlängert, die allerdings auch sehr einschränkend wirken kann. Wie gehen Sie mit unnötigen Einschränkungen um? Akzeptieren Sie sie unbemerkt oder mobilisieren Sie Ihren Mut? Wie verteidigen Sie Ihre innere Freiheit? Es ist die Überwindung der Furcht, die den inneren Helden zeugt! Mut ist ein sehr subjektives Phänomen; und als ganzheitlich intelligenter Mensch sollten Sie sicherstellen, daß Sie über eine ausreichende Portion davon verfügen können, wenn es darauf ankommt.

Wie reagieren Sie auf Lust? Welche Lüste kennen Sie und welche mag Ihr Körper am liebsten? Auch das unbewußte Streben nach Lust steuert das

Lust und Schmerz sind Botschafter einer lebendigen Orientierung! Wie begegnen Sie diesen Boten Ihres Unbewußten?

menschliche Verhalten in allen Lebensbereichen. Erforschen Sie Ihre ressourcevollsten Lüste! Es sind oftmals Chancen der Heilung. Wie bewerten Sie körperliche Empfindungen von Schmerz, Angst oder Lust durch Ihre Kognition? Wie stark darf sich Ihr Körper an der Vermeidung von Unlust und dem Streben nach Lust orientieren? In einer leistungsbewußten Kultur ist man daran gewohnt, starke Gefühle von Lust und Unlust zu unterdrücken, wenn sie nicht in das gesellschaftliche Schema passen. In unserer modernen Leistungsgesellschaft werden fast alle Menschen durch einen unterschwelligen Konflikt geplagt. Bereits Sigmund Freud beschrieb diesen inneren Konflikt in seinem legendären Artikel „Das Unbehagen (in) der Kultur". Dabei geht es um den ewigen Kampf zwischen „Es" und „Über-Ich", der von dem „Ich" irgendwie gemanagt werden muß. Das „Es" steht für die Triebe, den Instinkt und all die animalischen Impulse des Menschen. Das „Über-Ich" steht für die Werte, Normen und Erfordernisse der Zivilisation. Das „Ich" hat die schwierige Aufgabe, beiden Instanzen gerecht zu werden und den Menschen dadurch sowohl individuell zufrieden als auch gesellschaftsfähig zu machen.

Wie managen Sie den ewigen Konflikt zwischen den Impulsen von „Es" und „Über-Ich"?

Wie managen Sie diesen Konflikt? Verhalten sich Ihr Körper und Ihr Geist wie zwei Gegner, die sich gegenseitig das Leben erschweren, indem sie die Interessen und Bedürfnisse des anderen frustrieren? Oder kooperieren Körper und Geist partnerschaftlich, weil beide wissen, daß sie voneinander abhängig sind und sich sowohl gegenseitig sabotieren als auch harmonisch ergänzen können?

Antworten auf solche Fragen können Sie erhalten, indem Sie Ihren inneren Dialog aufmerksam beobachten. Schön wäre es, wenn Sie feststellen, daß Ihr Geist wie ein hilfsbereiter Coach mit dem Körper kommuniziert. Dazu gehören sowohl intelligente und motivierende Inhalte als auch ein angenehmer und respektvoller Tonfall. Wenn Ihr Körper trotz des kooperativen Gesprächsangebotes Schwierigkeiten bereitet, sprechen Sie mit ihm wie mit einem trotzigen Kind, das von Ihnen geliebt, respektiert und versorgt wird. Seien Sie aufmerksam, erkennen Sie seine Bedürfnisse und vertrauen Sie darauf, daß es auch Spaß daran hat, aktiv zu sein, gefordert zu werden und Leistung zu bringen; und daß es den Nutzen einer Anstrengung erkennt, weil es sich auf die anschließende Belohnung freut.

Der Dialog zwischen Körper und Geist

▶ Schließen Sie für einen kleinen Moment die Augen. Spüren Sie Ihren Körper und horchen Sie bewußt in sich hinein. Schon nach kurzer Zeit werden Sie Ihrem inneren Dialog begegnen.

▶ Achten Sie dabei sowohl auf die Inhalte als auch auf den Klang Ihres inneren Dialogs. Dann finden Sie heraus, wie der Fluß der Gedanken mit Ihren körperlichen Wahrnehmungen in Zusammenhang steht.

▶ Achten Sie darauf, wie Sie Ihre körperlichen Empfindungen bewerten. Begrüßen Sie Ihre Wahrnehmungen? Bekämpfen oder ignorieren Sie sie? Erfreuen Sie sich daran? In welcher Form reagieren Sie auf Ihre Körpersignale?

▶ Finden Sie heraus, wie Sie Ihre Bewegungs-Impulse innerlich kommentieren. Was denken Sie, während Sie Ihre Körperhaltung, Ihren Gesichtausdruck oder Ihre Sitzposition wechseln?

▶ Wie bewerten und kommentieren Sie Schmerzen? Wissen Sie in dem Moment, in dem Sie einen Schmerz empfinden, wodurch die Alarmanlage Ihres Körpers aktiviert wurde?

▶ In welcher Form bewerten Sie lustvolle Impulse? Welche Lüste kennt Ihr Körper? Wie reagieren Sie darauf, wenn Ihr Körper das Lusterlebnis verstärken will – lassen Sie ihn gewähren, oder bremsen Sie ihn? Was sagen Sie sich dabei?

▶ Welche Signale bekommen Sie noch von Ihrem Körper? Versuchen Sie die unterschiedlichen Impulse Ihres kinästhetischen Infernos in treffende Worte zu kleiden, und achten Sie darauf, daß der Reiter auf respektvolle Weise mit seinem Pferd kommuniziert.

Mein Übungserfolg: ○○○○○○○○○○○○○○○○○○○○○

Falls Sie bereits begonnen haben, auf liebevolle Weise mit Ihrem Körper zu sprechen und dabei feststellen, daß er nicht aufhört, unzufriedene, klagende oder gar gequälte Signale zu senden, versuchen Sie seine Signale auf kreative Weise zu interpretieren. Denken Sie an die positive Absicht und versuchen Sie die Botschaft seiner Signale zu entschlüsseln. Werden Sie Ihr eigener Arzt. Fragen Sie Ihren Organismus sehr aufmerksam, was er braucht, um wieder in einen guten Zustand zu gelangen. Lassen Sie ihm genügend Zeit, um zu antworten.

Öffnen Sie sich für alle möglichen Ausdrucksformen, die Ihr Körper wählt, um seine Botschaften zu verpacken. Vielleicht sendet er Ihnen klare Worte oder ganze Sätze, vielleicht spricht er auch in Rätseln, in Bildern oder in Gefühlen. Manchmal muß man zum Forscher oder zum Detektiv werden, um die

Botschaften des Körpers zu entschlüsseln. In jedem Fall ist es gut, sich für die erhaltenen Signale zu bedanken, auch wenn man sie nicht sofort versteht.

Das volle Vertrauen des eigenen Körpers zu gewinnen, kann an die liebevolle Zähmung eines wilden, scheuen oder auch aggressiven Tieres erinnern. In uns allen lebt ein mehr oder weniger wildes Menschentier, mit Bedürfnissen, Vorlieben, Lüsten und Ängsten, das es zu zähmen gilt. Der menschliche Geist tut gut daran, sich mit diesem Menschentier anzufreunden, denn – wie die buddhistischen Mönche sagen – er muß ein Leben lang auf ihm reiten.

Lästige Pflichten oder ressourcevolle Routine?

Intelligentes Body-Management ist ein langer Weg mit vielen kleinen Schritten. Während Sie einen gewissen Grad von Körperbewußtheit entwickeln, während Ihr Geist durch den Atem kontinuierlich mit dem aktuellen Moment verbunden ist, und während Sie lernen, Ihren inneren Dialog zu beobachten und dabei beginnen, ihn möglichst kooperativ zu gestalten, können Sie bereits die nächsten Schritte anvisieren. Dafür entwickeln Sie eine bewußte Einstellung gegenüber alltäglichen Routine-Situationen. Zunächst geht es darum, daß Sie körperfreundliche Tätigkeiten als solche erkennen, sie als bewußtes Ritual genießen und dadurch einen heilsamen Effekt erzeugen.

Wenn Sie sich zum Beispiel des Nachts zum Schlafen begeben, erinnern Sie sich daran, daß der Schlaf eine ebenso wundersame wie wirkungsvolle Quelle der Regeneration darstellt. Genießen Sie die Zeit im Bett vor dem Einschlafen als gezielte Vorbereitung auf die nächtliche Erfrischungskur. Während des Schlafes wird Ihr Körper von unbewußten Instanzen wieder ins Gleichgewicht gebracht. Alle Stoffwechselprozesse können ungestört ablaufen, die Muskulatur entspannt sich, und die Sinnesorgane erholen sich. Ihr Gehirn hat genug Zeit, um alle Eindrücke des vorangegangenen Tages zu verarbeiten. Sie spüren, wie Ihr Atem immer ruhiger wird und übergeben die bewußte Kontrolle mit einem guten Gefühl an Ihre unbewußten Kräfte. Genießen Sie den Schichtwechsel, gönnen Sie Ihrem Bewußtsein die wohlverdiente Pause.

Wenn Sie morgens aufwachen, begrüßen Sie als erstes Ihr wiederauferstandenes Bewußtsein. Atmen Sie tief durch und beobachten Sie ganz entspannt, wie Ihre Sinnesorgane eine neue Orientierung aufbauen – ähnlich wie ein Pilot, der sein Flugzeug starten will und zunächst alle seine Instrumente im Cockpit einschaltet. Wenn Sie dann das Bett verlassen, spüren Sie, wie Ihre Beine mit dem Boden Kontakt aufnehmen. Richten Sie Ihren Körper zur vollen Größe auf und strecken Sie alle Ihre Gliedmaßen, so wie Katzen und Hunde es tun, bevor sie sich aus der Ruheposition in die Bewegung begeben.

Genießen Sie die morgendliche Zeit im Badezimmer, begrüßen Sie die vitalen Kräfte, die allmählich von Ihrem Körper Besitz ergreifen. Stellen Sie sich unter die Dusche, indem Sie sich daran erinnern, daß jedes Duschbad unter fließendem, wohltemperiertem Wasser eine wunderbare Errungenschaft unserer Zivilisation darstellt, ein köstlicher Luxus, der mit Hilfe der richtigen Einstellung wie eine morgendliche Hydro-Therapie wirken kann. Der Wasserstrahl verändert dabei die elektrische Aufladung der Luft. Sie wird vermehrt mit negativen Ionen angereichert, was sich positiv auf den menschlichen Organismus auswirkt. Haben Sie jemals probiert, sich unter der Dusche die Zähne zu putzen? Dabei sparen Sie nicht nur Zeit, sondern verstärken auch das ganzheitliche Gefühl von Reinigung und Erfrischung. Sie erzeugen eine sinnliche Synästhesie, weil Sie die kinästhetische Erfrischung mit einem gustatorischen Kick verbinden.

Genießen Sie die luxuriösen Errungenschaften unserer Zivilisation als sinnliche Quelle frischer Energie!

Das Zähneputzen wird ohnehin von vielen Zeitgenossen völlig falsch bewertet – es ist nämlich nicht nur eine hygienische Notwendigkeit, sondern auch ein wirkungsvoller Separator! Kaufen Sie sich in der Apotheke kleine Reisezahnbürsten, und genießen Sie es, nach üppigen Mahlzeiten oder klebrig-süßen Kaffeepausen mit Hilfe dieses gustatorischen Separators schnell wieder in einen frischen Ressource-Zustand zu gelangen! Wenn Sie Ihre Zähne bürsten, entspannen Sie sich, spüren Sie Ihren ganzen Körper, und erfreuen Sie sich daran, wie die erwachende Frische im Mund und auf der Zunge Ihre Stimmung positiv verändert. Betrachten Sie solche regenerativen Tätigkeiten keinesfalls als lästige Routine, sondern seien Sie sich darüber bewußt, daß Sie Ihrem Körper etwas Gutes tun; und genießen Sie die natürliche Lust, die dabei entstehen kann.

Wenn Sie Ihr morgendliches Gesicht im Spiegel betrachten, lächeln Sie sich an. Motivieren Sie Ihren Körper mit freundlichen Gedanken, auch im Laufe des heutigen Tages das mehr oder weniger bewußte Spiel mit der Gravitationskraft erfolgreich zu meistern; und erlauben Sie sich, all diese Körperwahrnehmungen in vollen Zügen zu genießen.

Sportsgeist wecken!

▶ Um Ihr intelligentes Body-Management immer wieder mit frischem Wind zu versorgen und es in eine wirklich brillante Form zu bringen, können Sie Ihren „Sportsgeist" aktivieren. Dabei betrachten Sie körperliche Tätigkeiten als aktive Übungsfelder und verleihen ihnen das Flair von kleinen Herausforderungen!

▶ Fühlen Sie sich wie ein motivierter Tennisprofi, der trotz seiner Weltklasseform noch nicht hundertprozentig zufrieden ist und noch besser werden möchte: Er feilt beständig an seinem Aufschlag, er trainiert seine Reflexe, um am Netz noch schneller reagieren zu können, er übt sich darin, seine Longline-Schläge noch gefährlicher in die Ecken zu plazieren und er arbeitet natürlich permanent an seiner Kondition.

▶ Geben Sie lästigen Tätigkeiten, wie zum Beispiel dem Gang zur Mülltonne, eine neue Bedeutung, indem Sie solche Bewegungsabläufe als willkommenes Trainingsfeld verstehen. Versuchen Sie, beispielsweise alle Bewegungen noch etwas schneller auszuführen, steigern Sie allmählich das Tempo. Falls Sie mögen, motivieren Sie sich durch den Blick auf die Uhr.

▶ Beginnen Sie, Ihre alltäglichen Bewegungen körperlich noch mehr zu genießen. Übertreiben Sie bestimmte Handlungen, wie ein Theaterschauspieler oder ein Tänzer; bringen Sie mehr Ausdruck in Ihre Bewegungen. Betonen Sie Ihre Gesten während Gesprächen ganz bewußt, verstärken Sie Ihre Körpersprache und erfreuen Sie sich an der wachsenden Intensität Ihres persönlichen Ausdrucks!.

▶ Entdecken Sie die Langsamkeit! Sobald Sie gewohnte Bewegungen etwas langsamer ausführen, erzeugen Sie eine neue Bewußtheit. Auf dieser Entdeckung basiert die Schule von Moshe Feldenkrais. Versuchen Sie, noch entspannter zu handeln und dadurch innere Spannungen zu reduzieren.

▶ Beginnen Sie, Körperteile einzusetzen, deren Gebrauch Ihnen ungewohnt erscheint. Wenn Sie Rechtshänder sind, nutzen Sie Ihre linke Hand zum Zähneputzen, Essen, Schreiben oder Schuhe-Zubinden.

▶ Üben Sie sich in Präzision! Achten Sie darauf, in der Ausführung Ihrer Bewegungen noch präziser zu sein. Fokussieren Sie das Ziel einer Bewegung ganz genau und achten Sie auf jeden Millimeter.

▶ Entwickeln Sie weitere Disziplinen, in denen Sie Ihren persönlichen Sportsgeist trainieren möchten. Es gibt tausende von Möglichkeiten: Erklimmen Sie Ihre Kellertreppe mit wenigen Schritten oder mit mehr Anmut; kauen Sie Ihr Essen gründlicher; machen Sie längere Spaziergänge; atmen Sie bewußter; spüren Sie Ihre Körpermitte noch intensiver; blinzeln Sie häufiger, wenn Sie am PC arbeiten; sprechen Sie deutlicher; ...

Mein Übungserfolg: ○○○○○○○○○○○○○○○○○○○○○○

Eine weitere außerordentlich wichtige Routine-Tätigkeit mit Schlüsselfunktionen ist die tägliche Nahrungsaufnahme. Nehmen Sie sich genug Zeit für das Frühstück und ebenso für die anderen Mahlzeiten während des Tages. Viele Menschen essen gänzlich unbewußt und stopfen irgendwelche Lebensmittel in sich hinein. Dabei wird oft völlig vergessen, daß Essen und Trinken neben der Atmung die lebensnotwendige Energieversorgung des Körpers bereitstellt. Seltsamerweise würde niemand auf die Idee kommen, sein Auto mit minderwertigem Benzin zu betanken, erstaunlich viele Menschen ernähren ihren Körper jedoch mit ungeeigneter Nahrung, die den Organismus eher belastet, als daß sie ihn vitalisiert.

Allerdings ist es nicht nur wichtig, was Sie essen, sondern auch wie Sie essen! Wählen Sie Nahrung, auf die Sie wirklich Appetit haben und genießen Sie den Prozeß von Zubereiten, Servieren, Hineinbeißen, Kauen und Schlucken. Atmen Sie dabei bewußt. Lassen Sie Ihren Körper wissen, daß dies der Stoff ist, aus dem er im Laufe des Tages alle Energien ziehen wird, die für ein optimales Funktionieren notwendig sind.

Nehmen Sie sich auch etwas Zeit zum Verdauen. Die Verdauung ist ein sehr komplexer Vorgang, der erst einmal enorme Energien verbraucht, bevor Ihr Körper aus der Nahrung neue Energie gewinnen kann. Essen ist zunächst eine energetische Investition. Bevor Sie von der Nahrung, die Sie sich einverleiben, energetisch profitieren können, müssen Ihre Magensäfte sie gründlich assimilieren. Deshalb fühlt man sich nach einer üppigen Mahlzeit meist nicht besonders energiegeladen, sondern eher müde, satt und schwer. Je intelligenter Sie Ihre kulinarische Investition tätigen, desto stärker werden Sie auch davon profitieren. Deshalb möchte ich Ihnen empfehlen, diesen überaus wichtigen Vorgang der energetisierenden Verdauung möglichst sinnvoll zu gestalten.

Hektisches Essen bedeutet Sparen am falschen Ende! Wieviel Zeit investieren Sie in Ihre tägliche Energieversorgung?

Täglich werden ca. 30% Ihres aktuellen Energie-Etats dafür verwendet, aufgenommene Nahrung in ihre Bestandteile zu spalten und sie dann durch ein hochkomplexes und unter logistischen Gesichtspunkten enorm beeindruckendes Transportsystem innerhalb Ihres Körpers gezielt zu verteilen. Sie können diesen Energieverbrauch erheblich reduzieren, wenn Sie sich nach dem Essen eine kurze Pause gönnen. Stellen Sie Ihrem Magen alle Energien zur Verfügung, die er braucht, um seine Arbeit harmonisch zu verrichten. Tiere gönnen sich nach dem Essen eine angemessene Pausenzeit, um die aufgenommene Nahrung zu absorbieren, weil die natürliche Intelligenz des Körpers sie dazu veranlaßt. Die menschliche Körper-Intelligenz wird hingegen nur allzuoft ignoriert, viele Menschen hetzen entgegen ihren natürlichen Impulsen sofort nach dem Essen zur nächsten Aktivität und belasten ihren energetischen Haushalt törichterweise mit schlecht verdauter Nahrung, weil sie glauben, dadurch etwas Zeit sparen zu können.

Hektisches Essen bedeutet jedoch Sparen am falschen Ende! Dabei geht nicht nur Genuß verloren, auch reduzierte Leistungsfähigkeit und gesundheitliche Schäden können die Folge sein; außerdem kann der Körper nicht das volle energetische Potential aus der Nahrung ziehen. Deshalb sollten Sie, gerade während und nach dem Essen, intensiven Kontakt zu Ihrem Körper pflegen. Unterstützen Sie ihn durch eine kooperative Geisteshaltung, alle nötigen Energien aus der Nahrung zu gewinnen. Genießen Sie Ihr Frühstück, Ihren Mittagstisch und Ihr Abendbrot. Wenn Sie sich kleine Snacks gönnen, veredeln Sie Ihre Zwischenmahlzeiten ebenfalls durch eine gesunde Einstellung! Gutes Essen bietet den idealen Anlaß zur bewußten Kontaktaufnahme mit der körperlichen Realität – eine wohlschmeckende Mahlzeit kann als attraktive Einladung zu einer äußerst angenehmen Form der Meditation verstanden werden.

Auf dem Weg zum intelligenten Body-Management spielt natülich auch das gezielte Training Ihrer Sinnesorgane eine wichtige Rolle. Hier schließt sich der Kreis. Erinnern Sie sich? Ihre Sinnesorgane überfluten Sie in jedem Moment mit einer unvorstellbaren Menge von Informationen. Nur wenige Informationen gelangen in den Fokus Ihres Bewußtseins, die meisten werden unbewußt verarbeitet. Hier liegt ein enormes Potential von Gestaltungsmöglichkeiten. Wählen Sie aus der allgegenwärtigen Reizüberflutung gezielt diejenigen Sinnesreize, die Sie mit Ihren persönlichen Ressourcen verbinden. Entdecken Sie positive Anker in dem Überangebot von einströmenden Reizen.

Übung macht den Meister! Trainieren Sie Ihre Sinnessysteme, bis Sie persönliche Meisterschaft empfinden!

Identifizieren Sie diejenigen Außenreize, die geeignet sind, Sie in einen positiven Zustand zu versetzen. Umgeben Sie sich bevorzugt mit solchen Reizen und achten Sie darauf, sich vor negativen Ankern zu schützen. Sinnliche

Präsenz kann sehr heilsame Effekte bewirken, denn sie verbessert den Kontakt zu Ihrem Körper auf natürliche Weise. Benutzen Sie Ihre Sinnesorgane ganz bewußt, um Ihren Körper mit wohltuenden Reizen zu versorgen. Erinnern Sie sich noch an Ihre Erfahrungen mit den fünf Dimensionen der menschlichen Erkenntnis? Jetzt!?

Ich kann Ihnen die bewußte Erinnerung Ihrer sinnlichen Potentiale gar nicht oft genug ans Herz legen, denn ich weiß nur zu gut um die menschliche Eigenart der Vergeßlichkeit – in unser aller Psyche gibt es eine tückische Tendenz, gute Vorsätze immer wieder aus dem Fokus des Bewußtseins zu drängen. Deshalb möchte ich Sie auch im Rahmen des intelligenten Body-Managements noch einmal an die Notwendigkeit Ihrer sinnlichen Präsenz erinnern. Das Geheimnis der Fortschritte hinsichtlich einer konsequenten Entwicklung Ihrer sinnlichen Intelligenz liegt tatsächlich in erster Linie bei der Kontinuität Ihrer inneren Arbeit. Wir Menschen erwerben unsere Gewohnheiten durch das Prinzip der Wiederholung. Fähigkeiten entstehen durch Übung – auch hier gilt das Gesetz der Konditionierung: Nicht immer, aber ... immer öfter!

Gewöhnen Sie sich mit Freude daran, bestimmte Übungen regelmäßig zu wiederholen. Übung macht den Meister! Trainieren Sie Ihre Sinnessysteme immer wieder, solange bis Sie persönliche Meisterschaft empfinden; und selbst dann werden Sie das unwiderstehliche Bedürfnis verspüren, Ihre lustvollen Übungen in Demut bis in alle Ewigkeit fortzuführen.

Was sehen Sie jetzt, in diesem Moment? Realisieren Sie Ihr visuelles Potential! Schauen Sie aufmerksam im Raum umher. Werden Sie Ihrer Augen gewahr – sehen Sie diejenigen Farben, Formen, Bewegungen, Schattierungen, Abstände und Panoramen, die Ihnen am besten gefallen!? Achten Sie auch auf kleine Details, fokussieren Sie bewußt zwischen nah und fern!? Lösen Sie hin und wieder den scharfen Fokus Ihres Blickes auf, indem Sie Ihren Blick weich werden lassen und das gesamte Panorama Ihres Gesichtfeldes auf einmal wahrnehmen?! Wenn Sie bewußt atmen, verbindet Sie der weiche, periphere Blick auf natürliche Weise mit Ihrem Körper.

Realisieren Sie Ihr volles visuelles Potential?! Wie bewußt steuern Sie den Fokus Ihrer Blicke?

Richten Sie Ihren Blick auch nach innen und experimentieren Sie mit der Qualität Ihrer inneren Bilder. Es gibt innere Bilder, die Sie in die Problem-

Physiologie führen, und es gibt andere Bilder, die Sie ressourcevoll machen. Verabschieden Sie sich von den problematischen und schaffen Sie Raum für neue ressourcevolle Bilder. Erinnern Sie sich? Innerer Reichtum entsteht durch die Qualität Ihrer Wahrnehmung! Übernehmen Sie die volle Verantwortung für die Ausrichtung Ihres sinnlichen Fokus und der damit verbundenen Organisation Ihrer fünf Sinnessysteme. Betrachten Sie die Welt wie ein Künstler, wie ein Wissenschaftler und wie ein Manager! Kombinieren Sie Ihre persönlichen Qualitäten, Neigungen und Vorlieben und sehen Sie die Welt so, wie es Ihrer wahren Natur entspricht.

Was hören Sie in diesem Moment? Gibt es Geräusche in Ihrer Umgebung, oder umgibt Sie der Klang der Stille? Welche Gedanken sausen gerade durch Ihren Kopf? In welchem Tonfall sprechen Sie mit sich – jetzt?

Intelligentes Body-Management verlangt einen gewissenhaften Umgang mit dem enormen Potential des auditiven Systems. Für die Entwicklung Ihrer ganzheitlichen Intelligenz kommt es in erster Linie darauf an, daß Sie das Verhältnis der analogen und digitalen Informationsverarbeitung harmonisch ausbalancieren. Achten Sie darauf, sich nicht in digitalisierten Hirngespinsten zu verlieren! Werden Sie kein sinnlicher Krüppel wie Dr. Dr. Großkopf! Besinnen Sie sich auf die Sonne in Ihrem Herzen und erfreuen Sie sich an Ihrer sinnlichen Basis, täglich neu und immer wieder etwas anders. Verlassen Sie hin und wieder Ihre gewohnten Gedankenbahnen und lernen Sie, Ihrer sinnlichen Intelligenz ganzheitlich zu vertrauen, auch jenseits der üblichen Kognitionen.

> *Achten Sie darauf, sich nicht in digitalisierten Hirngespinsten zu verlieren! Besinnen Sie sich auf die Sonne in Ihrem Herzen.*

Um ganzheitlich ins Hier und Jetzt zu gelangen, müssen Sie Ihren inneren Dialog immer wieder unterbrechen. Ignorieren Sie für einen Moment alle Gedanken und lauschen Sie der Stille. Sensibilisieren Sie Ihre Ohren und erlernen Sie die Kunst des Zuhörens. Achten Sie dabei jedoch nicht nur auf die Worte Ihrer Gesprächspartner, sondern orientieren Sie sich auch am Klang der Stimmen; nehmen Sie wahr, wie zwischenmenschliche Gefühle über den Klang der Stimme transportiert werden, und lassen Sie es zu, daß Ihre Mitmenschen Ihnen Emotionen entgegenbringen. Genießen Sie es, daß man Sie mag!

Achten Sie auch auf die Geräusche Ihrer Umwelt, von Tieren und von Wind und Wetter. Lassen Sie sich inspirieren und kommen Sie „in tune" mit dem

Rhythmus dieser Welt. Genießen Sie es, sich auf auditivem Wege mit den Schwingungen Ihrer Umwelt zu harmonisieren und erlauben Sie guten Rapport. Hören Sie Musik mit den Ohren eines Musikers, und achten Sie besonders auf den Klang der Stille, der sich für kurze Momente immer wieder einstellt.

Ähnlich, wie Sie Ihren Blick nach innen richten, können Sie bewußt in sich hineinhorchen und Ihren inneren Dialog verfolgen, sowohl die Inhalte als auch den Sound der innerlichen Worte. Verzichten Sie darauf, sich zu drohen, sich anzuklagen oder sich verbal zu quälen. Sprechen Sie so mit sich, wie es einem erwachsenen Menschen mit einem gesunden Selbstwertgefühl gebührt.

Werden Sie geschmeidig im Einsatz Ihrer Sinnessysteme. Spielen Sie mit Ihrer Wahrnehmung, wechseln Sie mit Leichtigkeit zwischen Innenwelt und Außenwelt hin und her. Und während Sie all das tun, vergessen Sie nicht – Achtung! Atmung! –, Ihre Nase bewußt zu würdigen, denn sie verbindet Körper und Geist, indem sie mit Ihren Atem transportiert! Sie gewinnen Präsenz, sowohl geistig als auch körperlich, sobald Sie bewußt atmen, und Sie kommen ganzheitlich in Kontakt mit dem permanenten Energie-Austausch, der Sie am Leben hält. Ihr ganzer Körper ist ein hochsensibles Sinnesorgan. Je intensiver der Kontakt zu Ihren körperlichen Sensationen beschaffen ist, desto besser können Sie ihn vertehen, unterstützen und steuern.

All diese Momente der Bewußtwerdung sind reale Chancen, um die Kommunikation mit Ihrem Körper zu verbessern. Es sind viele kleine Mosaiksteinchen auf dem Weg zur Bewußtheit, die sich gegenseitig ergänzen und wunderbare Synergie-Effekte erzeugen können. In jedem Moment Ihres Lebens haben Sie die Chance, Ihre Existenz bewußt zu erkennen und in all ihren Facetten zu genießen. Für ein dauerhaft erfolgreiches Body-Management brauchen Sie allerdings nicht nur guten Kontakt zu Ihrem Körper, Sie brauchen auch ein besonderes Potential an bewußter Energie. Dieses können Sie entwickeln, indem Sie die hier angedeuteten Übungen im Alltag regelmäßig praktizieren. Dafür benötigen Sie eine gewisse Disziplin, die aber nicht anstrengend, ermüdend oder gar quälend sein soll, sondern leicht, fließend und möglichst lustvoll.

> *Sinnliche Disziplin soll nicht ermüdend oder quälend sein, sondern leicht, fließend und vor allem lustvoll!*

Als Einstieg sollten Sie an sich keine allzu großen Ansprüche stellen, die sich dann meist ohnehin nicht erfüllen lassen. Keine übertriebenen Silvester-Vorsätze! Beginnen Sie mit angenehmen Kleinigkeiten; jeden Tag zwanzig bewußte Atemzüge sind ein guter Anfang. Entscheidend ist nicht das Tempo, mit dem Sie Ihre Übungen bewältigen, sondern die Tatsache, daß Sie es überhaupt tun!

Die Schwierigkeit beim Erlernen eines effektiven Body-Managements besteht darin, sich in der Hektik des Alltags an die mentalen Manöver zu erinnern und sie dann tatsächlich anzuwenden. Dafür brauchen Sie positive Anker, wie gute Bücher oder inspirierende Menschen, die Ihr Unbewußtes motivieren, den alltäglichen Aufgaben mit der richtigen Einstellung zu begegnen; um dann Schritt für Schritt auch das Bewußtsein daran zu erinnern, daß Sie ressourcevolle Zustände durch die intelligente Wahl Ihrer persönlichen Lebensführung entscheidend beeinflussen können! Sie sind der kreative Schöpfer Ihrer persönlichen Existenz, und intelligenterweise sollten Sie auch die volle Verantwortung für Ihren sinnlichen Schöpfungsakt übernehmen.

Das Gefühl von bewußter Verantwortung wirkt sinnstiftend. Es kann Sie motivieren, Ihr Leben würdevoll zu gestalten. Jeden Tag bieten sich Ihnen tausende von Chancen zur kreativen Kontaktaufnahme mit Ihrem Körper und zur Gewinnung von mentalen Energien. Nutzen Sie Ihre sinnliche Intelligenz täglich aufs neue, ergreifen Sie Ihre Chancen und sammeln Sie *Magic Moments*, indem Sie Ihre Wahrnehmung durch liebende Energie veredeln und alles so genießen, wie es jetzt ist. Dabei entsteht neuer geistiger Raum; und Ihnen werden inspirierende Impulse begegnen. Kosmische Botenstoffe transportieren vergessene Wünsche aus den Tiefen Ihres Unbewußten an die Oberfläche Ihres Bewußtseins. In solchen Momenten können Sie sehr viel über sich lernen. Genießen Sie Ihre sinnliche Trance so oft Sie wollen,

Werden Sie zum sinnlichen Detektiv! Verfolgen Sie die heiße Spur Ihrer körperlichen Sensationen!

hinterfragen Sie Ihren geistigen Horizont und finden Sie heraus, welcher Balsam Ihrem Körper jetzt am besten tut. Werden Sie zum sinnlichen Detektiv! Verfolgen Sie die Spur Ihrer natürlichen Impulse und veredeln Sie Ihren Körper! Pflegen Sie ihn liebevoll und respektieren Sie seine Bedürfnisse. Je besser Sie Ihr physisches Pferd behandeln, desto mehr Freude wird es Ihnen schenken; und gleichzeitig wächst die Motivation des Reiters, in Situationen der Herausforderung die gewünschten Leistungen zu vollbringen.

Check-Liste intelligentes Body-Management

Übungsfeld	Bewertung
Ich spüre meinen Körper während des Alltags.	O O O O O O O O O O
Ich frage meinen Körper regelmäßig, was er jetzt braucht.	O O O O O O O O O O
Ich achte auf meine inneren Signale.	O O O O O O O O O O
Ich atme bewußt.	O O O O O O O O O O
Ich sitze, stehe und gehe bewußt.	O O O O O O O O O O
Mein Mund schmeckt frisch.	O O O O O O O O O O
Ich trinke genug Flüssigkeit.	O O O O O O O O O O
Ich achte auf meine Ernährung.	O O O O O O O O O O
Ich genieße meine Mahlzeiten und verdaue in Ruhe.	O O O O O O O O O O
Ich spüre meinen Kontakt zum Boden.	O O O O O O O O O O
Ich bewege mich aktiv.	O O O O O O O O O O
Ich erzeuge positive Gewohnheiten.	O O O O O O O O O O
Ich genieße die Meditation der Körperpflege.	O O O O O O O O O O
Ich genieße das Duschbad am Morgen als Energizer.	O O O O O O O O O O
Ich schlafe mich gesund.	O O O O O O O O O O
Ich gönne mir Pausen.	O O O O O O O O O O
Ich entspanne mich ganz bewußt.	O O O O O O O O O O
Ich beobachte die Körpersprache der anderen Menschen.	O O O O O O O O O O
Ich erlaube mir, meine Emotionen auszudrücken.	O O O O O O O O O O
Ich nutze meine Hände als Sinnesorgane.	O O O O O O O O O O
Ich erlebe die Natur als energetische Kraftquelle .	O O O O O O O O O O
Ich erledige die Dinge in meinem eigenen Tempo.	O O O O O O O O O O
Ich aktiviere meinen Sportsgeist.	O O O O O O O O O O
Ich bewege mich bewußt und geschmeidig.	O O O O O O O O O O
Ich mache ein gezieltes Saparator-State-Manöver.	O O O O O O O O O O
Ich bringe mich in die Ressource-Physiologie.	O O O O O O O O O O
Ich praktiziere die Übungen zur Sinnlichen Intelligenz.	O O O O O O O O O O
Ich beobachte die Vernetzung von Körper und Geist.	O O O O O O O O O O
Ich stärke meinen Glauben.	O O O O O O O O O O
Ich erlebe meine Sinnliche Intelligenz als Kraftquelle.	O O O O O O O O O O

Check-Dates: ___/ ___/ ___/ ___/ ___/ ___/

Transfer in den Alltag

Seit Jahren beschäftige ich mich mit der Frage, wie man psychologisches Wissen mit Hilfe von Büchern erfolgreich vermitteln kann. Dabei bin ich auf einige Erkenntnisse gestoßen, die nicht selten ernüchternd waren, mich aber auch lehrten, die Art der Darstellung beständig zu optimieren. Das Buch „NLP in Stichworten" wurde von mir gemeinsam mit Thies Stahl als NLP-Lexikon konzipiert, es zeigt die wesentlichen Facetten des Neurolinguistischen Programmierens als komplexes System von verbalen Ankern. Wer dieses Buch gelesen hat, erhält eine enorme Menge von Wissen – man lernt sehr viel über die Einzelheiten, Hintergründe und Zusammenhänge dieser Methode, doch durch die bloße Lektüre von „NLP in Stichworten" entsteht noch keinerlei praktische Anwenderkompetenz. Wissen allein reicht nicht – man muß es auch tun!

Erst die Verbindung von Wissen und persönlicher Erfahrung führt zur echten Anwenderkompetenz. Theoretische Informationen können ihren wahren Wert nur dann entfalten, wenn der informierte Mensch beginnt, daraus einen praktischen Nutzen zu ziehen. Deshalb habe ich mit „NLP in Action" ein stark anwendungs-orientiertes Buch geschrieben. Dieses Buch enthält viele Übungen und motiviert den Leser, mit dem dargestellten Stoff seine eigenen Erfahrungen zu machen. Anhand von Beispielen wird auf anschauliche Weise gezeigt, daß man psychologisches Know-how auch als „Nicht-Therapeut" wirkungsvoll einsetzen kann. „NLP in Action" transportiert das Wissen des NLP aus dem elitären Kreis der Psychotherapeuten in alltägliche Anwendungs-felder, wo es für jeden interessierten Menschen verfügbar wird.

Doch bevor man das Know-how erfolgreich einsetzen kann, muß man den Umgang mit den mentalen Werkzeugen systematisch erlernen. Damit das psychologisch-gezielte Verhalten nicht „hölzern" oder „aufgesetzt" wirkt, muß der Anwender allmählich beginnen, die neuen Wahrnehmungsfilter mit seiner eigenen Persönlichkeit zu verknüpfen. Und hier stellen sich viele Fragen: Wie geht denn das? Wie verknüpft man psychologisches Wissen mit der eigenen Persönlichkeit? Womit soll man anfangen? Worauf muß man achten? Und wie können Sie als Lernender dafür sorgen, daß Ihre guten Vorsätze nicht im Laufe der Zeit in den Sog der Vergessenheit geraten?

Wie sichern Sie Ihren Lernerfolg?

Der erste Schritt zur kontinuierlichen Optimierung ganzheitlicher Intelligenz ist das lebendige Interesse an diesem Thema. Der zweite Schritt beginnt mit der geistigen Öffnung für neue Erfahrungen. Dies kann entweder spontan geschehen oder auch durch gezielte Übungen aktiv herbeigeführt werden. Deshalb habe ich viele Inhalte dieses Buches zur „Sinnlichen Intelligenz" in Form eines wirkungsvollen Übungs-Programmes dargestellt. Dabei wollte ich nicht nur die Wichtigkeit der sinnlichen Wahrnehmung für die Realisierung einer intelligenten Lebensführung betonen, sondern auch konkrete Wege aufzeigen, wie der einzelne Mensch mit seinen sinnlichen Fähigkeiten in lebendigen Kontakt gelangen kann. So entstand eine bunte Sammlung von Übungen, Checklisten und ungewöhnlichen Wahrnehmungsfiltern, die unter praktischen Gesichtspunkten zu einem individuellen Trainingsprogramm zusammengefügt werden können.

Nun sind Sie an der Reihe, lieber Leser, die Optimierung Ihrer sinnlichen Intelligenz in eigener Regie fortzuführen. Eine wichtige Aufgabe besteht darin, beim Üben Ihr eigenes Tempo zu entdecken und Ihren eigenen Stil zu kultivieren. Manchmal kann es die größte Herausforderung sein, sich in Geduld zu üben, und manchmal ist die Zeit reif, sich einen mentalen Ruck zu geben und diszipliniert über den eigenen Schatten zu springen. Einige Leute bezeichnen diese Disziplin als „den inneren Schweinehund überwinden", doch im Grunde ist es eine konsequente Bewußtmachung von Zielen, die einem wirklich am Herzen liegen. Entscheidend ist, daß es Ihnen kontinuierlich gelingt, sich tatsächlich auf die Übungen, Checklisten und die ungewöhnlichen Betrachtungsweisen einzulassen. Auf diesem Wege trainieren Sie nicht nur die grundlegenden Bausteine Ihrer sensorischen Wahrnehmung, sondern Sie fördern Ihre geistigen Kräfte ebenso wie Ihre persönliche Genußfähigkeit.

Ihr zukünftiges Trainingsprogramm sollte so beschaffen sein, daß es Ihnen möglichst viele Erfolgserlebnisse vermittelt. Für die Motivation zur gezielten persönlichen Entwicklung gibt es kaum eine bessere Quelle, als das unmittelbare Erleben von selbstgemachtem Erfolg. Deshalb wünsche ich Ihnen nicht nur viel Spaß bei der Realisierung Ihrer sinnlichen Ambitionen, sondern auch die wachsende Fähigkeit, Ihr persönliches Training so zu gestalten, daß sich Ihre motivierenden Erfolgserlebnisse zu einer stabilen Grundlage für Ihre zukünftige Lebensführung entwickeln.

In dem Moment, wo Sie dieses Buch aktiv durchgelesen und Ihr individuelles Trainingsprogramm erfolgreich durchlaufen haben, können Sie wirklich stolz auf sich sein! Sie haben für die Entwicklung Ihrer Persönlichkeit und Ihres inneren Reichtums einen großen Schritt nach vorn getan. Doch nun, wo Sie diese Quelle der Inspiration in Ihr Bücherregal stellen oder an einen Freund weiterreichen, wird Ihr bisheriger Lernprozeß auf eine echte Probe gestellt. Gelingt es Ihnen, die neuen Wahrnehmungsfilter in Ihrer Persönlichkeit zu stabilisieren? Wird das Know-how der Sinnlichen Intelligenz zum festen Bestandteil Ihres Alltags? Oder verblaßt das flüchtige Wissen um die Strukturen der Magie im Laufe der nächsten Tage, Wochen und Monate?

Wenn Sie sich verändern wollen, dürfen Sie nicht vergessen, daß die menschliche Existenz dem Prinzip der Ökologie unterliegt – alles hängt miteinander zusammen. Unser Leben bildet ein System, das Ganze zählt mehr als die Summe der Teile, und die verschiedenen Elemente beeinflussen sich gegenseitig. Vermutlich wissen Sie aus eigener Erfahrung, daß es nicht so einfach ist, seine Gewohnheiten zu ändern. Der größte Teil des menschlichen Verhaltens obliegt der Kontrolle unseres Unbewußten; und das Unbewußte hat die Neigung, die Dinge in Zukunft genauso zu machen, wie es in der Vergangenheit funktioniert hat. Es greift gern auf bewährte Verhaltensmuster zurück – selbst wenn diese unerwünschte Nebenwirkungen mit sich bringen. Wenn Sie Ihre Wahrnehmungsgewohnheiten ernsthaft optimieren wollen, müssen Sie Ihr Unbewußtes kontinuierlich mit anregenden Informationen füttern. Sie müssen Ihren Geist regelmäßig stimulieren, Ihren persönlichen Weg ins Licht zu finden. Dieses Buch hat Ihnen eine Vielzahl wertvoller Informationen vermittelt, um Ihre Sinnliche Intelligenz zu optimieren – doch die entscheidenden Fragen lauten: Wie können Sie dafür sorgen, daß Sie die erhaltenen Informationen auch in Zukunft tatsächlich anwenden? Was können Sie dazu beitragen, um Ihr Unbewußtes zu motivieren, Ihr sinnliches Training im Alltag konsequent fortzusetzen? Wie können Sie Ihre Lernfortschritte sichern, wenn das Wissen um die Notwendigkeit von sinnlichem Training in den Turbulenzen des Alltags zu versickern droht?

Wie funktioniert der Trick mit den Checklisten?

Nach der systematischen Aufbereitung des Buchtextes in Form von vielen täglichen Übungen möchte ich Ihnen nun ein weiteres Instrument zur kontinuierlichen Realisierung von wichtigen Erkenntnissen vorstellen: den regelmäßigen Einsatz von Checklisten!

Welche Vorteile bietet Ihnen das Prinzip der Checkliste? Nun, zunächst einmal vermittelt es Ihnen die wesentlichen Bestandteile einer sinnlichen Disziplin sehr anschaulich auf einen Blick. Die Checkliste zeigt Ihnen ganz konkret, worauf es ankommt und wo die Kriterien liegen, um bei der Realisierung Ihres Lernprozesses erfolgreich zu sein. Um bei dieser freiwilligen Form der Selbstüberprüfung positive Bewertungen zu erzielen, motivieren Sie sich mit dem Know-how der Sinnlichen Intelligenz Ihre eigenen Erfahrungen sammeln. Die Checkliste ist ein wertvolles Feedback-Instrument, das Ihnen eine konkrete Rückmeldung ermöglicht, inwieweit es Ihnen tatsächlich gelungen ist, den Schritt vom konsumierenden „Leser" zum aktiven „Anwender" zu realisieren. Diese konkrete Rückmeldung stärkt nicht nur Ihr Selbstbewußtsein, sondern motiviert Sie auch, Ihr Trainingsprogramm in Zukunft konsequent fortzusetzen.

Eine wohlgestaltete und regelmäßig bearbeitete Checkliste ist ein wertvoller Anker für Ihren persönlichen Lernprozeß. Sie hilft Ihnen, sich während der Turbulenzen eines hektischen Alltags immer wieder an die grundlegenden Übungen zu erinnern. Doch das beste an einem wohlgestalteten Anker besteht darin, daß er wirkt, ohne daß Sie ihn bewußt kontrollieren müssen! Mit anderen Worten: Falls es Ihnen gelingt, sich regelmäßig mit den Checklisten zu beschäftigen, können Sie davon ausgehen, daß Ihr Unbewußtes freiwillig beginnt, die Verantwortung dafür zu übernehmen, daß Sie Ihre Übungen fortsetzen und somit Ihre Intelligenz kontinuierlich steigern können.

Durch gezielten Einsatz der Checklisten gewinnen Sie einen Verbündeten von unschätzbarem Wert; Sie programmieren eine magische Instanz in Ihrer Psyche auf den dauerhaften Erfolg, indem Sie Ihre unbewußten Kräfte auf den schrittweisen Erwerb von sich permanent optimierenden Fähigkeiten konzentrieren. Die Checkliste ist eine mächtige Waffe im Kampf gegen den Schleier der menschlichen Vergeßlichkeit. Mit ihrer Hilfe können Sie die Inhalte Ihres Erinnerungsvermögens steuern. Sie füttern Ihren Geist ganz gezielt mit Informationen, die Ihre persönliche Entwicklung fördern.

Entwickeln Sie ein motivierendes Bewertungssystem

Um Sie auch nach der Lektüre dieses Buches dabei zu unterstützen, Ihre sinnlichen Lernerfolge in Ihrem Alltag zu verankern, habe ich für Sie eine Reihe von Checklisten zusammengestellt. Sie finden die Listen in loser Reihenfolge über das ganze Buch verteilt. Damit Sie alle Listen in Zukunft beliebig oft reproduzieren können, empfehle ich Ihnen, die entsprechenden Seiten auf einen Fotokopierer zu legen und sich von jeder Seite eine Kopie zu ziehen, oder am besten gleich mehrere. Anschließend können Sie die Kopien schriftlich bearbeiten.

Ihre Aufgabe besteht darin, Ihren eigenen Erfolg hinsichtlich der unterschiedlichen Übungsaufgaben innerhalb eines bestimmten Zeitraums möglichst realistisch einzuschätzen. Für die Einschätzung brauchen Sie ein Bewertungssystem. Natürlich können Sie Ihr Bewertungssystem jederzeit verändern und Ihren aktuellen Bedürfnissen anpassen, doch als Einstieg empfehle ich Ihnen, folgendermaßen vorzugehen:

Wenn Sie eine bestimmte, in Ihrer Checkliste dargestellte Übungsaufgabe gänzlich vergessen haben, dann bewerten Sie diese Aufgabe mit null Punkten. Wenn Sie hin und wieder daran gedacht haben, und die Info noch in Ihrem Geist herumschwirrt, dann geben Sie sich einen Punkt. Wenn Sie gezielt mit einer Übungsaufgabe experimentiert haben und dabei weitere Erkenntnisse gewinnen konnten, geben Sie sich zwei Punkte. Und falls Sie in einer bestimmten Disziplin echte Erfolge erzielen und Ihre praktische Intelligenz im Alltag unter Beweis stellen konnten, dann bewerten Sie sich mit drei Punkten.

kein Punkt	○○○○○○○○○	Ich hatte es vergessen.
1 Punkt	●○○○○○○○○	Ich habe hin und wieder daran gedacht.
2 Punkte	●●○○○○○○○	Ich habe aktiv damit experimentiert.
3 Punkte	●●●○○○○○○	Ich habe es erfolgreich angewendet.

Dabei ist es wichtig, die Listen tatsächlich zu bearbeiten, und nicht nur einfach flüchtig anzuschauen. Gehen Sie jede Liste in Ruhe Zeile für Zeile durch, und bewerten Sie Ihren Lernprozeß, ehrlich, wohlwollend und fair. Diese schriftliche Form der freiwilligen Selbstkontrolle dient einem doppelten Zweck:

Erstens erinnern Sie Ihr Gehirn an die Details Ihrer sinnlichen Kompetenz, wodurch Sie Ihr erworbenes Wissen aktiv auffrischen. Indem Sie sich ernsthaft fragen, was Sie in der entsprechenden Disziplin tatsächlich geleistet haben, stimulieren Sie Ihr Unbewußtes, die neurologisch relevanten Muster erneut zu reaktivieren.

Zweitens machen Sie sich Ihre Lernfortschritte bewußt, indem Sie die Arbeit Ihres Unbewußten würdigen und sich motivierende Erfolgserlebnisse verschaffen. Der regelmäßige Gebrauch von intelligenten Checklisten unterstützt unsichtbare Lernprozesse auf scheinbar magische Weise. Immer wenn Sie eine Checkliste durcharbeiten, stimulieren Sie die entsprechenden Nervenbahnen in Ihrem Gehirn. Ich empfehle Ihnen, die Bearbeitung der Checklisten regelmäßig zu wiederholen, je öfter desto besser!

Auch nachdem Sie dieses Buch beendet haben, können Sie den sinnlichen Geist in Ihrem Alltag am Leben erhalten, indem Sie hin und wieder auf Ihre Checklisten schauen und Ihre persönliche Bewertung vornehmen, am besten einmal in der Woche oder einmal im Monat; oder einmal im Quartal; mindestens jedoch einmal im Jahr. Bei jedem weiteren Termin haben Sie Ihre bisherigen Fortschritte konkret vor Augen. Vielleicht verwenden Sie bei jedem Termin eine andere Farbe oder Sie malen kleine Zeichnungen an den Rand. Werden Sie kreativ und nutzen Sie Ihr sinnliches Ausdrucksvermögen!

Werfen Sie einen neurologischen Anker in die Zukunft und machen Sie einen Termin mit sich selber!

Gestalten Sie Ihre Checklisten so, wie es für Sie am attraktivsten ist. Wenn Sie eine oder mehrere Skalen vollständig ausgefüllt haben, setzen Sie eine zweite Reihe darüber, darunter oder dahinter. Punkten Sie Ihre Erfolge auf kreative Weise, und lassen Sie sich bei jedem weiteren Punkt wissen, daß er das stetige Wachstum Ihrer persönlichen Kompetenz symbolisiert. Auf diese Weise werden die ehemals standardisierten Listen zu einem authentischen Anker Ihrer individuellen Persönlichkeit. Wenn Sie irgendwann merken, daß Ihr Anker überladen wirkt, archivieren Sie ihn und starten erneut. Sie nehmen eine frische Kopie und erschaffen einen weiteren magischen Anker für Ihr persönliches Wachstum.

Um Ihren Lerntransfer auf eine ganz konkrete Weise zu sichern, möchte ich Ihnen nun einen Vorschlag machen: Atmen Sie einmal tief durch, stehen Sie auf und holen Sie Ihren Terminkalender. Dann wählen Sie einen Tag in der Zukunft, vielleicht schon in drei Tagen, vielleicht in drei Wochen, vielleicht auch erst in drei Monaten!? Setzen Sie sich einen konkreten Termin und reservieren Sie eine besinnliche Stunde, in der Sie sich ungestört der Steuerung Ihres persönlichen Intelligenz-Optimierungs-Prozesses widmen können. Tragen Sie den Tag und die Uhrzeit in Ihren Kalender ein, vielleicht an einem Sonntagabend. Machen Sie es sich an diesem Tag so richtig gemütlich; wenn Sie mögen, trinken Sie ein gutes Glas Wein, Whiskey oder Cognac dazu. Legen Sie schöne Musik in Ihren CD-Player und aktivieren Sie positive Anker.

Gestalten Sie diesen sinnlichen Termin mit Ihrem intelligenten Potential so, daß Sie sich wirklich darauf freuen können. Es soll eine echte Belohnung sein! Sorgen Sie dafür, daß auch Ihr Unbewußtes intrinsische Motivation verspürt und es kaum erwarten kann, sich Ihre sinnlichen Lern-Erfolge anhand der Listen ins Bewußtsein zu rufen. Gestalten Sie die Bearbeitung der Checklisten wie ein magisches Ritual der Würdigung Ihres persönlichen Erfolges, wohlwissend, daß Sie Ihr Nervensystem ganz gezielt motivieren, noch mehr Sinnliche Intelligenz zu realisieren.

Literatur-Empfehlungen

Aivanhov, O. Michael: *Auf dem Weg zur Sonnenkultur.* Prosveta 1982

Aivanhov, O. Michael: *Die spirituellen Grundlagen der Medizin.* Prosveta 1990

Aivanhov, O. Michael: *Yoga der Ernährung.* Prosveta [4]1988

Bach, Richard: *Die Möve Jonathan.* Ullstein 1972

Bachmann, Winfried: *NLP – Wie geht denn das?* Junfermann [3]1997

Bandler, Richard: *Unbändige Motivation.* Junfermann 1997

Bandler, Richard & LaValle, John: *Die Schatzkammer des Erfolgs.* Junfermann 1998

Bennett, John G.: *Gurdjieff. Ursprung und Hintergrund seiner Lehre.* Sphinx 1989

Beyer, Maria: *Brainland. Mind Mapping in Aktion.* Junfermann [3]1997

Birkenbihl, Vera F.: *Stroh im Kopf? Gebrauchsanleitung Gehirn.* mvg [24]1995

Carr, Allen: *Endlich Nichtraucher!* Goldmann 1993

Castaneda, Carlos: *Das Feuer von Innen.* Fischer 1985

Chang, Stephen: *Das Tao der Sexualität.* Ariston 1992

Gawain, Shakti: *Stell dir vor – Kreativ Visualisieren.* Sphinx 1984

Gurdjieff, Georg I.: *Begegnungen mit bemerkenswerten Menschen.* Sphinx 1992

Herrigel, Eugen: *Zen in der Kunst des Bogenschießens.* O.W. Barth 1951

Kotulak, Ronald: *Die Reise ins Innere des Gehirns.* Junfermann 1998

Lowen, Alexander: *Lust – Der Weg zum kreativen Leben.* Kösel 1979

Luther, Michael & Gründonner, Jutta: *Königsweg Kreativität.* Junfermann 1998

McDermott, Jan & O'Connor, Joseph: *NLP für die Management-Praxis.* Junfermann 1999

Mohl, Alexa: *Der Zauberlehrling. Das NLP Lern- und Übungsbuch.* Junfermann [6]1997

Mohl, Alexa: *Der Meisterschüler. Der Zauberlehrling Teil II.* Junfermann 1996

Mohl, Alexa: *Neue Wege zum gewünschten Gewicht. Mit NLP zu einem wohltuenden Eßver-
halten.* Junfermann [3]1998

N.E. Thing Enterprises: *Das magische Auge.* Ars Edition 1993

Oech, Roger von: *Der kreative Kick.* Junfermann [2]1996

Ouspensky, P.D.: *Auf der Suche nach dem Wunderbaren.* Sphinx [4]1982

Protin, Andre: *Aikido – Ein Weg der Selbstfindung und Lebensführung.* Kösel 1984

Robbins, Anthony: *Grenzenlose Energie.* Heyne 1993

Robbins, Anthony: *Das Power-Prinzip.* Heyne 1994

Rückerl, Thomas: *„Coaching – Auch als Mensch gefordert";* in: *Gabler`s Magazin* 3/1990

Rückerl, Thomas: *NLP in Stichworten. Das aktuelle NLP-Lexikon.* Junfermann [2]1996

Rückerl, Thomas & Ehrlich, Jörn: *NLP in Action. Das Basis-Buch für NLP-Anwender.* Junfermann
[2]1999

Scheele, Paul R.: *Photo Reading. Die neue Hochgeschwindigkeits-Lesemethode in der Praxis.*
Junfermann [3]1997

Scheurmann, Erich: *Der Papalagi. Die Reden des Südseehäuptlings.* Tanner + Staehelin [24]1991

Selby, John: *Die Augen.* Rowohlt 1987

Silverstein, Shel: *Missing Piece trifft Big O.* Junfermann [2]1999

Staples, Walter: *Personal Coaching in Action. Durch die Macht der Überzeugung zum Erfolg.
Ein Buch zur Selbst-Motivation.* Junfermann 1998

Weerth, Rupprecht: *NLP & Imagination.* Junfermann [2]1994

Wendt, Barbara: *Gesund im Mund.* Rowohlt 1990

Wilson, Robert Anton: *Der neue Prometheus – die Evolution unserer Intelligenz.* Rowohlt 1987

Woodsmall, Marilyne & Wyatt: *Auf dem Weg zu exzellenter Kommunikation. Die 9 Schlüssel
zum persönlichen und beruflichen Erfolg.* Junfermann 1998

Was ist NLP?

NLP steht für „Neuro-Linguistisches Programmieren". Es ist eine psychologische Methode, die sich mit rasanter Geschwindigkeit in unterschiedlichen Berufsfeldern ausbreitet. Nicht nur Psychologen, sondern auch Lehrer, Ärzte, Anwälte, Führungskräfte und Verkäufer nutzen das Know-how des NLP für ihren beruflichen Alltag. Falls Sie sich fragen, was das Konzept der Sinnlichen Intelligenz mit „NLP" zu tun hat; und falls Sie noch nicht wissen, was sich hinter dieser seltsamen Abkürzung verbirgt, möchte ich Ihnen hierzu eine kurze Erklärung anbieten:

N→ **Neuro**   → **Gehirn** → **Wahrnehmen, Denken, Handeln**
L → **Linguistic**   → **Sprache** → **bewußte Analyse, gezielte Wortwahl**
P → **Programming** → **Lernen** → **Verhalten steuern und verändern**

NLP ist ein komplexes System, das in dem philosophischen Denkmodell des Konstruktivismus wurzelt und aufgrund seiner praktischen Ausrichtung auch als psychologischer Werkzeug-koffer bezeichnet wird. Um die Werkzeuge auf überzeugende Weise anwenden zu können, ist der flexible Einsatz aller Sinnessysteme unverzichtbar. Das NLP beschreibt eine Reihe von Wahrnehmungsfiltern, die dem Anwender eine außerordentlich intelligente Orientierung ermöglichen.

Das Erlernen des NLP führt über die Sinne. Sie können die psychologischen Werkzeuge nur dann erwerben, wenn Sie Ihre Sinnessysteme gezielt trainieren. Ihre sinnliche Wahr-nehmung bildet die Grundlage all Ihrer Fähigkeiten, auch der geistigen. Sinnliche Eindrücke bestimmen über die Beschaffenheit Ihrer inneren Landkarte, dem metaphorischen Ort in Ihrem Gehirn, wo Ihre individuelle Abbildung der Welt verankert ist. Aufgrund der starken Verbindung von sensitiven Fähigkeiten und kognitiven Prozessen spielen die Sinnessysteme im NLP eine wesentliche Rolle. NLP ist die Kunst, sinnliche Erfahrungen intelligent zu strukturieren. Wenn Sie erfolgreiches NLP praktizieren wollen, tun Sie gut daran, Ihre sinnlichen Fähigkeiten systematisch zu verfeinern. Das Prinzip der Sinnlichen Intelligenz ist eine grundlegende Voraussetzung für jeden Lernprozeß, sowohl für das Erlernen des NLP als auch für alle anderen Formen der geistigen Entwicklung.

Doch das NLP bietet noch viel – zum Beispiel eine faszinierende Pforte zur magischen Welt des menschlichen Unbewußten. Es beschreibt gezielte Verhaltensmuster zur Kontaktaufnah-me mit unbewußten Kräften, sowohl innerhalb der eigenen Person als auch im Kontakt mit anderen. Falls Ihre Neugier geweckt wurde, und Sie mehr erfahren möchten, empfehle ich Ihnen die Lektüre von „NLP in Action", dem Basis-Buch für NLP-Anwender. Dort finden Sie alle nötigen Erklärungen zur Entstehungsgeschichte, zur inhaltlichen Beschaffenheit und vor allem finden Sie das nötige Know-how zur praktischen Anwendung in einfachen Worten anhand vieler Beispiele erklärt. Und falls Sie dann noch mehr wissen möchten, erhalten Sie mit „NLP in Stichworten", dem aktuellen NLP-Lexikon, ein umfassendes Fachbuch, das Ihnen das gesamte System ausführlich vermittelt.

Kontakt-Adressen

Falls Sie die Optimierung Ihrer Sinnlichen Intelligenz mit fachkundiger Anleitung noch weiter intensivieren möchten, wenden Sie sich bitte direkt an Thomas Rückerl und seine assoziierten Institute. Da sinnlich-intelligente Menschen in vielen Arbeitsbereichen gebraucht werden, gestaltet sich unser Seminarangebot entsprechend vielfältig. Es reicht von klassischen Führungsthemen wie Management-Diagnostik, Mitarbeitergespräche, Team-Entwicklung und Konflikt-Management über die Ausbildung von Coaches, Trainern und Moderatoren bis hin zur Durchführung von Accessment-Centern und P.E.-Seminaren. Ein weiterer wichtiger Bereich ist die Schulung von Präsentatoren, Kundenberatern und Verkäufern. Darüber hinaus können individuelle Themen wie die Bewältigung von Streß und Leistungsdruck oder die Realisierung von persönlichen Entwicklungszielen auch im diskreten Einzel-Coaching bearbeitet werden.

Hamburger Team für Innovation
Süllbergsterrasse 31
22587 Hamburg
Telefon + Fax: 040 – 86 82 70

Magic Motivation Concepts
Siebenbuchen 27
22587 Hamburg

Tormin GmbH
Weg beim Jäger 206
22335 Hamburg

Danke

Ich möchte nicht vergessen, all jenen Menschen zu danken, die mich bei der Fertigstellung dieses Buches durch Taten, Inspiration oder emotionalen Beistand unterstützt haben. Zunächst gilt mein Dank Jasmin Hagenmeyer, die es immer wieder verstand, meine unzähligen Korrekturen auch unter Zeitdruck gewissenhaft zu realisieren. Ebenso danke ich Jörg Rieck für das freundliche PC-Coaching, sowohl bei der Installation von Hard- und Software als auch bei der Ausbildung des Anwenders.

Ganz besonders danke ich Anette Broll, für das tolle Cover, für die modebewußte Inspiration und für die jahrelange liebevolle Unterstützung beim Bücherschreiben; und ich danke Elke und Manfred Rückerl für alles, was sie für mich getan haben. Meinem Partner Eckart Fiolka und seiner lebhaften Familie danke ich für das sympathische Grounding – und ich wünsche uns, daß unsere genialen Visionen noch V.I.E.L. in dieser Welt bewegen mögen.

Mein Dank gilt auch Corinna und Henning Müller; ich fühle mich im Zackzackweg nicht nur professionell und kompetent, sondern auch herzensgut beraten. Außerdem danke ich meinen Kooperationspartnern, allen voran Hawe Breukel und Rainer Tormin, für die erfolgreiche Koordination unserer gemeinsamen Projekte. Ebenso danke ich dem Junfermann Verlag für die motivierende Zusammenarbeit, und ganz besonders Petra Probst für die wachsenden Kontakte zu einer interessierten Öffentlichkeit. Und last but not least danke ich all meinen Seminarteilnehmern, für die vielen praktischen Beispiele, für die konstruktiven Fragen bei der Entwicklung von intelligenten Modellen, für die Geduld beim Erproben der sinnlichen Übungen und natürlich für das tolle Feedback am Ende unserer Seminare.

Information zur Aus- und Fortbildung in NLP

NLP in Winzenburg !

Bildungsstätte Hoedekenhus e. V.
Lamspringer Str. 24 • D-31088 Winzenburg
Tel.: 0 51 84 / 82 32; Fax: 16 88
e-mail: hoedekenhus@t-online.de
Internet: www.hoedekenhus.de

Practitioner-, Master- und Trainer-Ausbildungen
NLP und Business • NLP und Pädagogik • Coaching

NLP in Österreich

Österreichisches Trainingszentrum für NLP

2 Tage Einführungs-, 5 Tage Intensivseminare
30 Tage Practitioner-, 27 Tage Master Practitioner-Kurs
Advanced Master-Practitioner für Coaching und Supervision
Staatlich anerkannte Ausbildung zum Lebens- und Sozialberater

Dr. Brigitte Gross, Dr. Siegrid Schneider-Sommer,
Dr. Helmut Jelem, Mag. Peter Schütz

A-1094 Wien, Widerhofergasse 4
Tel: +43-1-317 67 80, Fax: +43-1-317 67 81 22
e-mail: info@nlpzentrum.at, Internet: http://www.nlpzentrum.at